한국외교사 구술회의

01

# 한중수교

한국외교사 구술회의 01

# 한중수교

**초판 1쇄 인쇄**  2021년 4월 15일
**초판 1쇄 발행**  2021년 4월 30일

편  자  국립외교원 외교안보연구소 외교사연구센터
구  술  김석우 · 윤해중 · 신정승 · 정상기
면  담  이희옥

발행인  윤관백
발행처  선인

영  업  김현주

등  록  제5-77호(1998.11.4)
주  소  서울시 마포구 마포동 324-1곳마루 B/D 1층
전  화  02)718-6252/6257
팩  스  02)718-6253
E-mail  sunin72@chol.com

정 가  22,000원
ISBN  979-11-6068-385-1  93340

·잘못된 책은 바꿔 드립니다.

한국외교사 구술회의

01

# 한중수교

국립외교원 외교안보연구소 외교사연구센터 편
김석우·윤해중·신정승·정상기 구술
이희옥 면담

국립외교원 외교안보연구소
외교사연구센터

동서
출판 선인

국립외교원 외교안보연구소는 2011년 외교사연구센터를 설립하여 한국외교사의 체계적 연구를 진행 중이며, 과거 우리 외교사에 대한 고찰이 미래 한국외교의 방향설정에 중요한 지적 토대가 될 수 있도록 다양한 활동을 전개 중입니다.

외교사연구센터는 공식외교문서의 연구와 병행하여 외교문서에 상세히 기록되지 못한 외교 현장의 생생한 설명과 분석을 외교 현장을 누빈 외교관의 구술기록 형식으로 정리한 '한국외교 구술기록총서' 발간을 진행 중에 있습니다. 동 프로젝트의 1차 결과물로 총 17권으로 구성된 '한국 외교와 외교관' 시리즈 발간이 일단락되었습니다.

외교사연구센터는 '한국 외교와 외교관' 시리즈 발간에 이어 주요 외교사안에 대한 주제별 구술기록 발간을 추진하고 있습니다. 동 프로젝트는 특정 외교정책의 입안 및 실행에 관여한 외교관들의 교차 구술을 통해 해당 외교정책을 객관적·입체적으로 규명하는데 주안점을 두고 있으며, 향후 국립외교원의 다양한 한국외교사 교육과정에서 주요한 교육 자료로도 활용될 예정입니다.

첫 번째 주제별 구술기록으로 '한중수교'를 출간하게 된 것을 매우 기쁘게 생각합니다. 우리 외교의 중요한 전략적 결단이었던 한중수교의 정책결정과정을 외교관들의 구술을 통해 재구성함으로써, 한중관계의 미래에 대한 외교적 고찰의 기회를 제공하여 줄 것으로 기대하고 있습니다.

이 기회를 빌어 금번 구술기록에 참여하여 주신 김석우 전 차관님, 윤해중·신정승·정상기 대사님께 감사의 말씀을 드리며, 면담을 진행하신 성균관대 이희옥 교수님께도 고마운 마음을 전하고자 합니다.

외교사연구센터가 진행 중인 '한국외교 구술기록총서' 작업이 한국 외교사 연구와 교육에 기여할 수 있기를 기대하면서, 앞으로도 외교사연구센터의 활동과 발간물에 대한 지속적인 관심을 부탁드립니다.

2020년 5월
국립외교원 외교안보연구소장 오영주

# 서문

국립외교원 외교안보연구소 외교사연구센터는 외무 당국자의 생생한 육성을 통해 한국 외교의 전기(轉機)를 이루는 중요한 사건들의 경위를 규명하고 교섭 현장에서 활약한 외교관들의 행적을 남기고자 매년 『한국외교 구술기록총서』를 발간하고 있다. 이 책은 2017년 한중수교 25주년을 맞이하여 당시 정책결정 및 교섭과정에 참여한 4명의 외교관을 대상으로 실시한 면담을 정리한 것이다.

1992년의 한중수교가 갖는 역사적 의의는 재론을 필요로 하지 않는다. 그것은 동북아 지역의 냉전구도와 남북관계의 질적 변화를 가져오는 한편, 12억 인구의 중국시장에 대한 한국기업들의 본격적 참여를 가능케 함으로써 한국 경제가 크게 도약하는 계기를 제공했다. 또한 오늘날 정치·경제·문화 등 다방면에 걸쳐 한중 양국이 맺고 있는 긴밀한 관계와 다른 한편으로 미중전략경쟁 속에서 외교적 침로(針路)를 모색해야 하는 당면 과제에 비추어 볼 때, 이 책에 수록된 외무 당국자들의 회고는 한국외교사 연구의 귀중한 사료일 뿐 아니라 향후 대중정책을 입안하는 데도 유용한 참고자료가 될 것이다.

본 구술에는 김석우 전(前) 통일부 차관(한중수교 당시 아주국장), 윤해중 전 인도네시아 대사(북경대표부 정책참사관, 아주국 심의관), 신정승 전 중국대사(아주국 동북아 2과장), 정상기 전 대만대표부대사(북경대표부 및 중국대사관 1등서기관)이 참여하였다. 면담은 2017년 9월부터 12월까지 총 6차례에 걸쳐 진행되었으며, 정책 목표·국제정세 인식·협상 전략·주요 쟁점·대만과의 관계·역사적 교훈 등 한중수교의 입안부터 체결까지의 모든 과정과 구체적 사안들에 관한 심도 있는 질의와 답변이 이뤄졌다. 이제껏 어떠한 문서기록에도 남아 있지 않은 원로 외교관들의 소회와 일화(逸話)들은 현대 한중관계의 시원(始原)에 관한 이해를 심화하고 인식의 폭을 넓히는 데 기여할 것으로 생각된다.

이 책에 수록된 모든 면담은 국내학계에서 중국문제의 최고권위자로 잘 알려진 성균관대학교의 이희옥 교수가 담당했다. 면담자의 깊은 식견과 날카로운 질문들은, 독자들로 하여금 한중수교의 전체적인 흐름을 조망하면서도 흥미로운 일화들을 놓치지 않는 흔치 않은 경험을 하게 해준다. 그러한 점에서 이 책은 구술 작업에서 면담자의 역할이 얼마나 중요한지 알려주는 좋은 사례라고 할 수 있다. 또한 이 책은 사업 전반을 기획하고 지원한 조양현 전 외교사연구센터 책임교수와 이상숙 연구교수, 실무를 담당한 김규리 연구원의 노고의 결실이기도 하다. 이 책이 발간되기까지 애써주신 모든 분들께 감사드린다.

2020년 5월
외교사연구센터 책임교수 김종학

## 면담자 서문

1992년 한국과 중국의 수교는 탈 냉전기 한국 외교의 가장 중요한 성과로 기록되고 있다. 1989년 헝가리 등 동유럽 국가와 수교하기 시작했고 1990년 한소수교는 역사적 의미를 가진 것이었지만, 역사적 기억 특히, 한국전쟁의 상흔이 남아있는 상황에서 한중수교 없이는 한계가 뚜렷했기 때문이었다. 당시 한국 정부는 새로운 시대적 조류 속에서 북방 정책을 통해 외교적 지평을 확대하고자 했고, 중국도 1989년 천안문 사건 이후 국제고립 속에서 개혁개방의 새로운 동력을 확보하기 위해서는 외부환경의 안정이 무엇보다 중요했다. 그러나 이러한 구조적 요인만으로 외교정책을 설명하기는 어렵다. 여기에는 리더십의 정책방향과 의지, 협상가들의 역사인식과 통찰력이 없으면 성사되기 어렵다. 무엇보다 이른바 '적성국가'에 대한 외교협상 경험이 축적되지 않은 상황에서 수많은 걸림돌과 난관이 있었다. 이런 점에서 오랫동안 현장에서 쌓은 외교 경험, 한중수교 이전에 우발적으로 나타났던 '중국 민항기 납치 사건'과 '어뢰정 사건' 등 협상 과정에서 중국 외교정책 변화의 징후를 포착하는 후각, 그리고 중국과 협상했던 많은 국가의 사례연구를 결합해 한국적 협상 방안을 모색했다.

그러나 수교 당시 협상 기록들은 한반도 분단구조의 특수성과 예민한 한중관계로 인해 상당 부분의 자료는 비밀로 취급되어 여전히 공개되지 않고 있다. 물론 일부 자료는 부분적으로 개방되어 당시의 역사적 맥락을 이해하는 데 도움을 주고 있으나, 이러한 자료들은 공식 기록, 오고 간 전문들이 대부분이며, 다른 논문과 서적을 통해 충분히 활용되었다. 그러나 철통 보안 속에서 이루어진 협상 과정 그 자체와 협상의 쟁점, 협상에 임하는 내부 전략 등은 여전히 협상실무자들의 기억 속에 남아 있다고 볼 수 있다. 따라서 한중수교 협상과정을 풍부하게 기술하고 입체적으로 종합하기 위해서는 구술을 통한 접근 방법은 매우 효과적이다. 심지어 시간이 지난 이후, 당시 한중수교 관련 외교사료가 전면적으로 공개된다고 해도 협상 과정의 '결'과 '떨림'은 파악할 수 없다는 한계가 있기 때문에 구술은 중요한 의미를 지닌다.

이러한 구술의 목적은 포스트 식민주의에서 주장하는 것처럼 서발턴(subaltern)주체들이 주류담론 내에서 대립하는 독자적인 목소리를 반영하거나, 특정한 역사 해석을 해체하기 위해 개인의 경험에 기초한 목소리를 발굴하기 위한 것은 아니며, 기존의 공식문헌을 맥락적으로 해석하는 데 유용할 뿐 아니라, 기존의 한중수교 과정을 종횡으로 교직함으로써 관련 연구의 공백을 최대한 메우면서 당시 상황을 복원하는 데 의미가 있다.

구술자들은 대부분 한중수교 협상 과정에 깊이 참여한 외교관이다. 당시 외무부 아주국 국장, 아주국 심의관, 동북아 2과장, 주베이징 대표부 창설요원 등이 구술자로 참여한 외교관이다. 협상 실무의 컨트롤타워가 되었던 외무부장관, 협상실무 수석대표, 청와대 외교안보 비서관 등은 구술대상에 포함시키지 못했다. 그러나 이들은 한중수교 관련한 언론 인터뷰를 지속적으로 해왔고, 생애사와 자서전 등을 별도로 출판했으며, 국립외교원이 주관해 개별 구술서를 이미 발간했기 때문에 여기서 특별히 중복할 필요는 없다고 보았다. 이번 외교사 주제구술의 특징은 다음과 같다.

첫째, 이번 구술에 참여한 실무 외교관의 공통점은 한국외교에서 차지하는 한중수교의 정치적 의미를 파악하고 있고 무엇보다 당시의 사실(史實)을 정확하게 기억하고 있었으며, 과거와 현재를 비교하면서 한중수교를 재평가하는 안목도 출중했다. 특히 수교협상과정에서 획득한 자료를 꼼꼼하게 기록한 메모를 가지고 구술에 임했기 때문에 교차확인이 필요 없을 정도로 당시 상황을 복원할 수 있었다.

둘째, 질문의 구성이다. 모든 구술자들에게 수교 협상의 메커니즘, 한국전쟁을 비롯한 역사적 유산의 처리 문제, 중국과 북한 그리고 한국과 중화민국과의 관계 설정, 협상 주체, 한중수교 평가 등에 대한 공통적인 질문을 던졌고 수교 협상 당시의 각각의 역할을 고려해 부가적 질문을 했다. 즉 협상 과정에서 걸림돌이 될 수 있었던 역사 문제, 대사관 처리 문제를 비롯한 핵심 쟁점에 대한 우리 내부의 공유된 인식, 구체적인 협상 전략과 전술, 중국의 반응에 대한 해석 문제, 북한과 중화민국과의 관계를 정리하는 과정에서 외교적 통보 과정, 한중수교가 한소수교와는 달리 외교적 걸림돌이 없이 순항할 수 있었던 배경, 한중수교를 '지금 여기서(now and here)' 어떻게 평가할 것인가 하는 점을 자유롭게 구술할 수 있도록 했다.

셋째, 구술자들은 외교관 특유의 균형감 있고 가치중립적인 구술을 하면서도 주요 핵심 쟁점에 대해서는 미묘한 차이도 발견되었다. 예컨대 중화민국 재산권처리를 둘러싼 과정, 한중수교에 이르게 된 어뢰정, 민항기 사건을 둘러싼 외교 협상의 정치적 의미, 수교협상 과정에 나타난 이른바 '비선'의 문제 등이 그것이다. 그러나 이러한 구술이 상호 모순적이라기보다는 당시의 '구체적 사건'을 국면 또는 구조의 차원에서 접근하는 방식의 차이에서 비롯된 것이었다.

이러한 구술을 통해 확인할 수 있는 것은 한중수교 사건 자체는 물론이고 이것이 가지는 역사적 의미를 보다 풍부하게 확인할 수 있었다. 뿐만 아니라, 그동안 학계에서 논의되었던 한중수교 협상과정에 대한 연구범위를 확장하는 한편 연구 수월성을 높이는 데에도 기여하였다. 또한 현직 외교관들이 수없이 많은 외교현장에서 직면할 협상 과정에 참고할만한 좋은 사례가 될 것으로 기대한다. 다만 모든 구술자가 실무 외교관이라는 점에서 일정한 편향이 있을 수 있지만, 기본적으로 당시를 있는 그대로(what it is) 그려내는 데에는 실무 협상에 참여한 구술자들보다 월등한 정보는 없다는 점이다. 특이 이들은 한중수교협상에 대한 역사적 소명의식이 강했고, 시대를 앞서 나간다는 개척정신도 있었으며, 무엇보다 이후에도 한국의 대중국 정책을 수립하는 데 크게 기여했다. 그럼에도 불구하고 구술을 통해 더 많은 정보와 교훈을 만들어 내지 못한 것은 전적으로 인터뷰어의 한계이다. 독자 여러분의 질정(質正)을 바란다.

2020년 5월
이희옥(성균관대 정치외교학과)

# 차례

# I

# 김석우 구술

면담일시 : 2017년 12월 22일(금) 10시~12시
면담장소 : 국립외교원 1층 스튜디오
면 담 자 : 이희옥 교수(성균관대학교)

## 김석우 金錫友

전 통일원 차관

| 1991~1993 | 외무부 아주국장 |
| 1995~1996 | 대통령비서실 의전수석비서관 |
| 1996~1998 | 제10대 통일원 차관 |
| 2002~2004 | 국회의장 비서실장 |

**[현직]**

21세기국가발전연구원 원장

# 1. 수교 이전의 한중 접촉과 북방정책 설계

**면담자:** 차관님 안녕하셨어요.

**구술자:** 안녕하세요.

차관님이 여러 커리어를 갖고 계셔서 호칭은 차관님으로 하겠습니다. 저희가 하고 있는 구술은 한중수교 협상이 어떻게 진행됐는지를 잘 확인을 하고 그게 우리 후학들에게도 기록으로 남기고 또 외교관들한테도 좋은 참고자료가 되기 위해서 시작을 했는데요. 우선 차관님께서 외교부에 입부하셔가지고 커리어를 쌓아올리셨는데, 그 중에 중요한 중국 커리어는 어떤 것들이 있었습니까?

중국 커리어보다는 저는 67년에 외교부 들어와서 69년에 기존의 대륙붕 6개 광구에 더하여 8만 여km² 되는 새로운 광구를 제7광구로 추가했습니다. 그래서 저는 그 일을 통해서 해양법 전문가라는 타이틀을 가지고 전(全) 외교관 생활을 했다고 볼 수가 있죠. 제7광구는 간접적으로 일본하고 관계지만, 중국도 염두에 두고 했습니다. 그 다음 77년에 행정관리담당관, 79년에 국제법규과장, 83년부터 동북아 1과장(일본과장), 그런 과정을 거쳤습니다.

제가 여쭤보는 것은 동북아 1과장 하시고, 국제법규과장 하시고 그런 것이 한중수교협상에 직간접적으로 굉장히 많은 관련이 되어 있더라고요. 만약에 국제법규과장을 안하셨으면 민항기

사건은 어떻게 해결했을까 라는 생각도 있고요. 그래서 대사님의 풍부한 커리어가, 그리고 한중관계를 조금 큰 맥락에서 이해할 수 있는 좋은 기반이 되었다고 생각을 하는데요. 우리가 한중수교를 얘기할 때 가장 빠트릴 수 없는 사건이 1983년 5월 5일 어린이날 민항기 불시착 사건인데, 그 무렵에 대사님께서는 생각하시기에 한중수교가 조금 어느 정도 논의가 되었던 겁니까? 머릿속에 중국이라고 하는 것이 그림이 잘 잡히지 않을 때인데요.

그렇죠. 중국이 71년에 유엔에 대표권을 취득했기 때문에, 국제정치상 엄청난 존재이고, 또 우리 옆에 있는 중요한 이웃이기 때문에 항상 우리는 담당관뿐만 아니라 다른 외교관들도 염두에 두고 있었던 것이죠. 그래서 염두에 두고 있었지만 실질적인 접촉이나 그런 것은 거의 없었죠. 제가 일본 대사관에서 1등 서기관일 때에도 중국 대사관이 우리 대사관과 멀지 않지만 소가 닭 보듯이 하는 그런 관계였지 전혀 대화라든지 접촉이 이뤄지지 않는 것이었습니다.

　　그러다가 83년 5월 5일 중국 민항기가 납치되어 한국에 오다보니까 실질적으로 그 문제를 해결하기 위해서 양쪽의 정부당국자가 만나지 않으면 안 되는 일이 벌어진 것이죠. 거기서 우리도 실질적으로 중국과의 접촉을 시작하게 된 것이고, 그 당시에 장관뿐만 아니라 공로명(孔魯明) 차관보(우리측 수석대표)도 모두가 다 '지금 당장은 아니지만 이것이 앞으로 한중관계에 정상화로 가기 위한 굉장히 중요한 스텝이다.' 하는 인식을 가지고 교섭을 했다고 볼 수 있죠.

그러니까 사건을 예측하지는 못했지만 사건이 나타났을 때는 이것은 한중관계를 풀어가는 데 굉장히 중요한 모멘텀이 될 수도 있겠다는 그런 생각을 갖고 접촉을 하신 것이군요.

당연하죠.

구체적으로 처리할 때 차관님은 어떤 역할을 하셨습니까?

저는 일본 담당하는 동북아 1과장이었고 옆에 동북아 2과(중국담당)가 있었습니다. 그런데 동북아 2과장, 아주국장, 차관보, 차관의 라인조직이 5월 5일이 어린이날 휴일이니까, 시골 고향에 어머니 문병하러 간다든지 해서 즉각 연락이 안되는 상황이 벌어졌어요. 마침 우리 동북아 1과는 일본하고 무역협정 교섭을 앞두고 전 직원이 나와서 준비를 하고 있었어요. 점심시간 조금 지나고 나니까, 주한 일본 대사관의 야나이 슌지(柳井 俊二) 정무공사가 "텔레비전을 켜보라. 텔레비전에 보면 춘천에 중국 민항기가 납치되어 착륙해 있는데, 거기에 일본 승객도 3-4명 있는 것 같다. 영사를 파견하려고 하니까 가서 보호할 수 있도록 협조를 해 달라."고 하는 거예요. 물론 그것을 저희가 협조해 줬지요. 동시에 중국업무 라인에 전부 비상을 걸었죠. 그런데 관계자들이 먼 곳에 나가있다가 돌아오기 때문에 저녁 늦게 도착했거든요. 그 동안 저희는 기다릴 수 없잖아요.

중국에서는 즉각 ICAO(국제민간항공기구)라든지 우리 교통부 항공국을 통해서 "이 문제를 해결하기 위해서 중국의 셴투(沈圖) 민항국장을 단장으로 하는 대표단을 보내겠다. 빨리 받아달라." 하는 메시지가 오는데, 우리가 가만히 있을 수는 없죠. 그러니까 우리 동북아 1과는 직접 담당은 아니었지만, 이런 비상사태에서 연락하는 업무를 하지 않을 수가 없게 된 것이죠. 그래서 저를 포함해서 우리 동북아 1과가 거기에 관여하게 된 것입니다.

바로 다음날 중국의 셴투 민항국장이 조약전문가 등 여러 전문가와 함께 도착해서 신라호텔 영빈관에서 일주일 정도 협상을 아주 집중적으로 한 거죠. 협상 자체가 간단한 문제가 아니기 때문에, 물론 중국과가 중심이 돼서 그 문제에 대한 협상을 진행시켜야 했지만, 외무부의 여러 부서가 참여했습니다. 예를 들어서 조약과는 문서를 만드는데 관련될 것이고, 국제법규과는 국제법 이론, 국제기구과는 항공 관련 업무를 나눠서 지원했지요. 교통부, 법무부 등 관계부처도 관여했습니다.

우리 동북아 1과는 신라호텔 본관에 상황실을 하나 만들었어요. 그래서 상황실장을 제가 맡고 과원들이 30분마다 진행되는 상황을 파악하고, 노재원(盧載源) 차관은 그 옆방에서 종합적인 상황을 판단하는 거예요. '지금 회담장에서 어떻게 진행이 되고 있다. 또 다른 상황은 어떻게 진행이 되고 있다.' 하는 식으로 종합을 해서, 이것을 필요로 하는 기관들에 알렸지요. 청와대, 총리실, 국회에도 보고했고, 주한 미국 대사관이나 일본 대사관도 관심을 갖고 있으니까, 대략 30분에 한 번씩 진행되는 상황을 전파하는 상황실의 역할을 동북아 1과가 했었던 것이죠.

그러니까 차관님의 그때 경험들이 이후 한중수교까지 굉장히 중요한 하나의 경험이 되는 첫 사례가 되는 거네요.

예, 그렇습니다.

중국인 일반 승객들은 워커힐에 묵었던 것 같은데, 그분들을 상대로 놀이동산도 보여주고, 서울시내도 보여주고. 음식점에도 데리고 가고. 그랬던 것 같은데. 그렇게 했다는 것은 우리 정부가 이 기회에 중국인들로 하여금 접촉이 단절된 상태에서 뭔가를 보여주면서 모멘텀을 찾아가려고 하는 그런 정치적인 생각들도 있었던 것으로 볼 수 있나요?

그것은 얘기는 안 해도 우리끼리 공감하고 있던 것이죠. 중국 사람들하고 우리하고 접촉이 없었기 때문에 중국은 북한에 의한 선전만 알고 있을 것이므로 한국이 이렇게 발전하고 있다는 것을 보여주기 위해서 적극적으로 했던 것이죠.

외교부 같은데서 혹시 중국 사람들을, 코스라고 할까요. 아니면 동선을 어떻게 해야겠다는 생각은 있었습니까?

동선이라는 것은 아니지만 남산 위에 올라가서 서울 시내를 보게 한다든지 한국 음식점이나 워커힐에서 환대를 하였지요. 한강변이나 서울시내를 있는 그대로 보여주고자 하는 기본적인 생각은 관계기관들이 다들 가지고 있었던 것이죠.


조금 이어서 85년 3월 바로 진행되는 것이 어뢰정 사건인데요. 그때 차관님이 법규과장이었습니까? 아니면 조약과장이었습니까?

아닙니다. 83년에 동북아 1과장이 되었는데, 동북아 1과장 마치기 직전에 어뢰정 사건이 터진 것이죠.


경험했던 그때 당시 동북아 1과장 이었습니까?

예.


동북아 1과장. 덩샤오핑(鄧小平) 주석이 나중에 어뢰정 사건이 한중수교를 생각해보게 하는 굉장히 중요한 결정적인 계기가 되었다는 것이 후일담으로 기록에 나와 있는데요. 동북아 1과장이면서 어뢰정 사건을 처리하는 과정, 중국과 협상하는 과정에 대해서 아마 아무런 매뉴얼이 없는 상태에서 처음부터 시작을 했을 것 같은데요. 어떻게 매뉴얼을 짜고 어떻게 협상이 되는지, 그것은 굉장히 중요한 역사적 기록 같거든요?

물론 장기호(張基浩) 과장의 중국과가 중심이 돼서 그 문제를 처리했지요. 장기호 과장, 권병현(權丙鉉) 심의관, 김재춘(金在春) 아주국장. 그리고 이원경(李源京) 외교부 장관. 이런 라인이죠. 잘 아시겠지만 3월 21일에 중국 어뢰정에서 해상반란이 일어나서 사상자가 발생하고 우리 소흑산도 근처에 표류를 했는데, 우리 해경이 이를 부안군 상왕등도 항구에다가 예인을 해놨습니다. 22일에 중국에서 군함 3척이 추격을 해서, 23일 새벽 6시 반 경 우리 상왕등도 영해 12해리를 그 군함 3척이 침범을 했습니다. 그래서 우리 해군은 국가영토와 주권을 방어하기 위해 일촉즉발의 대치상태가 되었고 우리 전투기까지 출동하는 상황이 벌어졌죠.

그 상황에서 우리 국방부 벙커회의실에서 노신영(盧信永) 총리서리를 중심으로 해서 외무부장관, 국방부 장관 등이 급히 회의를 열어가지고 대책을 협의했습니다. 그때 이원경 외무부장관이 "이것을 무력으로 해결하기 전에 외교적인 방법으로 일단은 해결하도록 해보자."고 제의해서 24시간의 말미를 얻어서 외교부로 돌아왔습니다.

그래서 외교부 이원경 장관과 김재춘 아주국장을 중심으로 해서 "'중국이 영해에서 군함을 빨리 퇴각시키라'라는 메시지를 빨리 보내라. 우리가 중국하고 외교관계가 없으니까 이 메시지를 보내는 방법은 주한 미국 대사관하고 주한 일본 대사관을 통해서 그 메시지를 전달하는 것이 좋겠다."라고 방향을 정했지요. 우리 아주국은 주한 일본 대사관 아라 요시히사(荒 義尙) 정무공사를 초치를 해서 그 메시지를 전했고, 미주국은 주한 미국 대사관의 헨리 던럽(Henry Dunlop) 정무참사관을 초치를 해서. "지금 이러한 상황이니까 중국 당국이 빨리 군함 세 척을 퇴각시키도록 하지 않으면 큰일 난다." 하고 메시지 전달을 요청했습니다.

그랬더니 헨리 던럽 참사관이 워싱턴 국무성으로 우리 메시지를 보고하면서 이 지역 허브 공관인 주일 미국 대사관에도 사본을 보냈습니다. 동경 허브공관을 통해 주중 미국 대사관에 바로 릴레이(Relay: 전달)가 됐어요. 그래서 9시 30분경 베이징에 있는 미국 대사관 서기관이 그 메시지를 가지고 중국 외교부에 들어갔더니 중국 외교부에서 "그러지 않아도 퇴각시키고 있다."고 대답하여, 세 시간 만에 중국군 함대가 퇴각을 하게 된 것입니다.

그렇게 돼서 일단 무력충돌의 가능성은 정리가 됐고. 그러면 어뢰정을 어떻게 할 것이냐 하는 문제를 우리가 검토를 하게 됩니다. 그 당시에 언론이나 일반 여론은 해상반란을 일으킨 사람들이 자유의거자니까 타이완으로 보내자는 의견이 상당했어요. 조금 더 강했다고 볼 수 있죠. 당시 주한 진수지(金樹基) 대사는 외교부나 국회를 찾아다니면서 자기네들이 데려가겠다고 활동을 하고. 또 조약국도 타이완으로 보내는 것이 좋겠다는 의견이었는데, 저 개인적으로 해양법 검토가 필요하다는 생각을 했습니다.

해양법상 공해의 자유나 여러 가지가 원칙이 있지만 '군함'의 지위는 자기 영토에 대한 그 국가의 관할권에 준할 정도로 강하거든요. 그러한 기본 이론에 비추어 '어뢰정을 중국으로 보내는 것이 맞다'는 생각을 가지고 밤중에 개인 타자기로 2페이지짜리 보고서를 썼습니다. '해양법 상 대한민국이 어뢰정에 대해 관할권을 행사할 것이 아니라면 군함의 기국이 관할권을 행사하는 것이 맞는 것이다.' 2년 전 83년 6월 29일에 이범석(李範錫) 장관이 국방대학원 특강에서 "우리는 북방정책을 추진하겠다."고 천명을 했고, 그 외교정책에 합치하는 것이다. 그래서 어뢰정은 국제법상 해상반란에 해당하고. 그 관할권을 기국(旗國)인 중국에 넘겨주는 것이 맞다는 것으로 보고서를 쓴 것이죠. 그것을 김재춘 국장과 이원경 장관이 보시고 좋다고 하고, 바로 청와대에 보고해서 전두환(全斗煥) 대통령도 괜찮다고 했지요. 그래서 어뢰정을 중국으로 넘겨주게 됩니다.


군함의 기국 관할권 원칙. 깃발을 갖고 있는 국가들한테 귀속시킨다는 것이 해양법의 전통이고. 그리고 차관님께서 그때 국제법규과장을 했던 경험들이 투영된 것이라고 생각되는데요. 그때 차관님께서 한중관계의 외교적인 문제를 이렇게 풀어야지 앞으로 북방정책을 완성할 수 있겠다. 하는 그런 생각들을 가지고 접근을 했나요. 아니면 순수하게.

당연히 가지고 있었죠. 83년 5월 5일 중국 민항기 문제 협상에서도 우리는 국제법에 따라서 했습니다. 비행기와 승객은 중국으로 보내고 하이재킹한 납치범들은 우리가 재판을 해서 형기를 마친 다음에 그 사람들이 원하는 곳으로 보낸 것이죠. 그러한 국제법 원칙에 따라서 처리했는데, 그게 끝나고 나서 이범석 장관이 공로명 차관보한테 특별 지시를 했습니다. "공로명 차관보가 팀장이 돼서 83년 5월 당시에 남북한과 미·일·중·소의 관계를 계량적으로 분석하고, 그 기초 위에서 향후 한국의 외교정책에 대해서 건의하라."고 한 거예요. 그래서 외교부 각 국의 주무과와 국제기구과 같은 주요과를 포함해서 10여 개 과의 과장들로 태스크포스를 구성을 했고, 제가 외교부 업무상 선임과장이기 때문에 간사 노릇을 하게 되는 거예요. 그래서 열흘 정도 밤을 새워가면서 모든 과의 파일 중에서 관련 자료를 뽑아내서 남북한과 주요국 간의 관계를 정리 했습니다.


계량적으로 통계가 된 것이네요. 무역의 규모라든지, 국력이라든지.


맞습니다. 일단 구분을 다자관계와 양자관계로 나눴습니다. 다자관계에서 보니까, 미국, 일본은 다자유엔회의를 개최할 때 북한의 대표단이 온다면 참가를 시키는 거예요. 소련도 한국대표단의 참가를 허용했습니다. 그에 비해서 중국만은 다자관계에서도 유엔관련 회의에도 한국대표는 받지 않는 거예요. 그런 차이가 있었어요.

양자관계에서는 기본적으로 일본과 북한 간 교역만 그 당시 수년간 연간 5억불 정도, 그리고 인적 교류는 1년에 천여 명 정도 북한에서 일본을 방문했지요. 북한 노동당 현준극 국제부장도 두 번 정도 이미 일본을 방문했습니다. 타이틀은 조·일우호친선협회장이라는 이름을 썼지만, 상당한 인적 교류가 있었어요. 일본만 앞서가고 나머지 국가들은 관계가 거의 없었던 것이죠.

중국하고 우리의 교역관계는 9,700만 불 정도 홍콩을 통한 간접교역으로 이뤄지고 있었어요. 그런데 우리 선박이 중국 항구에 들어가면 북한 대사관에서 중국 외교부에 항의를 합니다. 항의를 하면 중국 당국이 우리 선박을 압류해서 20만 불 벌금을 매기고 하는 비정상적인 관계였죠. 요약하면 일−북한 관계만 앞서가고 나머지는 거의 없는 상황이었어요.

그러한 계량적인 분석 위에서 건의서를 냈습니다. '남북한 관계의 최종목표는 평화적인 통일이다. 이를 위해서는 중간단계에서 상호교차승인이 필요할 것이다. 그러면 우리가 교차승인을 바로 할 수 있느냐. 그것이 당장 안된다면 '균형 있는 교차접촉'을 점차 확대해야 되겠다.' 하는 것이 태스크 포스의 건의였습니다. 이범석 장관이 그 결론을 가지고 6월 29일에 국방대학원에서 특강을 하는데 그 초고를 이장춘(李長春) 국제기구 국장에게 맡긴 거죠. "앞으로 우리는 중국, 소련을 포함한 공산권 국가와 적극적으로 관계개선을 추진하겠다." 하고 북방정책을 선언한 것이죠. 그러니까 그런 정책건의를 제가 작성했었고, 그것이 머릿속에 다 있기 때문에 어뢰정 사건의 처리는 국제법적인 이론에 대입을 하게 되면 전혀 지장이 없이 그런 결론이 나오게 되죠.

참고로 한가지 더 남기고 싶은데요. 이범석 장관은 '균형있는 교차접촉' 정책 실현을 위해 우방인 미국과 일본에 협력을 요청했습니다. 중·소가 한국의 요청에 호응할 때까지 균형을 맞추어 달라는 요청이지요. 미국 측은 즉각 동의해왔고, 일본 측은 일본내 조총련 존재와 같은 특수사정이 있어서 일·북관계를 축소하기 어렵다는 반응을 보였습니다. 그러나 10월 9일 아웅산 폭탄테러사건 이후로 기억합니다만, 당시 마에다 도시카즈(前田利一)대사가 외교부를 방문해서 이원경 장관에게 일본도 한국의 '균형있는 교차접촉' 정책에 협력하겠다는 정부 입장을 전해왔습니다.


적임자가 이 문제를 처리했기 때문에. 그리고 결과적으로는 중국 측으로부터 사과의 제일 높은 수준의 표현을 받은 것도.

그렇습니다. 우리가 그렇게 하면서도 "우리 영해를 침범한 것은 주권 침해다. 따라서 그 것을 명확하게 사과하지 않으면 안 된다." 하고 강하게 얘기를 했고 그 당시 『신화사(新華 社)』홍콩지사를 통해서 중국 당국의 명을 받아서 정식으로 사과한다는 공문서를 우리가 받았습니다.


그러니까 83년도의 사건과 85년도의 사건의 처리 경험이 결국 중국을 어떻게 다루고 접촉해야 하는지를 생각하는 중요한 계기가 되었던 것 같고요. 그 이후로 스포츠 교류가 활성화되기 시작하잖아요. 86년도 있고, 88년도 있고. 그 분위기는 어땠습니까?

그때는 정신없이 양국 간에 교류가 되었던 것 같아요. 그러니까 86년 아시안 게임에 중국선수단이 참가를 하였고, 또 88년 서울올림픽 당시 저는 서울에 있지 않았지만, 우리 국내의 언론을 보면 엄청나게 진전되었죠. 우리 체육 관계자들이 중국하고 협조를 아주 긴밀하게 했죠. 중국은 90년에 아시안게임을 개최하기 때문에 이런 중요한 스포츠 행사를 개최한 우리의 노하우를 전수받아야 하는 그런 필요성이 있었죠.

90년 아시안게임 당시만 해도 중국에는 광고라는 개념도 없었습니다. 예를 들어 『대우』에서 만리장성 가는 길에 광고탑을 세우자고 하는데, 그게 뭘 의미하는지를 몰랐고, 중국 베이징 공항의 여행객 화물용 카트에 『삼성』로고를 달았는데 그것의 의미를 모를 정도였지요.

그런 의미에서 덩샤오핑 지도자가 개혁개방을 통해서 빠르게 중국을 근대화시키고, 경제를 성장시키기 위해서는 바깥의 시장경제를 배워야 하는데, 한국의 박정희(朴正熙) 모델이 굉장히 좋다고 생각해서 한국과 많은 것을 협력하려는 기본적인 생각이 그때 크게 작용했다고 봅니다. 그때 덩샤오핑 지도자가 '한국하고 좀 더 안심하고 협조해야 하지 않을까.' 하고 결심한 것은 어뢰정 사건이 계기가 되지 않았나 생각합니다.

# 2. 한중수교 협상

조금 더 구체적으로 수교협상에 임하는 것은 아마 접촉을 하기 위해서는 제도화된 창구가 필요했을 텐데요. 그게 무역대표부 설치 논의였던 것 같거든요. 기록에 보면 1989년 1월에 무역대표부 설치가 논의가 되다가, 중국의 천안문 사건에 의해서 중단이 되었다가, 다시 재개된 것은 90년 무렵이라고 생각되는데요. 2차로 다시 재개될 때, 그 상황은 어떤 상황에서 어떻게 진행이 되고 무역대표부 설치 과정이 어떻게 이뤄집니까?

무역대표부 설치 과정은 말씀하신대로 천안문 사태로 지연 됐었죠. 천안문 이후에 봉쇄나 제재를 미국이 했었고 우리도 크게 벗어나지는 않지만, 우리 교역이나 인적교류가 상당히 진전이 되고 있었기 때문에 무역대표부를 설치하는 것이 필요했었죠. 그러나 천안문 사건에 영향을 받아서 양국간 무역대표부 설치가 지연이 된 것은 사실입니다. 제가 무역대표부 설치하는 과정에서는 아주국장을 하지는 않았기 때문에 직접 관여를 하지는 않았죠. 제가 아주국장을 맡기 시작한 것은 91년 7월 1일부터니까.

그러면 조금 진도를 나가서. 제가 왜 그것을 말씀드려 보면, 한중수교의 중요한 축 하나는 아주국장 재직 시절에 있었던 공식라인이 하나 있었고요, 베이징에서 무역대표부가 작동하면서 사전에 정비작업이랄까요. 물밑에서 여러 가지 협상이 이루어지고, 본부에서의 긴밀한 소통 속에 이루어지는 것인데. 그러면 결국 비공식적 무역대표부 라인과는 상관없이, 공식라인에서는 한중외교장관 회담이라든지 이런 것들은 아국국장 시절에는 좀 하지 않았을까요?

그 당시 무역대표부는 이름이 무역대표부지 실은 외교공관입니다. 우리 노재원(盧載源) 대사를 무역대표부 초대 대표로 임명했고, 윤해중(尹海重) 참사관이 배속되었지요. 그래서 실질적으로 비자 발급도 하고, 공관으로서의 기능을 수행했기 때문에 비공식 조직이라고 할 수는 없죠. 명칭은 무역대표부이지만 우리가 관할하는 외교 공관이라고 볼 수가 있습니다. 필요한 사무적인 연락은 무역대표부를 통해서 하고 무역대표부에서도 필요한 정보 수집과 중국 정부인사들 만나는 것을 했었습니다.

　　아직 정식 수교관계가 아니었기 때문에 저 자신도 아주국장임에도 불구하고 민간무역협정을 교섭하기 위해서 KOTRA 부사장 타이틀로 91년 8월 말에 베이징에 가서 『CCPIT(중국국제무역촉진위원회)』, 『대외무역촉진협의회』 셰첸췬(解建郡) 부회장 하고 협정교섭을 했거든요. 그럴때 한중관계를 빨리 정상화시킬 필요성이 있다는 얘기를 많이 했죠. "당신네들이 한중수교를 안하고 이렇게 계속되면 제3국만 좋아한다. 한국하고 수교를 해서 관계가 정상화 되면 공장 두 개를 지을 자금 가지고 세 개를 지을 수 있다. 한국기업들이 정상적으로 참여하게 되면 유엔 자금 등으로 더 많은 공장을 지을 수 있다. 한국기업이 입찰에 참여하게 되면, 우리가 낙찰이 안 돼도 낙찰가격이 낮아질 수밖에 없다. 그러니까 한국과의 수교가 필요하다." 이 얘기를 적극적으로 하면서, 이런 접촉이 결실을 맺도록 우리 나름대로의 설득은 계속해서 하는 것이죠.


한중수교 이야기를 하는 것이 금기라든지 이런 것이 다 무너진 상태에서, 그리고 중국 측의 분위기도 한중수교를 불가피하게 언젠가는 해야 한다는 넓은 분위기는 형성되어 있었던 것이죠. 그런 과정에서 여론이 결국은 한중 외교장관, 특히 차관님이 크게 기여하신 것은 아마 ESCAP(Economic and Social Commission for Asia and Pacific: 아시아태평양경제사회위원회)에서의 역할 이런 것이라고 생각이 되는데요. 그런 부분을 좀 설명을 해주시죠.


91년 8월 말 민간무역협정 교섭은 문안타결이 됐어요. 그 과정에서 윤해중 무역대표부 참사관한테 이번 기회에 친화순(秦華孫) 국제기구국장, 추이텐카이(崔天凱) 국제기구과장과 점심을 주선하도록 했습니다. 윤해중 참사관하고 저하고 저쪽 둘을 초청 해서 점심을 했어요. 그때 제가 친화순(秦華孫) 국장한테 "91년 9월이면 중국도 노력을 해서 남북한이 유엔에 동시 가입하게 된다. 유엔에 남북한이 가입을 하는데, 우리 대한민국 외교장관이 유엔상임이사국 외상하고 만나지 않으면 그건 이상하지 않느냐. 그러니까 유엔에서 이상옥 장관과 첸치천 외상이 만났으면 좋겠다." 그렇게 얘기를 했어요. 그랬더니 친화순(秦華孫) 국장이 "김 국장 메시지는 정히 접수했다. 내가 그 답을 지금 줄 수는 없다. 그러나 이것은 반드시 상부에 보고하겠다." 그렇게 된 거에요.

그래서 우리가 그 해 91년 9월 17일 남북한이 유엔에 동시 가입하고, 10월 2일에 이상옥(李相玉) 장관하고 첸치천(錢其琛) 중국 외교부장이 안보리에 부속된 소회의실에서 첫 번째 외상 간에 만나는 것이죠. 아무 국교관계가 없다고 하더라도 국가 원수끼리 만나면 그것은 이미 비공식 정부승인에 해당하는 것이에요. 외교부 장관끼리 만나는 것도 큰 의미가 있는 것이죠.


그러니까 1차 한중 외교장관 회담이 수교 전에 10월 2일에 다자무대에서 처음 만난 것인데, 그게 아마 언론에 보도가 된 것 같아요.


당시 『MBC』 최명길 기자가 유엔 취재를 하면서, 안보리 회의실 밖에서 신정승(辛正承) 과장이 이상옥 장관하고 커피를 마시고 있는 것을 본거예요. 최명길 기자가 굉장히 빠르니까, '아! 한중 간에 뭐가 있구나.' 해서, 특종으로 보도한 것이죠. 한중 외상 회담 보도지요. 사진 찍은 것이 하나도 없어서, 『MBC』 TV 화면으로는 이상옥 장관이 들어오는 컷과 첸지천 외교부장이 들어오는 컷을 합성해서 외상회담이 있었다는 것을 특종으로 보도했죠.

그 당시 외교부가 특종보도에 대해 시인하거나 부인하거나 하는 일은.

회담이 이루어졌기 때문에, 그 다음에는 당연히 비밀이 아니니까 일반한테 공개를 하게 된 것이죠.

그리고 나서 조금 있다가 『APEC』회담 제2차 한중회담이, 그 때는 좀 더 진전이 더 있었나요?

당연하죠. 『APEC』총회가 서울에서 개최됩니다. 『APEC』을 만드는 과정에서는 호주도 중요한 역할을 했지만 대한민국이 큰 역할을 했습니다. 잘 아시겠지만, 이시영(李時榮) 차관보가 3개의 중국문제를 어떻게 해결할 것인가를 가지고 굉장히 고생을 했어요. 그래서 중국도 동의하는 조건 하에서 이제 『APEC』이 출범을 하게 되는 것이죠. 한국이 『APEC』총회를 10월에 개최한 것이 큰 의미가 있었고, 10월 12일부터 14일까지 첸치천 외교부장이 한국을 방문하게 됩니다.
    그래서 10월 12일에 첸치천을 비롯한 수석대표들이 우선 노태우(盧泰愚) 대통령을 같이 예방을 하게 되죠. 그때 노태우 대통령이 수석대표단하고 얘기를 하고, 별도로 첸치천 외교부장만 불러서 면담을 하게 됩니다. 그때 노태우 대통령이 한중수교를 하고 싶다는 의사를 전달한 것이죠.

그게 그러면 기록에는 잘 나와 있지는 않지만 노태우 대통령이 첸치천 외교부장한테 한중수교를 하고 싶다는 얘기를 공식적으로 전달한 것은 그때가 처음이라고 봐야겠네요.

그렇게 봐야죠. 그리고 나서 14일에는 한중 외상회담을 했죠.


그때 대통령의 말씀을 듣고.

그렇죠. 외상회담에서는 수교문제는 얘기하지 않았지만, 한중 양국의 전반적인 국제정세에 대한 분석, 평가 그리고 한중관계를 개선하고 진전시켜야 될 필요성에 대해서 각자 얘기를 하는 이런 분위기였죠.


조금 더 거슬러 올라가보면 92년 1월 1일부터 일반 국민들은 어떤 변화를 느끼기 시작하냐면요, 국기, 그리고 문장 이런 것들을 수교가 이뤄지지 않은 상태에서도 공식적으로 사용하기 시작한 것은 어떤 계기가 있었던 거죠?

양측 간에 합의를 한 것이죠. 그래서 국기, 문장 이런 것을 사용하기로 합의를.


무역실무 회담에서 한 것이죠?

네, 그렇죠.


이렇게 역사를 쭉 조금 봤습니다. 그런데 생각보다는 굉장히 빠르게 진행이 된 것 같거든요. 했으면 좋겠다고 얘기를 한 때로부터 수교에 이른 것은. 이렇게 됐던 것은 당시 우리 정부는 북방정책을 본격적으로 추진하면서 한국 외교의 지평들을 어떻게 넓혀갈 것인가라는 생각이 있었던 것 같고, 중국은 분위기가 굉장히 적극적이었기 때문에 생각이 합치되었다고 생각이 드는데요. 당시 중국은 어떤 국제정세 인식이라든지, 한반도 인식을 갖고 있었을까요?

89년 폴란드가 민주화된 이후에 동유럽 공산권이 전부 붕괴한 것 아니겠어요? 그러니까 유럽에서는 이미 냉전체제가 끝나버린 것이죠. 그런 상황 하에서 중국도 국제정치의 영향을 받지 않을 수가 없겠죠. 냉전체제가 끝나가는 상황이었고. 타이완이 재정적 기반을 가지고 적극적인 외교 공세를 통해 발틱해에 있는 라트비아하고 영사관계를 맺고 또 서부아프리카에 있는 기니하고 외교관계를 수립하게 됩니다. 이러한 상황이 새로운 외교적인 도전이 되기 때문에 중국 측은 뭔가 결단을 내려야 되겠다는 생각을 했을 가능성이 있습니다.

요약하면 천안문 사건이 끝나고 나서 국제적 고립은 가속화 되는데 타이완의 적극적인 외교를 통해서 하나의 중국 원칙은 약화되고, 그러면 중국도 외교적인 돌파가 필요했던 부분이 있었네요.

그렇습니다. 그렇기 때문에 타이완의 외교공관 중에서 제일 큰 한국과의 관계정상화를 통해 타이완의 외교 공세를 봉쇄한다는 그런 생각을 했을 것이라고 저는 보고 있습니다.

역사적으로 평가할 때 굉장히 중요한 포인트 같은데요. 우리가 북방정책을 추진하기 위해서 일방적으로 수교협상에 매달렸다기보다는 중국과 한국의 이해가 공동이익이 충분히 있던 상황에서.

맞습니다. 중국의 그 당시 상황은 79년부터 개혁개방을 했지만, 여러 가지 사건들이 생기고, 또 천안문 사건도 터집니다. 빨리 경제를 성장시켜서 근대화를 완성해야 하는데 자꾸 문제가 생기는 것 아니에요. 그러니까 빨리 고도성장 궤도에 올리겠다는 중국의 욕심이 있었고, 우리도 북방정책을 통해서 공산권 모든 나라와 관계를 확대시킬 뿐만 아니라 중국이라는 큰 나라하고 관계를 정상화 시킬 필요성이 있었죠. 그 당시 중국경제는 아직 미약했지만 앞으로의 가능성으로서 우리의 경제적 활로로 보았고 북방정책을 완성하겠다는 그런 필요성이 있었죠. 양쪽이 물론 말은 안했지만 똑같이 빨리 하겠다는 같은 인식 하에서 호혜정신에 의해서 수교 한다는 공감대가 있지 않았나 생각합니다.

이제 또 다른 평가를 보면 노태우 정부가 수교할 때가 임기 말 무렵인데요. 조급함이 좀 있었지 않았나. 이런 평가도 있는데, 차관님은 어떻게 보시나요?

부정할 수는 없을 것입니다. 노태우 대통령의 정권이 2월에 끝나지만 선거는 12월에 있게 되는데, 노태우 대통령의 X, Y, Z라는 목표 중에 소련 수교, 중국 수교 그리고 그 다음에 북한과의 정상회담이 있었기 때문에 이것을 빨리 당겨야겠다는 생각은 우리 교섭과정 중에서 부분적으로 작용했다고 볼 수가 있습니다.

그런 부분도 있지만 그것은 마이너한 부분이고 큰 틀에서는.

중국도 빨리 하기를 원했기 때문에 중국이 그것을 레버리지(Leverage : 지렛대)로 크게 사용했다고 보이지는 않습니다.

그러면 결국 중국도 수교할 때 가장 큰 부담은 북한이었을 텐데요. 기록에 보면 첸치천 외교장관이 중국에 통보하고, 양상쿤(楊尚昆) 국가주석이 북한에 가서 김일성(金日成)과 면담하는 이런 과정이 있었는데, 북한은 전혀 모르는 상태에서 최종적인 수교가 임박했을 때 통보를 받았을까요. 아니면 차관님이 보시기에 사전에 분위기라든지 이런 것들에 대해 북한이 판단할 근거는 없었던가요?

나중에 보면 중국이 사전에 간접적인 언질을 조금씩은 준 것이 아닌가하는 생각은 들어요. 공식적으로는 첸치천이 7월 15일에 가서 통보를 하고 "우리는 우리 식대로 하겠다."는 김일성의 냉정한 답변을 받고 돌아온 것이 통보였던 것 같고. 중국은 북한과의 관계에서 비밀 유지는 자신하고 있었던 것 같아요. 다만 우리가 비밀 유지할 수 있는지에 대해 굉장히 우려를 하지 않았나하는 생각이 들어요. 그래서 기본적으로 비밀 유지를 하는 전제 하에서 교섭했고, 그렇기 때문에 우리가 비밀 유지하는 것이 어려움은 많았어요.

이상옥 장관이 92년 4월 ESCAP 총회에 전임의장 자격으로 가서 인수인계를 하고 나서, 중국 첸치천 외교부장과 별도 외상회담을 하는데, 그때 노태우 대통령이 던진 질문에 대한 답을 첸치천 외교부장이 이상옥 장관한테 한 것이잖아요? "이제 지금부터 한중 간에 수교협상을 극비리에 하십시다. 이것은 최고지도자와 자기와 극소수밖에 알지 못하는 겁니다. 한국 측도 극소수만 해서 비밀 교섭을 합시다." 하고 제의를 했어요. 그러면서 "지금까지 수많은 밀사, 특사라고 해서 자기네들한테 와서 수교문제를 얘기하고 했는데, 앞으로는 그런 것은 일체 상관없이 외교 당국 간에 협상을 합시다." 하고 우리한테 제의하는 거예요.

그래서 그것을 제가 직접 음어에 맞추어 손으로 보고서를 썼습니다. 베이징에서 이상옥 장관 일행이 몽골로 갔는데 몽골 영빈관에서 제가 손으로 쓴 비밀보고서를 이상옥 장관한테 결재를 얻은 다음에 이영백 서기관한테 들려서, 바로 서울로 들어와서 노창희(盧昌熹) 차관한테 드린 것이죠. 노창희 차관이 김종휘(金宗輝) 외교안보 수석한테 전달해서, 김종휘 수석이 노태우 대통령께 보고를 했어요.

이 때 김종휘 수석이 수석대표는 자기가 하겠다고 노태우 대통령에게 재가를 미리 받았던 거예요. 그래서 이상옥 장관이 몽골 일정을 다 마치고 귀국해 "그러면 이것을 어떻게 할 것이냐" 해서 "수석대표회담 이전에 예비실무회담을 하자."고 했지요. 그 당시에 권병현 대사가 미얀마 대사를 마치고 들어왔는데, 매우 적극적인 성품이기에 건의를 했더니, 이상옥 장관이 "좋다" 그래서 예비교섭대표로 지명했습니다. 신정승 대사는 당시 중국과장인데 중국과장 업무를 볼 수 없잖아요. 그래서 "당장 병가를 내서 휴직해라." 해서 외교안보연구원으로 발령을 내고, 실제로는 극비리에 작업을 안가에서 하는 체제를 만든 것이죠.

그러니까 그때 차관님이 비밀리에 하는 안가하고 외교부의 공식적으로 하는 것에 대해 창구역할을 하셨더라고요. 왜냐하면 바깥에 있는 분들은 안가 밖을 나오질 못하고. 그때 아주국장이 안가에 가게 되면 외교부의 보안유지가 안되고. 그러니까 아마 정상적인 업무를 하면서 밤에는 안가에 가시고, 낮에는 외교부에 계시고 이런 에피소드가 있더라고요. 한 가지 여쭤보고 싶은 것은 한소수교를 할 때는 대부분 협상 창구가 다원화 되어 있더라고요. 또 표현을 해보면 정권 실세가 움직이고. 그런 과정에 비해서 한중수교는 외교부 라인으로 일원화되는 현상들이 보이는데요, 그것은 아마 비밀유지 차원에서 그랬을까요? 아니면 다른 창구를 외교부로 일원화하는, 한소수교와 다르게 그 의미는 어떻게 평가할 수 있을까요?

한소수교의 경우에는 제가 보기에는 굉장히 중요한 국가와의 수교 협상인데 굉장히 급하게 이뤄진 것이 아닌가봅니다. 물론 대비를 했지만. 거기다가 고르바초프(Mikhail Gorbachev) 대통령 정부가 굉장한 재정적인 어려움에 처해 있는데, 한국과 협상을 하면서 차관이라든지 경제적 지원을 빨리 얻고 싶다는 생각이 작용하지 않았나 봅니다. 그 당시에 외교 공관끼리 하기에는 너무 급작스럽게 된 점이 있지요. 채널이 두어개 있었는데 제가 도쿄에서 소련측과 참사관 대화채널을 가지고 있었지만, 그보다는 특사의 활용 여지가 더 있지 않았었나 봅니다. 왜냐하면 메시지가 바로 고르바초프 대통령에게 전달되어야 했기에 특사들이 오히려 그 당시에는 편하지 않았을까 하는 생각이 듭니다.

그에 비해서 한중관계에서는 외교부 조직이 경험도 많고, 정보 분석이라든지, 동향보고라든지, 정책건의라든지 이런 것을 계속해서 하면서 기본적으로 튼튼한 준비조직을 갖추었다고 봅니다. 그래서 외교 조직을 통한 수교가 순조롭게 될 수 있었다고 봅니다. 중국도 빨리할 필요는 있지만 고르바초프 정권처럼 서두를 필요까지는 없었기 때문에 외교 채널을 통해 따질 것은 따지는 교섭형태를 원하지 않았을까 생각합니다.


지금 보면 한소수교의 경험도 있었고 반면교사도 있었고, 또 참고도 있었고, 외교부가 지식인프라도 어느 정도 가지고 있었고. 정보 인프라, 인적 네트워크. 이런 것을 갖고 있었기 때문에 한중수교는 외교부로 대체적으로 일원화될 수 있었겠네요.
이어서 인터뷰를 계속 하겠습니다. 조금 전에 차관님이 말씀하신 여러 가지 한중수교의 역할에 대해서, 외교부의 역할도 말씀해주셨는데, 중국 측에서는 아마도 체제의 특성 상 최고 지도부의 의사가 굉장히 중요했다고 생각이 드는데요, 직간접적으로 최고지도부가 한중수교에 임하는 태도, 생각, 이런 것들은 확인을 할 수 있었을까요?


수교 교섭할 때, 우리 대표가 어뢰정 사건에 대해서 여러 번 얘기를 했습니다. 나중에 확인이 됐는데, 덩샤오핑 지도자가 어뢰정을 중국에 반환한 것에 대해서 굉장히 감동한 것으로 보입니다. 85년 3월에 어뢰정 사건이 해결되는데 다음달 4월에 덩샤오핑이 미국에 있는 차이나 로비스트 중에 굉장히 무게가 있는 분으로 안나 쉐놀트(Anna Chenault)라는 『플라잉 타이거즈(Flying Tigers) 그룹』의 부회장을 비밀 특사로 서울로 보냈습니다.

그 분을 직접 보냈나요?

직접 보냈습니다. 저는 그 당시에 안나 쉐놀트『플라잉 타이거즈』부회장이 사업관계로 한국을 방문한 사실을 신문기사로 봤는데, 그때 온 진짜 목적은 전두환 대통령한테 덩샤오핑 지도자가 '어뢰정 사건을 잘 처리해줘서 고맙다.' 는 메시지를 전달하려는 것이었어요. 바로 첸치천 외교부장이『외교십기』에서 밝힌대로 그 4월에 덩샤오핑 지도자가 고위외교일꾼들을 불러서 "한국하고 관계 발전시키는게 좋은거 아니야?" 하면서 "중국 물건도 팔고, 타이완도 견제할 수 있으니까."라고 가이드라인을 준 것과 일치합니다. 그게 결정적인 전기입니다.

그러니까 시기적으로 보면 85년에 어뢰정사건이 잘 해결되고 난 이후에 덩샤오핑 지도자도 나름대로 성의를 보였네요. 아마 오신 그 분,『플라잉 타이거즈』그때가 사장이었죠?

부회장으로 알고 있습니다.

그 남편이 중일전쟁 시기에 중국에 전투기에 대한 여러 가지 기술지원을 해준 그런 분이시죠?

중일전쟁에서 장제스(蔣介石) 군의 취약한 부분이 공군이었죠. 미국이 전투기 100대를 민간 지원 형식으로 지원합니다. 클레어 쉐놀트 예비역 공군 대령을 시켜서 민간 차원에서 남방루트를 통해 장제스 공군을 지원했습니다. 그런 관계로 장제스 정부하고『플라잉 타이거즈』그룹하고는 굉장히 밀접한 관계가 되어 가장 중요한 차이나로비스트 역할을 했습니다. 나중에 71년 중국이 유엔 대표권을 획득한 다음부터는 베이징 정부도 클레어 쉐놀트 장군의 미망인을 로비스트로 활용했지요. 그 부인이 2018년 95세로 작고했는데, 한국에 올 때가 62세 였습니다. 그 부인을 밀사로 활용한 거죠.

그러니까 덩샤오핑도 비공식적으로 의사를 표현하고, 한중관계 개선이, 지도자의 의중이 확인이 되니까 외교담당하시는 분들도 이것에 대해 동력을 받았던 부분이라고 생각이 되는 거죠.

그렇죠. 그 당시에 전두환 대통령이 외교부에 사실을 알리지는 않았지만, 우리 교섭대표가 덩샤오핑의 마음을 중국 측에 강조할 수 있었습니다. 대강 분위기 상으로는 공산주의 사회에서는 중요한 정책에 대해서 아래에서 위로 획기적인 건의를 감히 하지 못합니다. 왜 그러냐 하면 일이 잘된다고 하더라도 한참 지나서 결과가 잘못되면 책임을 져야한다는 두려움 때문에 그렇게 못합니다. 위에서 하향식으로 '이거 해봐' 하고 했을 때 움직이게 되는거죠.
　　그것은 제가 한소 관계 파이프라인 역할을 할 때 소련 외교관들이 저한테 가르쳐준 겁니다. 절대 중요한 정책을 추상적인 형식으로 우리가 제의하면 "중국과 같은 공산주의 국가에서는 중간에 있는 관리들이 처리를 못한다. 굉장히 구체적인 볼을 만들어서 던져야 그게 위로 올라갈 수 있다."고 하면서 "그 사회에서는 책임을 지지 않기 위해서 모두가 필사적으로 노력하기 때문에 하향식 의사결정이 대부분이다." 그렇게 얘기했었죠.

# 3. 한중수교 체결

그래서 이제 본격적으로 수교협상이 시작이 될 텐데요. 그게 아마 92년 5월 무렵에 시작이 될 텐데요. 5월 14일인가 그렇죠? 수교협상이 5월, 6월. 서울에서 워커힐에서 한 번.

**5월, 6월은 베이징에서 두 번하고 세 번째를 워커힐에서 했습니다.**

그게 아마 6월 20일이라고 기억이 되는데요. 그런데 굉장히 짧은 시간에 수교가, 거의 예비회담이 본회담일 정도로 짧은 시간에 진행됐는데, 이것을 구체적인 TF라고 할까요, 준비하는 것은 어떤 무렵부터 시작됐습니까. 우리 본부에 수교 협상테이블을 구성해야 할 텐데요. 그것은 언제쯤 이렇게 구체적인 협상팀이 조직이 되었나요?

기본적인 중국에 관한 정보 집적이나 정책건의들은 동북아 2과(중국과)의 라인에서 이미 되어 있었고, 다만 구체적인 정책결정, 훈령을 어떻게 할 것이라든지 이런 것들을 태스크 포스를 통해서 해야 되었죠. 그것은 동빙고동에 있는 안가에 권병현 실무교섭대표, 그리고 신정승 전 중국과장이 상주하고, 안기부의 한영택 차장보 등 극소수가 모여 이 문제를 다룬거죠.

수교교섭에 훈령 같은 것을 작성하게 된다면 외교부의 기본적인 데이터자료를 신정승 과장이 다 갖고 있으니까 그걸 가지고 작업을 하는 것이죠. 외무장관의 방침과 지시를 받아서 훈령 수정을 한다든지 하는 것은 제가 낮에는 외교부 사무실에 있다 보니까 불가능하지요. 저녁 7시쯤 퇴근을 해서 안가로 가서 다시 회의를 해서 그때 필요한 조정을 하고, 또 문제점이 있으면 그 다음날 또 제가 장관한테 보고를 하고 지시를 받아서 진행 한 거죠.


그때 신정승 과장이나 권병현 대사님은 거의 각서를 쓰고 보안 유지를 했다고 하는데, 국장님은 어떻게 보안유지를 하셨어요?


그 당시에 외교부는 종합청사 8층에 있었습니다. 복도 남쪽 끝에 장·차관실이 있고 맞은편 북쪽 끝에 출입기자실이 있었어요. 출입기자실에서 보면 복도 양쪽에 국장실이 있으니까. 누가 어느 방에 들어갔다는 것을 보면 무슨 일이 있다는 것을 쉽게 짐작할 수 있는 거예요. 아주국장실은 기자실에서 보기도 좋게 되어 있고, 또 그 당시에는 지금하고 달라서 기자들이 수시로 국장실에 출입을 했죠. 아주국장이 자리를 오래 비우면 '뭐하고 있구나.' '중국하고 뭐가 되고 있지 않느냐.'는 짐작을 하기 쉬웠지요.

　그 당시에는 아주국의 현안이 몇 개 있었는데, 그 중에 한중수교, 한-베트남 수교, 일본 군대위안부 문제, 한-아세안 관계 격상 문제. 이런 주요 현안들이 있었는데, 자리를 지키면서 주로 사회적 관심이 높은 위안부 문제 관련 전문들을 펴놓고 씨름했지요. 제 탁상에 긴급전화를 별도 설치해서 태스크포스에서 오는 전화는 직접 그것으로만 받는 식으로 하니까 기자들도 크게 이상하게 느끼지는 않고, 비밀 유지를 할 수 있었지요. 하여튼 비밀 유지하는 것이 제일 어려운 과제였습니다.


수교 예비회담을 중국에서 두 번하고 서울에서 한 번 하면서 세 번 예비회담을 하고, 그러고 나서 두 달 만에 굉장히 신속하게 결정이 됐거든요? 그런 원인은 어디에 있다고 차관님은 보십니까?

양쪽이 신속하게 해야겠다는 기본적인 생각은 갖고 있었고, 특히 우리의 경우는 비밀 유지가 굉장히 어렵다는 생각을 가졌기 때문에 될 수 있으면 빨리 마무리해서 공개 하는 것이 좋겠다는 점이 작용했습니다. 그리고 한중 간에 수교하는 과정에서 하나의 중국 원칙 문제, 그 다음에 중국 공관을 온전하게 승계하는 문제, 그리고 『6·25』 참전문제와 같은 큰 문제만 해결하면 다른 문제가 적었죠. 특히 중국의 교섭양태는 자기네들이 원하는 큰 원칙을 빼고 나머지는 쉽게 처리하지요. 그런 생각이었기 때문에 큰 문제에 대해서 우리가 입장을 결단할 수 있었죠. 문제에 대해 실무적 판단보다 상부의 결심이 더 필요할 때는 안가에서 이상옥 장관, 청와대 김종휘 수석 그리고 안기부 차장이 모여서 수시로 협의하고 문제점을 조정하고 그래서 결론을 내서 정책을 건의하면 바로 대통령께 보고해서 지침을 얻는 식으로 극비리에 조정절차를 거쳤기 때문에 시간을 오래 끌어야 될 것은 없었죠.


큰 틀의 합의가 있고, 우리가 북방정책을 추진하는 과정에서 중국이 무엇을 요구할 것이라고 하는 것은 이미 확인된 상태였고, 소소한 문제는 없었다고 생각이 되는데요. 그래도 남는 문제는 6월, 세 번째 교섭이 6월 20일에서 21일 사이에 서울에서 열렸는데, 8월 24일에 수교를 택일하게 되잖아요? 그때까지는 또 시간이, 텀이 좀 길어요. 이왕 결정이 됐으면 빨리 선택하는 것이 낫지, 8월까지 시간이 있는데. 그 텀은 어떻게 해석할 수 있을까요?


대강 실질적인 문안합의는 타결이 된 거죠. 거의 다 된 거에요. 다만 수석대표회담을 해야 되잖아요. 그래서 7월 28일, 29일에 우리 수석대표 노창희 차관이 가게 되는 거예요. 그 전에 김종휘 수석대표를 노창희 수석대표로 교체하기로 대통령이 결심을 하게 됩니다. 당시 안기부장이 외교부 차관으로 하는 것이 좋겠다고 건의해서, 노창희 차관하고 중국의 쉬둔신(徐敦信) 부부장하고 가서명을 하게 된거예요. 가서명 절차를 수석대표 간에 해야 되죠. 그렇게 7월 말에 가서명이 되었습니다.

　그 다음에 수교 날짜를 정해야 되었습니다. 우리는 8·15 광복절 기념행사들이 있기 때문에 그 전보다는 끝난 다음에 하는 것이 좋았고, 따져보니까 다음다음 월요일이 8월 24일인 거예요. 날짜 확정은 7월에 마닐라에서 됩니다. 아세안확대외상회의에 우리 이상옥 장관과 중국 외교부장이 참석을 하는데, 양쪽 아주국장이 다 수행을 하게 됩니다. 그래서 마닐라 호텔 방에서 왕잉판(王英凡) 아주국장하고 저하고 날짜를 협의하면서, "8월 24일이 좋겠다. 왜 그러나면 24일이 월요일인데, 월요일 아침으로 잡으면 그 앞에 일요일과 토요일은 우리 공공기관이 업무를 하지않는 시간이다. 혹시라도 중국 대사관의 부동산 소유권 이전 문제가 생기더라도 대응하기 편하다." 그래서 8월 24일로 정한 거죠.

　실은 타이완측 움직임이 걱정되었어요. 제가 아주국장이 되고 나서 제 초등학교 동창으로 중견 건설사 회장인 친구가 저를 만나러 찾아왔습니다. 일본에 있는 친구가 타이완 외교부 부부장을 만나러 같이 가자고 제의 받았는데, 요지는 "명동 대사관 땅이 당시 5,000억 원 정도의 가치가 있는데 이것을 건설회사하고 같이 개발하면 좋겠다는 프로젝트를 협의하려 한다."는 것이었죠. 제가 걱정을 할 수 밖에 없었죠. 그래서 끝날 때까지 걱정을 가지고 있었고, 그렇기 때문에 윤해중 심의관이 8월 24일 수교행사 현장에 참석하고, 저는 본부에서 혹시라도 어떤 일이 일어나지 않을까 대비해서 24시간 모든 정보를 파악하는 역할을 했습니다.


대사님 구술을 보면 그 부분이 굉장히 색다른 부분이거든요. 다른 수교 협상에 참여했던 많은 사람들은 시간을 선택하는 문제가, 중국이 북한에 통보하는 절차, 또 한국이 타이완에 통보하는 절차에 대한 시간이 존재했기 때문에 그런 기술적인 문제이지 특별히 타이완 대표부의 공관을 이전하는 문제는 그렇게 큰 고려사항이 아니었는데, 차관님은 그 문제가 상당히 쟁점화 될 수도 있겠다는 판단을 하신 거네요.

그렇지요. 협상과정에서도 중국이 하나의 중국 문제뿐만 아니라 공관재산 문제도 굉장히 강조를 했고, 저는 국제법을 했기 때문에 그것은 간단했어요. 우리 일반 사회에서는 타이완이 그 재산을 뺏겼다고 하는데 국제법상 정부승인의 문제이기 때문에 중국이라는 국가를 어느 정부가 대표하는가의 문제입니다. 대표하는 정부가 바뀌면 그 국가의 재산은 새정부에 승계되는 것이거든요. 그러니까 국제법 상으로는 전혀 문제가 되지 않는 거예요. 그러니까 그것을 중국한테 넘겨주는 것이 당연한 것이고. 차질이 생길 때는 문제가 생긴다고 생각을 했지요.

그러면 당연히 우리 정부가 타이완에 통보하는 절차, 또 타이완이 그것을 간접적으로 확인하는 방법이 있고, 흐름으로 파악하는 경우도 있고, 공식적으로 통보받는 경우가 있었을 것이고요. 그런 다음에 타이완의 반응들이 있었을 텐데요. 우리가 타이완에 통보하는 절차는 어떤 식으로 전개가 되었나요?

대강 공식적으로는 타이완하고, 북한에 대해 일주일 전쯤 공식통보를 하자고 했지요. 그래서 8월 18일로 기억을 하는데, 이상옥 장관이 진수지 대사를 프라자 호텔로 초치를 해서 "이제 중국하고 수교를 하게 됐다."고 통보를 했죠.

통보 절차를 구두로 했나요?

구두로 했죠. 그랬더니 진수지 대사가 바로 전화로 타이완 외교부장한테 보고를 했고, 외교부장은 국회외교위원회 의원들을 초치를 해서 설명을 하니까 국회의원들이 언론한테 한중수교한다고 바로 공표를 한 거죠. 세계적인 뉴스가 돼버린 것이죠.

그것은 공식통보였고, 그 이전에도 이상옥 장관은 아주 주도면밀한 분이기 때문에 공개발언에서 언급을 합니다. 고대 공공정책대학원 기조연설, '도산 안창호' 기념사업회 초청 강연에서도 중국관계 부분은 꼭 들어갑니다. 글자 한 자 한 자를 장관이 고민해가면서 진전 상황을 설명하는 것이거든요. 뿐만 아니라 진수지 대사가 8월 중순 경에 따님 혼사를 LA에서 가지게 됐어요. 그래서 7월부터 "거기 가도 되냐"고, 물었는데, 저희가 "움직이면 안 될 것 같다"고 답변을 했지요. 공식적인 통보를 한 것은 아니지만. 실제 진수지 대사는 그때 혼사 참여를 안 하고, 서울에 계셨습니다.

타이완 대사관 쪽에서는 진수지 대사가 한중수교가 임박했다는 감은 가지고 있었고, 그러면서 공식적으로 통보를 받고 한 것은 8월 18일인데요. 그러면 차관님이 보시기에는 18일은 공식 통보를 받았으니까 타이완 대사관 부지를 처분하는 시간들은, 10월이라도 팔 수 있지 않겠습니까. 시간은 있었는데, 그것은 타이완은 움직임이 없었나요?

나중에 보니까 그렇게 하지는 않은 것 같아요. 이론상으로는 옆사람과 계약해서 등기 이전해버리면 되지만, 아마 그렇게 쉽지는 않았을 것입니다. 외교부가 관여를 해야 하기 때문에.

외교부 내에서는 그러면 타이완 대사관 청사를 양도하는 문제, 또 승계하는 문제에 대해서 국제법적인 것 말고 다른 나라와 수교 교섭할 때 참고사례를 연구하고 그랬나요? 아니면 차관님이 말씀하신 것처럼 심플한 것으로 보신 건가요?

심플한 것으로 본거죠. 미국 같은 나라는 큰 나라이기 때문에 다른 기관한테 10불에 매도

하고 그게 또 다시 돌아가는 방법을 썼죠. 그런데 우리는 큰 나라가 아니잖아요. 국제법에 따라서 하면 큰 문제는 없죠. 인정이 없다고 볼지는 모르지만 국제법 원칙에 따르면 큰 문제가 생기지 않죠. 나중에 베이징에 우리 대사관을 신축할 때 중국 측이 우리한테 상응한 배려를 했다고 보는 거죠.

그러면 그것이 하나의 중국 원칙, 타이완 대사관의 청사문제 이런 문제는 복잡한 문제가 아니었다고 보면 우리 입장에서 보면 『6·25』전쟁의 참전 문제가 사실은 우리가 반드시 제기했을 것 같거든요. 그러면 그것은 어떻게 제기하고 중국이 어떻게 반응하고 협상문에는 담겨져 있지 않으니까, 이면의 합의가 있었는지, 그런 것에 관심이 갈 수밖에 없거든요.

권병현 대표가 강하게 그 문제를 제기를 했고, 그것에 대해서 중국 측도 한국 측이 얘기하는 것을 전부 다 자기들이 받아들일 수는 없고, 자기들도 그 당시 국제상황에서 어떤 입장서 참전했다는 자기네 버전을 얘기한 거예요. 그래서 그것은 쉽게 합의로 해결할 수 있는 것은 아니었습니다. 따라서 최종적으로 결정하는 과정에서 "그러면 이것을 기록상으로 비밀리에 남기고 수교를 하자."고 타결을 한 것이죠.

메모랜덤 같은 것을 서로 남겼나요?

메모랜덤 같은 것은 지금 없죠. 기록상으로 각자 남기는 것으로. 그렇게 한 것입니다.

그러니까 우리가 수교 협상하는 과정에서는 톤을 어떻게 했습니까? 중국 측에 사과를 요구했습니까 아니면.

물론이죠.


중국은 그 문제에 대해서는 반응하지 않고. 자기네.

자기네 입장에서, 자기네 안전보장을 위해서 참전할 수밖에 없었다는 그러한 논리로 자기들 입장을 얘기한 것이죠.


우리 대표단은 이러한 문제제기를 하는 것들을 당연히 해야 되는 것이라고 생각은 했지만 중국의 입장에서 관철될 것이라고는 사전에 판단하고 있지는 않았죠? 이것을 반드시 관철해야 된다든지.

일단은 강하게 여러 번 얘기를 했고, 중간에 우리의 태스크포스 내부에서 분석해서 나중에 '이것은 관철이 될 수 없다.'는 판단을 최종적으로 내리고 타결 과정을 거친 것이죠.


그리고 이제 베이징에 가서 수교 서명을 하게 되는데요. 제가 그때 기록을, 그러니까 우리 문건으로 나와 있는 기록을 보니까 노태우 대통령의 방중과 수교 서명하는 것을 같이 하고 싶어 했다는 흐름이 있었던 것 같아요. 실제로 외교부에서는 두 개를 다 준비해야 했을 것 같거든요. 하나는 대통령의 방중준비, 또 하나는 수교협상에 실제로 서명하는 문제. 이런 것 두 개를 같이 준비했나요? 아니면.

같이 준비하지는 않았어요. 외상 간에 수교 공동성명서에 서명을 해서 발표하는 수교와 그 다음에 노태우 대통령의 신속한 방중이 별개였던 것이죠. 그러니까 '그렇게 서두르지 않아도 되지 않느냐. 다음 대통령 당선되면 그때 가서 해도 되지 않느냐.'하는 의견도 있었는데, 노태우 대통령은 중국을 마치고 북한과도 뭔가를 하고 싶다는 생각을 갖고 있었기 때문에 급하게 노태우 대통령 방중을 제의를 했고, 중국 측으로서도 그것에 대해서 크게 이의라든지 문제점을 제기하지 않고 좋다고 환영을 한 것이죠.

중국 측에서도 한중관계를 돌파구로 삼아서 외교적 수세에서 벗어나고 한중관계를 더 긴밀하게 함으로써 경제에도 도움을 얻는다는 그런 판단들을 하고 있었던 것 같습니다. 그래서 94년에 김영삼 대통령이 중국 방문을 하고, 그 다음에 이어서 95년인가요. 리펑(李鵬) 총리가 방한하고, 차오스 전인대 상임위원장이 방문하고, 그 다음에 또 장쩌민(江澤民) 주석이 연속해서 방한을 하는 것이죠. 그래서 양국의 정치적으로 의미 있는 고위인사 간에 교류가 아주 단시간 안에 된 것이죠. 중국도 그것을 원했으니까.

# 4. 한중수교 이후

수교에 참여했던 분들을 지금 저희가 굉장히 기록으로는 재밌는 기록인데, 수교에 참여했던 분들이 실질적으로 이후에 외교부에 커리어를 쌓아 가는데, 권병현 수석대표는 대사도 하시고 이렇게 갔고.

정책조정실장을 맡았죠. 차관보 급이죠. 그 다음에 호주 대사로 나갔고. 그 다음에 중국 대사를 했지요.

나머지 실무대사를 했던 사람들의 커리어는. 차관님께서는 실제로 수교협상에 참여를 쭉 하시면서 사실은 중국에 커리어를 했으면 제일 적임자였을 것 같은데, 그 이후에 행보는 어떻게 되십니까?

신정승 과장은 주미참사관으로 나간 거고, 저는 이제 이상옥 장관이 "미얀마 대사를 나가면 어떠냐."고 타진을 했어요. 그래서 "미얀마는 가고 싶지 않다." 왜냐하면 미얀마는 정보를 하나 확인하려면 일주일 이상이 걸린다는 거예요. 아무 일도 못한다는 거예요. 그래서 "그렇게 아무 일도 못하는데 가기보다는 좀 험하더라도 일을 할 수 있는데 가서 공관장을 하는 것이 좋겠습니다."고 말씀드렸더니 이상옥 장관이 그러면 "기다리라."고 해서 장성 출신 대사가 미얀마로 갔어요.

그래서 기다렸는데 12월에 대통령 선거에서 김영삼 후보가 당선되었지요. 2월 25일에 김영삼 대통령 취임하는데 2월 10일 전후해서 상도동에서 저를 부르더니 "청와대에서 같이 일하자."며 의전수석을 하라고 해서 저는 청와대로 가게 된 거에요.

그리고 나서 이후에 차관님이 통일원 차관을 하게 됐죠. 그러니까 통일원 차관을 하시면서 중국경험을 살리면서 하고자 하는 시도가 있었습니까?

제 경력에서 소련, 중국하고 수교하는 과정에 참여를 했는데 그러한 북방외교의 상위의 목표는 한반도의 통일이거든요. 그렇기 때문에 김영삼 대통령한테 "내가 통일원 가서 좀 더 발전시켜 보고 싶다."고 말씀드렸더니 "그러면 권오기(權五琦) 그 당시 부총리한테 가서 일을 해보라."고 해서 통일원 차관으로 가게 된 것이죠.

거기서 차관님 기억에, 인상에 남는 성과랄까, 차관 재직 중에 했던 성과랄까. 이런 경험, 인상적인 사업들이 있었습니까?

인상적인 사업이라 할 건 아니지만, 우리가 통일을 평화적으로 해야 하지만 북한이 비정상적으로 갈 경우에 급변사태가 일어날 수도 있으므로 그에 대한 준비가 없으면 곤란하다고 보았지요. 김일성이 사망한 후에 우리가 가지고 있던 평화계획 문서를 보니까 행정적으로는 체제가 맞춰졌지만 실질적으로 쓸 만한 매뉴얼이 아니에요. 그래서 제가 가능성이나 확률은 적더라도 북한 급변에 대한 준비는 우리가 하고 있어야 하고, 그래서 실질적인 매뉴얼을 만드는 작업을 시작하긴 했었죠. 그것이 기억에 남습니다. 그 다음으로는 탈북자가 급증하는 데 대비해서 인도지원국을 신설하고 북한이탈주민지원법을 제정하고 하나원 예산을 통과시킨 것입니다.

지금부터는 수교를 평가해보는 시간을 가지려고 합니다. 시진핑(習近平) 주석이 요즘 들어서 특히 강조하는 것은 '초심으로 돌아가자.' 이런 얘기를 하는데, 1992년도에 한중수교 공동성명을 보면 한반도 통일에 대한 얘기도 있고, 한중협력에 대한 얘기도 있는데, 시진핑 주석이 초심을 강조하고 있는데 차관님이 보시기에는 우리가 수교를 할 때 한국이 생각하는 초심으로 돌아가자고 하면 뭘 강조하고 싶으세요?

국제적인 상황에서 양쪽이 필요성을 느꼈고, 그때 중국은 지금처럼 크지는 않았으니까, '한국과의 협력이 굉장히 절실했다'고 볼 수 있죠. 그러니까 각각, 중국은 중국대로 우리는 우리대로 스스로, 자기를 키워, 자강한다고 할까요. 이것을 지향해 나가는데 서로 호혜적인 정신에 의해서 양국 협력을 강화하자는 그런 것으로 봐야하지 않나. 호혜정신 이것이 초심이고, 우리들이 얘기하는 기본적인 생각이라고 저는 봅니다.

최근 들어서 중국 외교가 조금 평가가 갈리기는 하지만 어썰티브(Assertive: 적극적인)해졌다고 얘기하는 분들도 있고, 어떤 분들은 좀 더 나아가서 오펜시브(Offensive: 공세적인)하다는 평가도 하고 있는데요. 중국 외교가 수교 당시에는 중국이 여전히 디펜시브 리얼리즘(Defensive Realism: 방어적 현실주의)을 추구했다고 보면, 이제는 훨씬 더 중국의 부상 이후에 공세성을 강화했다는 흐름이 포착되고 있지 않습니까. 수교 25주년을 1단계 매듭을 진 것 같아요. 향후 25년을 준비할 때, 우리 외교는, 대중국 외교랄까요, 어떤 포지셔닝을 해야 한다고 생각하세요?

한중 수교의 역사적 의미는 유럽 쪽에 있었던 냉전체제의 해소가 아시아 지역에서의 냉전체제 변경으로 되었다고 의미를 부여하고 싶어요. 그러니까 중국이 개혁개방을 하고 일당체제를 유지하고 있기는 하지만, 과거에는 아주 비정상적이던 양국관계가 정상화됨으로써 실질적인 관계가 발전했다고 봅니다. 우리도 그렇고 중국도 그렇고 얻은 것이 많다고 보죠. 중국의 경우는 고도성장하는데 한국과의 협력이 굉장히 긴요했었다고 봅니다. 무역이 급격하게 증가할 뿐만 아니라 노동집약적인 산업에 있어서 한국의 기술과 자본, 중소기업들이 물밀듯이 몰려가서 중국에 노하우가 전혀 없는 산업들이 고속 성장하는데 크게 기여했다고 봅니다. 그래서 10%대 경제 성장하는데 도움이 됐고, 그게 쌓여서 결국 규모가 커지고, 규모의 경제를 활용해서 2010년이 돼서 일본을 앞서는 경제력이 됐지요.

2008년 올림픽게임 이후에 보다 더 공세적으로 나오고. 지금은 2021년 소강사회 건설, 그 다음에 2049년 미국을 능가하는 패권국이 되려는 그런 꿈이 있지 않나하는 느낌이 우리한테는 전해 옵니다. 그래서 이전보다는 자신감이 넘치고, 이전보다 훨씬 더 주변국에 영향을 미치고자 하는 것 같습니다. 최근 사드(THAAD) 관계도 그런 배경에서 나오는데, 앞으로 중국하고 관계를 이끌어 나가는 데에는 규범(룰)이나 관례를 따라야 한다는 입장을 계속해서 취해야 합니다. 그래서 한중관계에 있어서 국제법을 포함하는 규범 그리고 국제관례, 인권 등의 보편적 가치에 대한 존중이 있어야 하고 그것을 기초로 해서 상호존중하는 양국관계로 발전시켜야 한다는 생각입니다.


한중관계가 과거에 양자관계보다는 제3의 요소들, 외생변수들이 많이 개입하면서 과거 수교 25주년을 평가해볼 때보다는 훨씬 더 까다로운 측면이 있고, 그런 가능성이 있을 때, 우리 외교의 원칙이랄까요. 외교관들이, 젊은 외교관들이 가슴에 새겨야 될 대중국 정책에 대한 원칙이랄까, 또 방향이랄까 이런 것들은 어떻게 조언을 해주고 싶으세요?


중국이라는 큰 나라하고 우리하고 오천년 역사라고 하는데, 한국이 중국보다 앞서간 건 최근의 수십 년간 아니었나요? 그렇게 중국과의 관계에서 경제 같은 분야에서 상대적으로 유리한 입장이 되었지요. 또 국제정치적으로 보면 교통, 통신, 과학기술의 발전의 결과로 태평양 동쪽 끝의 미국이라는 국제질서 주도국과 동맹관계가 되어 있고, 그것은 상당히 오래 갈 것입니다. 또 중요한 것은 미국도 국가이익을 추구하지만 도덕적인 우월성을 갖고 있다는 점입니다. 60년대까지도 예상하지 않았던 인종차별 문제도 많이 해결이 되었지요. 오바마(Barack Obama)와 같은 유색 소수자도 대통령이 되는 그러한 사회가 되었지요. 자유민주주의라든지, 인권이라든지 하는 관점에서 도덕적 우월성을 구비했지요. 그래서 한미동맹관계는 중요합니다. 19세기까지 미국이 농업국가 였을 때, 동아시아에서 미국은 '원 오브 도스(one of those)'였어요. 지금은 전 세계 질서를 주도하는 위치에 있고 상당 기간 계속될 겁니다.

한국도 자유민주주의를 받아들여서 국민들이 경제, 정치, 사회 모든 분야에서 개인의 개성을 발휘하고 인간으로서 보편적 가치를 향유하는 것을 지향하고 있습니다. 그것이 우리 국가의 목표가 되어야 합니다. 옆에 있는 나라이기 때문에 중국하고 관계를 잘 유지해야 합니다. 마찬가지로 중국도 주민들이 인간으로서의 기본적인 권리를 향유할 수 있는 모범적인 국가가 되도록 우리도 계속 대화도 하고 노력도 하는 그런 방향으로 나아가야 하지 않을까 생각합니다.


차관님 말씀을 요약하면, 요새 국제정치 학자들이 킨들버그 트랩(Kindleberger Trap: 킨들버그 함정). 이런 얘기를 하는데요, 중국이 커졌지만 퍼블릭 굿즈(Public Goods: 공공재)를 제공하지 못하는 국가다. 그러면 결국 우리와 같은 미들 파워(Middle Power: 중견국)들이 해야 할 것은 룰베이스(Rule-Base: 원칙에 기반한) 한중관계, 놈베이스(Norm-Base: 규범에 기반한) 한중관계. 이런 것들을 외교적 자산으로 계속 축적해야만 어려운 국제환경에 잘 적응해 나갈 수 있다. 그런 말씀으로 들리고요. 하나만 더 말씀을 드리면 국제 협력의 교과서에 보면 커먼인터레스트(Common Interest: 공공의 이해)를 위해서 양국이 국가정책을 조정하고 변경하는 과정이다. 이렇게 얘기를 하는데요, 우리로써는 참 지키기 어렵게 되어 있습니다. 그래서 한미동맹과 한중 간의 전략적 협력 동반자관계를 둘 다 잘 발전을 시켜야 하는데, 현실에서 작동하기가 어렵거든요. 이것을 어떻게 외교적 지혜로 풀어가야 될까요.

그것은 쉽게, 짧게 얘기하기는 어렵고. 국제질서를 우리가 거슬러 갈수는 없어요. 그러나 국제사회, 인류의 발전, 자유민주주의의 발전, 이런 것을 우리가 인식하고 그것을 우리가 체화해가면서 국민들이 가장 행복한 것이 무엇이냐가 나오게 되면 그것을 위해서 지금 현재 국제질서에서 가장 중요하고 또 퍼블릭 굿즈랄까, 이것을 잘 보장할 수 있는 나라와 관계를 계속 유지하고. 또 일본, 중국, 러시아하고도 가능한 그러한 큰 목표와 컨플릭트(Conflict: 갈등)가 안 되도록 우리가 지혜를 발휘해야 해요. 그러니까 거기에 외교가 어렵기도 하고, 그 역할이 중요하기도 하지 않은가. 그런 생각이 듭니다.

차관님 말씀은 결국 외교가 지혜의 영역인데, 그 지혜의 영역은 변화되는 판을 동태적으로 읽을 수 있는 훈련들을 외교관들이 끊임없이 노력을 해야 한다고 생각을 하시는 것 같습니다. 마지막으로 한 질문만 드리겠습니다. 차관님께서 다시 한중수교의 협상장으로 간다면, 협상을 했을 때 아쉬운 점이 좀 있지 않았겠습니까? 92년도에 한중수교 협상을 할 때, 지금 25년 전으로 돌아가서 중국과 다시 협상한다면 무엇을 조금 더 적극적으로 제기해서 우리의 국가이익을 확대할 수 있었을까요. 아쉬운 점이었고, 다시 협상을 한다면 뭘 더 하고 싶을까 하는 부분에 대해 말씀을.

제 생각은, 큰 흐름으로서 크게 아쉬울 것은 없어요. 제가 보기에는 우리 정책결정과정이 외교부 관료조직을 통한 정세 분석과 정책 건의가 많이 반영이 되었다고 생각이 되고, 다만 데드라인을 우리가 일부러 설정할 필요는 없지 않은가, 보다 유연하게 할 수 있지 않았느냐 하는 생각이 듭니다.

만약에 시간이 있었으면 수교협상을 조금 더 충분한 시간을 가지고 협상에 쫓기지 않고, 조금 유연하게 우리가. 지금의 한중관계에도 비슷하게 적용될 수 있는 사례라고 생각이 되고. 그러면 차관님이 직접 관여하진 않았지만 그 이후에 마늘협상을 한다든지, 동북공정 협상할 때 보면 우리 외교가 잘 할 수 없는 주제에 대해서는 다 지게 되더라고요. 명분을 갖고 있지 못한 협상은 지게 되고, 명분이 뚜렷한 협상은 이기게 되는데, 그런 것은 후배 외교관들한테 버텨야 하지 않겠습니까. 마늘 협상 같은 것은 잘못한 협상 같기도 하고요.

중국과도 간접적으로 관련이 있는 얘깁니다. 저는 일본하고 협상을 40번 이상 참여했는데 초기의 한일관계는 대학생과 유치원생의 관계 같았습니다. 우리가 레버리지를 거의 갖고 있지 않았어요. 그런데 그때 저희가 큰소리를 치고 교섭한 것은 물론 민족적인 자존심 같은 것도 있지만, 기본적으로는 규범과 국제적인 관례가 무기였습니다. 그것을 가지고 일본한테 우리 주장을 얘기했을 때 일본도 거부를 못하는 거예요. 가장 좋은 예가 제일교포 법적 지위에 관한 것입니다. 초기에 일본 사람들이 재일교포를 차별한 것은 말도 못할 정도였지요. 결국 우리가 노력한 결과 지문날인이라든지, 또는 외국인등록증 상시 휴대의무라든지, 이런 여러 가지 문제들을 91년에 재일교포 3세 문제 협상에서 한꺼번에 타결했는데 그것은 국제사회의 규범으로 일본을 수세로 몰았기 때문에 그런 거예요. 마찬가지로 우리 중급국가들의 경우 그러한 규범을 기본으로 하는 주장을 상대방이 들어주지 않을 수가 없도록 하는데 더 많은 노력을 할 필요가 있다고 생각합니다.


오랫동안 외교관 생활을 하면서 느끼고, 경험했던 결과는 우리가 규범과 룰에 기초한 협상을 외교적 자산으로 가지고 양보하지 않는 하나의 원칙을 가지고 협상을 해야 앞으로의 한국 외교의 길이 열리고 타개책이 될 수 있겠다. 이런 말씀을 좀 남기면서 오늘 구술을 여기서 마치도록 하겠습니다. 오랜 시간 감사드립니다. 고맙습니다.

감사합니다.

# II
# 윤해중 구술

면담일시 : 2017년 10월 16일(월) 14시 30분~16시 30분
면담장소 : 국립외교원 1층 스튜디오
면 담 자 : 이희옥 교수(성균관대학교)

## 윤해중 尹海重
전 주 인도네시아 대사

| 1990~1992 | 駐베이징대표부 정책참사관 |
| 1993~1996 | 駐상하이총영사관 총영사 |
| 2000~2002 | 駐타이완대표부 대표 |
| 2003~2005 | 駐인도네시아대사관 대사 |

### [현직]

| 2006~ | 사단법인 아시아문화발전센터 이사장 |

# 1. 대중국 업무의 시작

**면담자:** 대사님 반갑습니다.

**구술자:** 네, 반갑습니다.

제가 대사님 이력을 보니까, 우리 외교부에서 타이완, 중국을 포함해서 중국 커리어를 제일 오래 쌓으신 것으로 되어있던데, 그런 셈이죠?

제가 계산을 해봤어요. 한 16년, 17년. 싱가포르도 중국문화권에 있고 거의 중국 화교가 대부분이기 때문에, 그것까지 포함하면 17년. 제 외교관 정통 경력이 38년 정도 되는데, 본부까지 합쳐서. 재외공관이 그 중에 26년. 대부분을 중국에서 보낸것으로 되어 있습니다.

그런데 그 이력 중에서 동북아 2과장을 두 번이나 역임하셨어요, 아마 같은 보직을 두 번 한 것은 외교부에서도 굉장히 특이한 사례라고 생각이 되는데. 계기가 어떻게 되어서 두 번 하시게 되었습니까?

처음에 중국과장을 한 것은 연도로 봐서는 1981년으로 기억합니다. 싱가포르에서 귀국해서 동북아 2과장 발령을 받고 들어왔는데. 그 당시만 해도 중국이 78년, 당 11기 3중전회에서 덩샤오핑(鄧小平)이 실권을 장악하고 개혁개방이 본격화되는데. 그리고 나서 한 3년

쯤 되니까, 81년이라 하면, 아직 개혁개방이 성숙되지 않았고, 중국의 정책이 개혁개방을 표방한다고 하면서도 그 의미하는 바가 명확하지 않고 그래서 상황이 우리가 중국과의 관계개선 내지 수교를 목표로 하지만 최종적으로 그런 관계까지는 아직 가지않은 상태에서 동북아 2과가 창설되었고, 중국 업무를 담당하고 있었습니다. 동북아 2과장을 맡아서 3년간 일하는 동안에는 한중관계에 큰 진전을 이룰수가 없었고 여러 가지 공개된 정책 자료를 정리하는 정도에 그쳤던 것입니다. 오랫동안 기회를 보고 있다가 84년이 되어서 일본 대사관에 부임하게 되었는데 그 뒤 중국이 우리와 관계를 본격화하기 시작했습니다. 나중에 가서는 더욱 본격적으로 임해야 할 시기가 되었고 그래서 87년에 주일대사관 3년 근무를 마치고 귀국해보니 다시 한 번 해야 되는 상황이 됐습니다. 우리나라 외교목표 달성을 위해 필요하고 또한 제가 줄곧 관심을 가지고 준비해 온 분야에 기여해야겠다는 사명감도 있고, 그래서 다시 한 번 동북아 2과장직을 맡게 된 것입니다.

# 2. 수교 이전의 한중 접촉

대사님께서 『한중수교 밑뿌리 이야기』라는 책도 쓰셨는데, 한중수교의 밑뿌리가 된 것은 여러 해석이 있지만, 1983년 5월 5일 민항기가 춘천에 불시착한 사건 때문에 그것을 통해서 여러 협상과정에서 한중수교의 밑뿌리가 시작이 됐다고 보는 견해가 많지 않습니까? 그때가 아마 대사님께서 동북아 2과장이던 시절이죠? 83년 민항기 피랍사건 처리 과정들에서 대사님은 어떤 역할을 하시고 그랬습니까?

예, 그때 과장이었었는데, 그야말로 그것은 예기치 않은 돌발사건이었습니다. 중국이 전에 없던 개혁개방을 하게 되니까 중국에서 그 전조로서 민항기가 아니고 군용기, 훈련기가 훈련받다가 망명하는 사건이 번번히 발생하였습니다. 군용기에 저장된 유류로는 타이완까지 직행은 안되니까 중간 귀착지로서 한국에 오는 사건이 연속해서 5건 일어났습니다. 그전에는 북한으로부터 가끔 군용기 망명사건이 발생한 적은 있으나, 83년 5월 어린이날 휴일 중국 민항기 납치사건이 발생할 줄은 그야말로 전혀 예기치 못하였으며 그것은 '한중관계의 발전을 위해서 큰 하늘이 내려 준 계기가 아니었는가.' 그런 생각이 듭니다.

그런데 우리 정부가 그 당시에 돌발사건이었는데도 어떻게 처리할 것인가 하는 방침들은 어떻게 그 안에서 준비를 하고 세웠나요?

그 당시에는 우리에게 처음 일어난 일이라 전혀 준비가 안 된 상태인데, 일단 일어나고 보니까 이것이 선례가 있는 것도 아니고, 내부적으로. 그야말로 만들어서 하는, 그리고 대체를 해가는, 말하자면 상식과 우리의 국제법. 국제법이란 것이 있는 것이니까. 항공기 납치 사건은. 다른 나라도 있는 것이고. 그래서 그것을 합동, 청와대가 중심이 되어 가지고 관계부처 대책회의란 것이 작동하였습니다. 이러한 관계부처 대책회의가 중심이 되어 그 중에서도 외교부가 주축이 되어서 그 일을 처리했습니다.

혹시 그 당시에 중국 대표단이, 선투(沈圖)라는 사람이 대표단장이었는데, 한국에 대한 인식이랄까. 우리가 또 수교를 시작을 해야 된다는 머릿속에 그림이라는 그런 것을 갖고 논의가 되었었나요?

중국에서는 자기들 민항기라도 피랍된 인원이 100여 명 이상이 되니까 굉장히 당황을 했겠죠. 그런데 우리 측은 먼저 일이 발생하니까, 일도 처리를 잘 해야겠지만, 이것을 계기로 해서 우리나라와 중국과의 관계개선 내지는 국교수립의 초석이 될 수 있도록 해야겠다는 우리의 복안이 있었습니다. 중국 측은 갑자기 이렇게 됐고, 또 국교수립 이런 것까지는 아닌 것 같고. 보다 당장의 일처리, 자국 국민들을 보호하고 납치범들을 다시 송환해서 처벌하는 것 그것이 주목적이었고. 그렇기에 국교수립이라던 것은 없던 것으로 알고 있습니다.

그러한 분위기가 없었으면, 결국은 구체적인 교류협력의 진행과정에서 또 수교의 싹이 텄을 텐데, 아마 그 무렵 제일 중요했던 것이 체육교류라고 생각이 돼요. 86년에 아시안게임이 있었고, 88년에 올림픽이 있었고, 또 90년에 베이징아시안게임이 있었고. 그때 대사님께서는 베이징에 창설반장으로 상주해 나가면서 이 일을 진두지휘하셨는데, 체육교류가 한중수교에 굉장히 (역할이) 컸다고 생각되거든요. 밑뿌리에 있어서는요. 대사님께서 보시기에 체육교류를 위해 상주했던 경험이랄까요. 분위기는 어땠었는지 좀 알려주실까요?

83년 사건은 원만히 잘 처리가 됐고, 중국이 한국에 대한 접촉이 없다가 갑자기 자기들에게도 한국과의 접촉 필요가 생겼고. 그런데 83년 5월의 사건이 중요한 것이, 중국으로서도 한국과 공식적으로 접촉을 해본 것은 처음입니다. 그리고 거기에 다수의 민간인이 탑승객으로 왔고. 또 그것이 언론에, 중국 안에서 보도가 되어서. 그때까지 한국에 대한 인식이 전혀 없었던 중국이 말하자면 중국은 북한의 동맹국으로서 한국을 휴전 이후 적국으로만 인식해오던 한국을 재인식하게 됐죠. 그래서 분위기가 굉장히 좋아졌어요. 여러 가지 직간접적으로 들은 바에 의하면. 그래서 중국이 그때부터 대한인식이 좋아지게 되고. 우리가 그전에 여러 가지, 수교까지는 아니지만 관계개선, 이런 제의를 해도 전혀 무반응이었다가 내심으로 좀 변화되기 시작을 한 단계인데, 그 사건이 나고 또 85년 5월에 어뢰정사건이란 것이 또 났습니다. 중국의 해군 함정내에 선상 반란, 선원들끼리 싸움이 벌어져 한국 해역으로 표류가 되는 등 사건이 발생하였는데 그것을 또 우리가 원만히 처리를 했죠.

그때는 대사님께서 일본에 계실 때.

네, 제가 그때는 일본에 있었는데, 일본을 통해 수집된 정보를 토대로 전반적인 상황 보고를 하고, 본부에는 그 당시 동북아 1과장이었습니다만, 조약과장을 역임한 김석우(金錫友) 과장이 적극 참여해서 그 일도 원만히 잘 처리가 되어, 그 후 중국이 대한인식을 한층 더 좋게 보는 계기가 되었지요. 뒤에 알게 되었습니다만, 83년에 민항기사건 후에 벌써 중국이 90년 베이징아시안게임 참가 유치를 해야 하는 작업이 있었는데, 그것을 유치를 하려면 중국이 우선 한국에 대회 참가를 용인하는 조치를 해야 되는데, 83년 8월에 베이징아시안게임 조직위에다가 통보하기를 '한국을 포함한 모든 나라의 참가를 용인하겠다' 하였습니다. 그런 조치를 취한 것으로 보아서, 그 타이밍을 봐서 83년에 민항기사건 직후가 된 것을 보면 그것이 영향을 굉장히 긍정적으로 미쳤다고 생각됩니다. 90년 아시안게임에 한국이 참가하게 되기까지, 그 전에 86년 중국의 서울아시안게임 참가 그리고 88년 서울올림픽 참가, 이러한 상황이 잘 진전이 돼서 결국 그러한 스포츠 교류가 한중수교에 미치는 영향이 지대했다는 것은 확실합니다.

그런데 대사님께서, 말씀을 중간에 끊어서 좀 그런데, 그 세 가지의 체육교류가 매우 중요한 역할을 했는데, 베이징에 상주대표로 간 것은 굉장히 이례적이라고 생각되는데요.

네, 그래서 88년 서울 올림픽이 끝나고 90년 베이징 아시안게임 때. 우리가 거기는 이제 가야하는 입장이 되었습니다. 앞에 두 번은 중국이 와야 되고, 이제 우리가 가야하는데, 가려면 공관이 없는 상황인데, 그때 대규모 선수단을 돌보고, 모든 문제와 편의를 돌보기 위해서는 공관이 없이는 힘든데, 그것을 염두에 두고 꼭 상주가 필요하다는 점은 중국 측에 적극 설득했지요. 결국 중국 측에서 동의를 해가지고 90년 베이징 아시안게임이 9월에 있었는데, 한 반년 간을 상주했고. 그 전에도 이제 90년에 들어서면서, 제가 정식 외교부의 외교관 신분은 아니지만 대한체육회의 임원으로 출입을 했죠. 거기에 아타셰 (attaché: 연락관)라는 직책을 부여받게 되었고 그 전에는 출입이 어려운 상황이었는데 접촉이 되니까 중국과장으로서 중국관계 개선 업무를 추진하는데 굉장히 좋은 조건이 조성이 된 것입니다.

# 3. 한중수교 협상

대사님께서는 그렇게 해서 체육교류의 1선에 상주하면서 중국의 변화된 모습을 봤을 거고요. 이어서 91년도에 베이징 무역대표부의 창설반장으로 부임하셨죠. 그런 것은 어떤 계기로, 무역대표부가 창설이 되는 과정들을 좀 설명해 주실까요?

그래서 이제 우리 목표는, 최후 목표는 관계개선을 통해서 최종적으로는 국교수립을 해야 된다. 국교정상화가 제1의 목표니까. 모든 목표가 그것이니까. 관련해서 여러 가지 긍정적인 조치들을 해나가는 상황인데, 말하자면 스포츠 교류도 그렇고 그전에 중간에 민간무역대표단이 두 차례 방문을 했고, 이런 과정이 전부 결국은 국교수립이 최종 목표였습니다. 그래서 늘 접촉하는 과정도 그렇고, 그것을 탐색하고 있었는데. 중국 측에서도 상황이, 그 태도가 개선이 되고. 그래서 그 방향으로 협조가 되고, 속도는 우리가 먼저지만 중국도 호응해 오는 자세로. 그래서 어떻게 해서든지 국교수립을 한다는 전제 하에서 첫째, 1단계로 외교관 상주가 되었고, 그 다음에 가는 것은 순서가 무역대표부. 그것을 바로 국교수립으로 되는 것보다는 우선 양국 간에 여러 가지 스포츠 플러스, 경제적인 교류라는 것이 반드시 필요한 것이니까 당장 해야 되는 것이었고. 그래서 생각을 한 것이 무역대표부. 중국 측에서는. 우리야 그것을 거치지 않고 국교수립으로 가는 것이 목표지만은 중국 측의 입장도 있는 것이니까 단계를 거쳐서. 그래서 이제 90년에. 그렇다면 올림픽이 원만히 잘 끝났고, 중국도 우리도 만족하고. 그러한 상태에서 그 연장선상에서 "바로 하자" 해서, 무역대표부라는 것은 그 진행과정 속에서 이미 합의가 돼서 한국 측은 『대한무역진흥공사』, 중국 측은 『중국국제상회』, 그렇게 합의가 됐으며, 시기는 베이징아시안게임하고 1991년 1월에 무역대표부 설치가 이뤄지게 됐습니다.

그때 누가 구성이 되어서 갔습니까? 팀은 어떻게 구성을 했습니까?

무역대표부는 우선 제가. 저는 베이징아시안게임 때 여러 가지 일을 하다보니까 건강상의 문제도 생기고, '이만큼 했으면 어느 정도는 국가 외교 목표에 기여 했다.' 해서 사실은 저는 거기 꼭 가겠다는 그런 것보다는 다른 사람으로 대체하기를 희망했지만. 그것이 아니고 지금까지 도중에 있는 일을 완성 해야 되는 것 아니냐하는 생각과 이러한 외무부의 방침에 의해서 창설반장으로 임명이 되었지요. 1월부터 가서 그때 제가 같이 간 사람이 정상기, 김일두 이 사람들하고 관계부처 인원이 플러스 돼 안기부, 그 당시 물론 명칭이 『KOTRA』를 쓰니까. 『대한무역진흥공사』. 『KOTRA』 직원은 무역관장 외 수명이 함께 부임했지요. 중국 베이징 궈마오쫑신(國貿中心), 국제무역센터 4층에 사무실을 열고 그 바로 옆에 호텔을 잡아서 숙소로 쓰고. 개설하게 됐습니다. 그 후 약 1개월 노재원(盧載源) 대표가 정식으로 부임해 왔으며, 저는 거기에 바로 대표보라는 직명을 부여 받고 근무를 하게 됐습니다.

그러면 지금부터 수교 얘기를 좀 해보겠습니다. 수교할 당시에 아마 대사님께서는 우리 외무부 아주국 심의관의 역할을 하신 것으로 알고 있는데요. 그 당시에 노태우 정부가 북방정책을 추진하고 수교까지는 임기가 얼마 안 남은 그런 상황이었죠. 그러니까 노태우 정부 임기 말에 한중수교가 추진되고 있었는데, 그 당시 우리 정부는 왜 이러한 북방정책을, 한중수교를 반드시 성사되어야 한다. 이렇게 생각을 하고 했을까요? 그 안에 분위기는 어땠습니까?

노태우 정부 초기부터 한반도 주변 정세는 긴장완화 추세를 보이고 있었죠. 또한 러시아를 비롯해서 그 당시 소련이 붕괴되고, 각 독립 국가들과 국교수립도 되고, 중국만 남았는데 북방정책의 가장 중심이 되는 핵인 중국과의 수교가 급선무였죠. 그래서 80년(대)

중반이 넘어가면서 우리의 외교목표에 가장 중요한 한중수교라는 것이 대명제가 되었습니다. 그런 상황에서, 노태우 정부는 매년 우리의 외교목표를 한중수교에 두었으며 수교라는 표현은 당장 못쓰지만, 관계 개선이라는 것이 항상 항목에 들어가 있었어요. 그래서 이제 한중수교 문제에 우리가 훨씬 더 적극적으로 임하였고 중국 측이 소극적으로 따라오는 그런 상황이 되어 있었습니다.

그런 포인트는 굉장히 재밌고 중요한 포인트라고 생각이 되는데요. 그러니까 우리가 주도적으로 움직였다고 하면은, 지금 평가에 보면 수교가 조금 조급하게 추진되지 않았나 하는 그러한 부정적인 평가도 있었는데요, 그 당시 분위기는 어땠습니까?

조급하다고. 그 당시 상황은 조급이 아니라 빠르면 빠를수록 좋다고 하는, 그야말로 외교에 그것이 되어야 모든 것이 풀리는 것이기 때문에, 편안하게 지금 조급하다 할 정도로 평을 할 정도는 말이 안 되는 이야기 같고요. 그 뒤로 막상 되고 나니까 그런 이야기들과 평이었는데, 되기 전에는 빠르면 빠를수록 좋다는 식으로 대응을 했어요 우리가. 그리고 외교는 그렇게 하지 않으면 안 되는 일이기 때문에.

그러면 상대적으로 중국이 조금 소극적이고 우리가 적극적으로 추진했다고 볼 수 있는데. 중국은 언제부터 한중수교라는 것을 머릿속에 그리고 시작을 했을까요? 다시 한 번 말씀을 드리면 중국이 상대적으로 소극적이었는데요, 그러면 중국은 언제부터 한중수교를 정책적인 그림을 그리고 시작을 했을까요?

제가 보기에는 개혁개방을 하면서 국제정세, 주변 환경이나 중국의 국가이익으로 봐서,

한국과의 어떤 관계개선을 해서, 수교한다고 하는 장기적인 계획은 80년대 들어오면서 내부적으로 갖고 있었지만, 특히 민항기사건 몇 개월 후에 베이징아시안게임에 '한국을 포함한 모든 나라를 초대를 한다.' 하는 말을 정할 때, 덩샤오핑이 개혁개방정책의 모든 설계자인데, 모든 방향설정을 한 것 같고, 그게 85년 어뢰정사건 나고, 86년 서울에서 아시안게임 참가를 하고, 이 과정에서 이미 정책은 장기적으로 정해놓고. 다만 속도를 한국의 여러 가지 상황도 보고 북한의 태도도 보고, 국제정세 돌아가는 것도 보고, 하겠다는 것으로 방향을 잡아놓고 속도는 나중에 천천히 상황 봐서 한다. 이렇게 된 것으로 저희는 판단을 하고 있습니다.

그러니까 80년(대) 중반부터 덩샤오핑이 개혁개방의 총 설계자였고, 수교에 대한 전략적 그림을 머릿속에 가지고 있다가 구체적인 상황을 봐서 추진한 것으로 보이는데요.

그래서 결정적으로 나타난 것이 뭐냐면, 수교 말이 나오기 시작한 것이 85년에 어뢰정사건이 나고 나서, 바로 덩샤오핑이 외국인들 고위층 접촉을 하고 접견을 하고 할 때, 한국과의 수교 이야기가 나와요. 그때부터 말하자면 첸치천(錢其琛) 『외교십기』에 보면 나오지만, 한국과 수교가 중국에 이익이 된다는 것, 그 다음에 경제적인 이득이 있다. 그 다음에 타이완과의 관계에서도 타이완과의 하나의 중국 정책을 하는데 타이완하고 한국하고 국교가 수립이 되어 있으니까 그것을 좀 제거하는 차원에서도 필요하다는 식으로 나온 것을 보면 덩샤오핑이 85년 어뢰정사건 중반부터 결정을 내부적으로 했지 않았나, 그렇게 봅니다.

첸치천 외교부장의 『외교십기』에 보면, 85년 그 무렵부터 덩샤오핑의 생각이 있었다고 생각이 되는데. 89년도에 보면 『천안문 사건』이 터지고, 90년대 초에 오면서 다시 중국이 개혁개방을 본격적으로 재개를 하고 『남순강화』도 하고, 그리고 92년 10월에는 전당대회에서 사회주의시장경제론을 만들어 가는데. 『천안문 사건』 직후에 중국의 대외경제 정책이랄까, 개혁개방을 본격적으로 재개하는 과정에서 한중수교가 조금 급물살을 탄 측면은 없었을까요?

그러니까 『천안문 사건』 전까지 경제관계 교류가 활발하게 진행이 됩니다. 산둥성에 우리 무역대표단이 가고, 88년 6월 11일부터 18일까지. 88년 7월경부터 중국이 산둥성을 개방하는 것이 나옵니다. 88년 8월 25일 바로 산둥성 대표단이 한국을 일주일 정도 옵니다. 그리고 어업회담이라는 것이 한중 간에 굉장히 이슈였는데, 89년 4월 일본에서 『한중일 어업회담』을 했어요. 그래서 그때 일본이 중간 역할, 중매쟁이 역할을 했는데, 한중 간에 어떻게든 접촉이 필요해서 제가 과장으로서 『한중일 어업회담』에 참석을 하고, 그 다음에 중국 측 대표단을 서울에 맞아들이고, 그리고 제가 중국에 입국을 해서 우리 어업대표단을, 주로 『수협』의 사람들하고, 우리 수산업 사람들하고 같이. 그게 89년입니다. 89년 천안문사태 직전에 제가 바로 천안문시위가 벌어지고 있을 때 가서 회담을 했습니다. 그래서 그때 88년, 89년 이렇게 나가다가 천안문사태가 터져서 강제 진압이 되고, 서구 제재가 들어오고 하니까 중단될 수밖에 없었습니다. 그러나 중국 측의 마음은 '한국에 대해서 이것이 수교에 장애가 된 것이 아니니까.' 자기들 내부문제로 그래서 그 속도가 일단 중지가 됐지만, 그대로 마음에 숙원은 있었습니다. 중지는 됐지만, 자기들 내부수습 하느라고, 천안문사태가 나고 나서, 베이징아시안게임 그때까지는 몇 개월간, 한 1년 됐을 거예요. 그냥 정체상태로 들어갔어요.


그러면 대사님께서 88년에 산둥성에 우리가 방문을 하고, 또 산둥성 대표단이 서울에 방문해서, 아마 기록에 보면 대표단들이 노태우 대통령을 면담도 한 기록도 있고요. 그러면 그 당시에 대사님이 직접 청와대 접견 자리에 같이 가셨죠? 그 사람들을 접견할 때는.

접견할 때는 제가 청와대는 안가고, 밑에서 주선만 하고, 그 사람들이 들어간 것은 확인했습니다.

그때 88년도에 아마 그때가 4월이라고 생각이 되는데요.

네, 4월에 갔습니다. 우리가.

88년 4월에 가고, 88년 8월경에 다시 오죠?

네, 7~8월 여름이었어요.

넉 달 사이에 오고가고 하는 과정이 있었는데, 그때 수교나 이런 것에 대한 분위기라든지 한중 관계 간에 새로운 모멘텀을 찾아야 된다든지, 그런 논의는 없었나요?

그런 것은 없었고 그때 4월에 갔을 때, 산둥성하고 우리 한국하고 무역대표부가 아니라 무역사무소를 만들어서 하자는, 비자도 서로 받고. 상당한 진전이 있었죠. 그것은 그러니까 중국으로서는 아마 다는 안 되고, 이렇게 북한도 있고, 주변 상황을 봐야 되니까. 그때부터 중국은 하나의 계단으로 올라가기 시작한 거예요. 한 단계씩. 그러니까 무역사무소를 지방 간의 교류로 하려고 했고. 그때 84년 우리가 가서 합의를 했어요. 제가 회고록에도 넣었는데. 그 때는 거의 비자도 주고, "양쪽의 무역, 연락사무소를 만들자." 이렇게 해서 "장사를 본격적으로 하자." 그러니까 그 전에는 홍콩을 통한 간접 교류만 있었는데, 이제 직교역이 된 거예요.

그러고 나서 그때 당시 『국제민간경제협의회』, 『IPECK』 대표단이 요녕성, 랴오닝(辽宁)을 방문하게 되는데,

그것은 좀 지나서 그 다음해 89년, 1월이에요.

그 안에는 또 수교분위기는 없었습니까?

그때도 연장선상에서 가는데, 사실은 하나로 계속 가야하는데 이름을 바꾸는 이유가 아시다시피 중국과의 수교가 굉장히 국가적인 것이고, 대통령이 정책을 하다보니까 부처 간에 부처이익이 발동한 거예요. 그래서 국내에서는 외무부는 부처이익이라고 해봐야 그런데, 재경부, 경제기획원이었어요. 그 당시에는. 그리고 국정원하고 서로 내부, 공치 사정, 부처이익의 이해관계에 의해서 잘 보이겠다고 하는. 그래서 이제 김복동(金復東)하고, 대우 김우중(金宇中) 씨가 형식은 그렇고, 김복동 씨가 실세고. 한성호(韓晟昊)라고 한의사가 끼고, 기업인들하고 해서 간 것이고. 그렇게 해서 잘 되니까, 국정원의 노태우 대통령 조카가 있죠. 박철언(朴哲彦). 상당히 엠비셔스(Ambitious: 야심 있는) 했고. 보니까 같은 집안 친인척이지만 김복동 씨가 하는 것을 자꾸 자기가 공을 세우려고 하고. 대통령하고 친척 되니까. 이한빈 씨로 하여금 경제기획원에다가 『IPECK』이라는 것을 만들게 해요.

그렇게 하다가 서로 경쟁이 되어가지고, 소음이 나고 하니까 대통령이 개입해가지고 『IPECK』으로 하되, 그러면 합쳐서 해라." 그래서 같이 또 끼어 들고. 그래서 옥신각신했죠.

그러면 자연스럽게 수교 전에 여러 가지 대화의 모멘텀이 있었는데요. 비공식적인 채널들도 있었고, 이제 공식적인 채널이 있었는데, 흔히 바깥의 평가는 그 당시의 비공식적인 채널들의 역할들이 한국과 소련이 수교할 때 비해서 굉장히 좀 적었다는 평가도 있고요. 그런데 또 대사님이 실무적으로 경험한 바에 의하면 아까 말씀하신 것처럼 박철언, 또 김복동, 김우중, 한성호, 한의원 원장이시고, 또 『선경』의 사장. 이런 분들이 대통령의 친인척이었죠. 그런 분들의 비공식적인 채널은 한중수교 과정에서 어떤 역할을 했다고 평가할 수 있습니까?

플러스 역할을 했죠. 그 당시에는 잘 안되니까 어떤 목표로 하나 해서, 누가 하든 꿩 잡는 게 매라고, 해도 된다 해가지고. 그 대신에 질서를 지켜가면서 해야 된다는 생각이었죠. 그래서 나름대로 역할은 했습니다. 그래서 특히 산둥성을 오고 가고 한 것은 아주 확실한 것이고. 두 번째, 『IPECK』은 좀 혼선이 있었어요. 결국 이한빈 씨가 못가고 그리고 박철언 씨도 못가고. 결국은 실질적으로 산둥성 간 멤버들이 그대로 이름만 바꿔서 가게 되는데, 가서 이제 지역이 베이징이었죠. 그리고 베이징을 거쳐 요녕성까지 간 것인데, 베이징에서의 주목적은 물론 멤버가 처음에 주도했던 사람이 달라지고 다시 가니까 약간 차질이 생긴 것이, 톈지윈(田紀雲)과 그 당시 면담이 되는 것으로 설왕설래 하다가 안됐어요. 안된 이유는 커뮤니케이션. 저쪽의 기대는 좀 컸어요. 기대란 것이 회고록에도 나오지만, 경제 경협을 상당히 요구를 했어요. 자금을. 소련하고 수교할 때 차관을 많이 주지 않았습니까? 그것을 보면 그 뒤거든요. 그래서 우리도 이제 한국이 곰 노릇을 그만해야 하지 않겠느냐. 그래서 그것을 하는데, 제가 그때 참여해서 올바른 선택을 하는데 일조한

것을 다행스럽게 생각합니다. 그 당시 김복동 씨가 제 의견도 묻고 하는데 극력 반대했
죠. 우선 텐지윈을 만나기를 바랐는데 못 만나게 됐고, 그러니까 반대했고 저쪽에서 보따
리를 얼마 갖고 왔냐, 재보니까 그것도 아니니까 안했고. 그래서 결국 대타로 만난 것이
보이보(薄一波). 8인 원로의 한 사람입니다. 보시라이(薄熙來) 아버지인데, 그 사람을 만나
그것으로 만족을 하고 다시 요녕성을 찾아가서 이장춘 성장을 만나고 왔죠.


그 당시 텐지윈(田紀雲)은 지위가 부총리였죠?


부총리였습니다.


평가에 따라 한소수교랑 비교해보면 한중수교는 돈거래가 깨끗했던 것 같고요.


그러니까 잘못했으면 그런데, 그것을 제동을 건 것이 공무원입니다. 국정원하고 재경원
공무원간 원활한 협력을 한 결과 후유증없이 잘 정리가 됐어요.


그러니까 한소수교에 비해서 한중수교는 밑에 비공식적 라인이 움직였지만, 실제로 협상을 한
것은 외교부의 협상 단위나 협상 주체가 일원화된 것이 조금 더 분명해진 것이 한중수교의 경
험이라고 생각이 들고요. 그 이유는 왜 그랬을까요? 그러니까 중국에서 아마 그렇게 요구한 부
분도 있으리라고 짐작이 되고, 우리는 또 한소수교의 경험 같은 것들을 반추해내면서 어떻게
해야 될 것인가 라는 방향을 잡은 것 같기도 하고요.


우리 북방정책 방향이 처음에 여러 가지 부작용이 되고, 또 소련에 거금을 제공한 것이

알려지면서 국내 여론도 안 좋고. 그러니까 말하자면 반면교사랄까요, 거기서 교훈을 얻어가지고, '아 이것은 안 좋다. 괜히 그런 식으로 돈 줘가지고 이런 식으로 하면.' 벌써부터 그때 소련이랑 한 것에 대한 비판이 나오던 때고, 그래서 중국은 한번 그렇게 본건데, 중국이 그만큼 소련처럼 돈을 바라는 그런 나라는 아니고, 조금 덜합니다만, 그러나 중국이 또 외교나 이런 라인을 중시해서 그런 것 같지는 않습니다.


그러면 중국에서 협상 창구를 외교라인으로 일원화한 것은 아마 중국은 북한 변수가 있고, 이게 새나가거나 이렇게 되는 경우에 북중관계가 굉장히 어려워질 것을 염두에 두고, 아마 비공식적이고 비밀리에 또 협상 창구를 단일화해서, 이 문제를 풀어가려고 하는 의지가 상당히 있었을 것으로 짐작은 되는데요.

중국, 홍콩, 타이완에 3자 『APEC』 가입이라는 것이 있어요. 그것이 상당히 중요한 역할을 했습니다. 중국이 가입을 위해서 굉장히 노력해야 할 타이밍에 서방제재가 들어오고 그래서 호주에서 제의한 『APEC』. 『아시아태평양경제협력체』. 마음속으로는 자기들이 그것을 가입을 해야 하는데 못해가지고 신경을 쓰고 있을 때였지요. 나라 관계도 타이밍이 중요한 것인데, 3차 『APEC』 각료회의가 곧 열리게 되어 있었는데, 중국이 2차까지도 참석을 못했어요. 자기들 국내의 천안문 사건 때문에. 서방 제재도 들어오고. 그런데 3차를 앞두고, 우리가 'Senior Officials Meeting(SOM)' 의장국이 됐어요. 이시영(李時榮) 대사가 외정실장이었는데, 그래서 중국이 처해있는 여러 가지 상황을 알고, '우리가 그것을 최대한 활용해야겠다.' 그래서 적극적으로 임했죠 우리가. 『APEC』 정상회의를 앞두고 91년 11월에 서울에서 각료회의를 하는데, 그에 앞서 91년 9월에 유엔에서 『남북한 유엔 동시가입』이 됩니다. 그렇게 된 것이 상황도 좋아지고 하니까 중국이 바짝 또 자기들이 APEC 가입계획을 세운 거예요. 서울에서 개최되는 각료회의에도 참석을 하고 5월에, 그때 장쩌민(江澤民)이 김일성(金日成)을 불러서 선양(瀋陽)에서인가 "유엔가입을 막을 수 없다. 북한은 못 들어가고 남한만 들어갈 수 있다."고 경고한 거예요. 그리고 나서 중국과의 수교가 확 피치를 올린 것이죠. 말하자면 덩샤오핑이 강택민을 시켜 김일성을 선양에 오게 해가지고 얘기를 한 것이죠. 그래서 그 해에, 91년 이야기죠. 유엔에서 우리 이시영 외정실장하고 중국의 카운터 파트 친화순(秦華孫)이라고 있어요. 둘이 만나가지고 "11월에 서울 각료회의에 오면 그때 가입을 해라. 사전작업을 우리 하자." 그래서 그해 5월, 바로 그 무렵에 중국이 베이징에서 우리 측 이시영 대사를 시니어 오피셜 미팅(Senior Officials Meeting: 고위급실무협의)에 초대합니다. 본부에서 천영우(千英宇)가 총괄과장이고, 제가 베이징 참사관이고, 셋이 합류하여 베이징 조어대(釣魚台)에서 중국 측과 회의를 했어요. 이 자리에서 우리가 중국의『APEC』각료회의 서울 참석을 목표로 해서 3자 가입을 만들겠다고 했지요. 그때 키 이슈(Key Issue: 주요 주제)가 3자 가입 중에 타이완의 문제가, 3자니까. 타이완을 어떤 식으로 지위를 주느냐. 그래서 타이완차이나, 중국이 한 것은 타이완이 거절하고, 타이완은 또 당연히 타이완 정식명칭을 하려고 하고. 그러다가 그게 그 이시영 대사가 외정실장인데 셔틀 외교를 한 거예요. 홍콩, 타이완을 해서. 그래서 셔틀 외교를 참 잘했어요. 국제기구 전문가니까. 그래서 결국 어떻게 타협을 봤냐. 차이니스 타이베이(中華台北)로, 올림픽 모델로. 그래서 그것이 되니까, 유엔에서 합의를 했죠. 그래서 바로 11월에 외상이 서울에 오게 되요. 첸치천이. 이 교수한테 말하고 싶은 것은 내가 책에서는 많이 그것을 강조를 했는데, 수교에 결정적인 것이 3자『APEC』가입. 그게 만약에 우리가 시니어 오피서가 아니었거나 하더라도 잘 못 처리해 왔거나 딜레이 됐으면, 수교는 몇 년이 걸렸을 거예요.


그러니까『APEC』에 3자가입이라고 하는 것이 수교협상을 한번 미리 해 본 그런 효과들이 있었던 것이 중요한 것이네요.

우리가 전략을 잘 해서. 그리고 또 아주 컴비네이션이 잘 된 것이, 베이징에서 참사관을 하면서 그때 제가 외교부 접촉이 가능해졌어요. 국제기구 파트만. 추이텐카이(崔天凱)가, 친화순(秦華孫) 그때 실장. 부국장이 천젠(陳健)이라고 있어요. 세 사람하고 저하고 이야기 하는 관계가 됐죠. 저는 거기 상주하고 있으니까 아직. 그리고 이시영 대사가 서울에서 하고, 헤드쿼터(Head Quarter: 본부)에서 천영우 총괄과장. 그래서 셋이서 아주 똘똘 뭉쳤어요.

그 역할들은 우리 외교사에서 잘 다뤄지지는 않았지만 굉장히 중요한 하나라고 생각이 되는데요.

맞습니다. 저는 그것을 수교를 앞당긴 역할이라고 봐요

그런데 수교를 일단 진행을 하려고 하면 중국에서 최대 골칫거리는 복잡한 문제를 북한에 어떻게 전달하느냐, 이런 문제였다고 생각이 되는데. 그러니까 북한이 한중수교가 불가피하다고 판단한 시기는 조금씩 구술에 기록하는 분들마다 차이가 있는데, 대사님이 보시기에는 북한이 한중수교가 불가피하다는 것은 언제쯤 아마.

덩샤오핑이 김일성 불러서 선양에서. 당시 그때 수교 말 않고, 유엔가입을.

덩샤오핑이 아니라 장쩌민(江澤民)이

장쩌민이. 그래서 장쩌민이 악역을 한번 했고, 수교 결정하고 그 뒤 이야기는 양상쿤(楊尚昆), 그리고 첸치천이 마지막에 했어요.

그러면은 양상쿤(楊尚昆)이 국가주석이었죠. 평양을 방문했을 때, 김일성을 면담하면서 수교 일 자나, 수교의 불가피성을 실제로 통보했던 기록들이 나중에 나오나요? 아니면 우리가 그렇게 짐작을 하는 건가요?

그 당시 통보한 것들은 당연히 포함됐겠죠. '아 이거 수교는 이제 간다.'

불가피하니, 마음의 준비를 해라.

사전 통보한 것이에요.

그럼 구체적으로 통보한 것은 아마 첸치천이 가서 한 것이고요. 그때 북한의 반응을 외교부에 서 파악한 것이 있나요?

그때 외교부에서 파악은 못하고, 첸치천의 『외교십기』, 거기에 다 나와요. 첸치천이 가니 까, 지방으로 가서 쉬고 있는데, 간 것 아닙니까? 돌아와 가지고 하고, 김일성이 당황하 는 것, 여러 가지 모습이 다 나오죠.

그러니까 중국이 북한한테 통보해줬다고 하는 것은 분명하고, 북한도 알기는 알았던 거 같아요. 한중수교가 끝나고 나서 한참동안 중국이 수교 자체를 보도를 안 하고, 『노동신문』에 일체 언급하지 않은 상태로 북한이 수교에 대한 불만들을 표시를 했던 것으로 짐작을 할 수가 있는데요. 한중수교 때 한중 간에 최고위급들이 있었다고 생각이 듭니다. 우리는 대통령께서, 노태우 대통령이 굉장히 강한의지를 가지고 있었던 것이고. 중국은 아마 그때 장쩌민이 있었지만, 결국은 덩샤오핑의 역할과 보장이랄까요. 그런 것이 있지 않았을까 싶은데요. 그것은 어떻습니까?

덩샤오핑의 허가를 안 받고는 장쩌민이 못 움직이죠. 결정적으로 85년 이야기, 벌써 외빈한테 얘기할 정도고. 그 다음부터는 덩샤오핑이 거의 다 하나하나하면 "오케이, 오케이" 했겠죠. 결국은 우리 측이 훨씬 강도로 보면 노태우 대통령이 굉장히 서둔 것은 사실이에요. 어떻든 자기 임기 안에 하겠다는 것은 확실하고. 제가 그때 본부로 귀임했는데, 저는 끝까지 임기를 못마치고 우리 장관이 베이징 가기 직전에 돌아왔어요. 제가 92년 2월에 귀임해가지고. 그때 아주국 심의관으로 왔는데 장관이 그러더라고요. "덩샤오핑이 노태우 대통령 만나고 싶다."고. 그때 베이징을 경유는 할 수 있거든요. 제3국 가다가 대통령이 내려서, "그런 식으로 했으면 좋겠다." 그래서 제가 "그것은 무리하게 추진할 수는 있지만 모양새가 그렇다."고 내가 적극적으로 반응을 안했어요. "그냥, 아이고 알았다." 그러더라고요. 그 정도로 우리 대통령이 92년, 그러니까 그 다음 해에 바로 정권을 내놔야 되니까, 초조했던 것은 사실입니다. 대통령 개인적으로는. 그렇지만 국가 전체가 그런 것은 아니니까. 대통령으로서는 꼭 임기 안에 이것을 해야 북방정책의 하나의 결실을 맺는 것으로 생각한 것은 틀림없습니다.

그래서 아마 노태우 대통령께서는 본인의 임기 중에 이 문제를 반드시 성사해야겠다는 외교적 미션을 가지고 있었던 것 같고. 그래서 이제 공식, 비공식 채널을 다 가동했던 것 같고, 그리고 공식적인 채널이 일원화될 때까지 협상 팀한테도 여러 가지로 힘을 실어주었던 것 같아요. 그런데 소련과 수교할 때와 비교해서 박철언 씨의 역할들이. 박철언 씨가 나중에 텐지원을 만나기도 하고. 박철언 씨의 역할은 어땠습니까?

박철언 씨는 사실은 제가 베이징 아시안게임 시 상주해 있을 때, 폐막식, 개막식인가 왔었어요. 왔고 했는데.

그때는 체육청소년장관을 했죠.

장관은 아니었죠. 체육청소년장관은 아니고 그 밑에 사람이 장관을 했어요. 다른 사람 시키고, 청와대에 있었어요. 그래서 박철언 씨가 역할을 했다지만 효과는 별로 없었어요. 그러니까 결정적인 것은 아까 말한 산둥성 대표단. 그 다음에 『IPECK』에 가서 해놓고. 그 다음에 이순석(李順石) 씨가 메신저로서.

이순석 씨는?

『선경』의 사장. 그분은 메신저로서 첸치천한테 가서. 그리고 류야저우(刘亚洲)라는 인물이 나와요. 류야저우가 한국에 와서 저하고 아주 친하게 지냈죠. 그래서 저는 류야저우하고. 그래서 실제 역할을 한 것을 보면 『선경』이 어느 정도 역할을 했고, 사돈이니까. 저쪽에서 보는 것도 텐지원이 이순석은 만났으니까요.

그러니까 비공식적 채널이 여러 가지가 있었는데, 대사님이 보시기에는 아마 『SK』, 예전에 『선경』, 대통령 사돈 기업이 결국 구체적인 메신저 역할들을 했던 것이 상대적으로 돋보였다. 이렇게 평가를 할 수 있겠네요?

그렇죠. 기업체 중에는 제일 나았어요. 왜냐하면 제일 먼저 지사 설립 허가가 났어요. 중국에서 인정을 해줬거든요. 『삼성』이 한 발짝 아래입니다. 『SK』가 제일 먼저 지사 설치 허가가 났어요.


지사 설치할 때, 보낼 때, 정부가 수교 미션이라든지 아니면 큰 미션을 비공식으로 줬다는 이야기는 못 들으셨습니까?

그런 것은 없었고, 그냥 『선경』이 잘 되도록. 중국이라는 시장이 있고, 또 처음에 가면 선두 주자가 되고, 그렇게 해서 『선경』이 굉장히 그것 때문에 덕을 보고 지금도 중국하고 잘하고 있는 그런 뿌리가 됐죠. 『선경』이 류야저우라는 사람을 초대를 해가지고, 거기에 (류야저우가) 리셴녠(李先念) 사위니까. 류야저우가 그런 역할도 좀 많이 했어요. 류야저우가 텐지윈 경제담당 부총리 밑에서 한반도영도소조(南朝鮮領導小組)라는 것이 있습니다. 그때 그 일원으로서, 자기는 자기가 공개된 것은 얘기는 안 해요. 그러나 거기에서 왔다갔다 나한테 메신저 역할을 하고. 그래서 덕을 많이 봤죠. 제가.


실무적으로는 덩샤오핑이라는 총 설계자가 있었고, 장쩌민이 국가를 대표하고 있었고, 그 밑에 텐지윈과 실무그룹으로 리셴녠(李先念) 국가주석의 사위인 류야저우가 역할을, 한반도영도소조로서 실무적인 역할을 했고, 대사님께서는 카운터 파트역할을 하고 실무 업무를 진행한 것으로 볼 수 있겠네요.

그렇죠. 그런데 제가 실무, 바로 수교협상에는 안 들어갔어요. 세미가드로서 또 역할이 있었죠.


이어서 시작하겠습니다. 아까 못 다한 이야기 중에 한중수교의 비공식적인 채널 중에 한성호 신동화한의원 원장의 역할들은 다른 분들은 거의 다 언급을 안 하신 것 같은데, 대사님께서는 그 역할을 말씀하신 것 같거든요. 그 분의 역할은 어땠습니까?


그 분은 무슨 관직을 갖거나 그러지는 않았고, 과거에 타이완 본토에 국민당이 있을 때, 거기서 관여했던 공무원이라면 공무원. 그리고 한국으로 귀화를 했고, 부인도 한국분이고. 강남에서 한의원을 하고 있는데, 저는 산둥성에 무역대표단으로 갔을 때, 바로 직전에 알게 된 분입니다. 그런데 그 분이 노태우 대통령께서 대통령 되기 전에 군에 계실 때 노태우 대통령 사모님이 아프시고 그러면 많이 좋은. 이 분 전문이 한의원이지만 주로 약초를 갖다가 자기가 연구를 해가지고 특효, 특약 그런 것을 해서, 대통령 부인이 아프셔서 대통령 영부인 되기 전에, 그런 인연으로 좋은 효과를 발휘해서 주치의가 되다시피 해서 깊은 친밀한 관계를 하고 그랬던 분인데 마침 또 대통령이 한중수교를 중시하는 것을 알고 이분이 도와준 분입니다.


조금 시간을 수교 당시로 가깝게 당겨서 논의를 해보겠습니다. 한중수교가 임박하게 되면 아무래도 중국 학계나 이런 곳에서 한중수교가 얼마나 역사적으로 중요하고, 양국관계가 중요하다. 그런 소문과 정보 이런 것들을 들으신 적이 있습니까? 예전에 중국 외교부에 있는 『국제문제연구소』에 타오빙웨이(陶炳蔚) 같은 학술위원도 있었는데요.

타오빙웨이가 중국 외교부에서 소위 조선처장을 했어요. 우리로 치면 중국과장이죠. 제가 과장을 하면서 그분에 대해서 이야기를 많이 듣고, 그분이 하던 얘기가 많이 전해 오고. 또 홍콩 그리고 중국에서 오는, 여러 가지 미국을 통해서 오는 그래서 그 타오빙웨이란 분이 『국제문제연구소』, 외교부. 학술위원으로 있으면서 처음으로 그분과 접촉은 제가 주일대사관에 참사관으로 첫 번째 근무할 때, 학술회의를 『일본국제문제연구소』에서 주관해가지고 중국연구소랑 양자가 하다가, "한국 학자들하고도 같이 하자." 그래가지고 최초로, 84, 85년 될 것입니다. 이름만 듣다가 만나가지고 거기서 대면을 하고, 저는 학자가 아니니까 대사관 참사관으로서 옵저버로 참석을 해서 교류를 한 적이 있습니다.


베이징에 계실 때에는 자주 만나셨나요?


그 뒤로 제가 베이징에 아시안게임 아타셰로서, 당시 상주대표를 할 때, 전화를 해서 연락처가 있고 하니까 자기가 "아직은 아시안게임에 나간 것은 알고 있지만, 만나는 것은 외교부에서 지침이 떨어져 있어서 못 만난다."고, "이해해 달라."고. "그러나 가까운 장래에 가능해질 것이니 참고 기다려 달라." 그래서 "알았다." 그런 얘기가 있었고.


분위기는 좀 있었네요?


그럼요. 무역대표부 설치를 하고 나니까 이제 연락이 와서 만나서 식사도 하고 그렇게 됐습니다.

그리고 이어서 조금 가까이 오면 『APEC』 각료회의가 서울에서 열렸을 때, 중국을 대표해서 당시 외교부장이었던 첸치천이 방문해서 아마 노태우 대통령이 면담을 하지 않았습니까? 면담 당시에는 수교가 임박했다고 생각을 하고, 논의가 있고, 대통령의 미션을 전달해줬을 가능성도 있어 보이는데요. 그때 분위기는 어땠나요?

저는 그때 공항에서 영송만 했습니다. 그래서 수행해서 들어오지는 않고 특별기가 베이징에서 11월, 그것도 심야에 눈에 안 띄기 위해서 공항에서 전화가 왔어요. 추이텐카이(崔天凱), 이 사람이 국제기구과장인데, 오늘 외교부장이 리란칭(李嵐淸) 경제부장하고 같이 서울로 떠나는데 "공항에 나와서 영송을 해 달라." 그래서 제가 그때 공항, 우리 노재원 대사한테 보고를 했는데, 나만 나오라 이거에요. 눈에 띄니까. 그랬는데 대사한테 보고를 해야 되는 것이고 했더니, "그러면 자기도 나가겠다." 해서. 그럼에도 불구하고 "대사도 나간다." 하니까 거기서는 "그러면 안 된다."고 추이텐카이(崔天凱)가 거절을 하더라고요. 그냥 무턱대고 나갔죠. 같이. 그래서 만나가지고 나가서 잘 다녀오라고. 자기들이 "한국 측에서 잘 도와줘서 『APEC』에 가입하게 됐다." 아주 찬사를 많이 하는 것을 보고 기뻤습니다.

나중에 첸치천 외교부장하고 대통령 면담에서 그런 기록들이나 외교부 안에서 흘러나오는 소문을 보면 한중수교 이야기들이 있지 않습니까?

그렇습니다. 첸치천의 『외교십기』에도 다 기록을 많이 했는데, 사실입니다.

우리 정부가 일단 많이 적극적으로 첸치천 외교부장한테 얘기하지 않았습니까?

네 그렇습니다. 소위 생각하던 노태우 대통령의 중국에 대한 애착. 본인이 산둥성이 고향이라든지, 닭이 기기서 울면 여기서 들린다던지 이런 식으로 해서 적극적인 이야기를 했고, 첸치천이 만나면 그런 이야기를 들을 것을 본인은 각오를 하고 만났겠지만, 그것을 돌아와서 다 여기다 보고를 했죠. 본부에다가.

그것이 급물살을 탄 계기로도 볼 수 있나요?

그렇습니다. 그래서 이제 중국, 홍콩, 타이완 3자의 『APEC』 가입이 그래서 굉장히 중요했다는 것. 저는 그렇게 봅니다. 한중수교를 위한 교섭이 이제 바로 급물살을 타게 된 것입니다.

# 4. 한중수교 체결

92년도 수교할 무렵 공식 직책은 아주국 심의관을 하셨는데, 그때 국장은 김석우 국장. 그런데 아주국은 그때 업무분장을 어떻게 했나요?

그러니까 그 당시 이상옥(李相玉) 장관께서 3월에 베이징 유엔아시아태평양 경제사회위원회(ESCAP) 회의 참석 차 갔다가, 거기서 첸치천 외교부장이 수교 협상을 얘기한 것입니다. 그 전에 조금 더 거슬러 가면, 첸치천 외상이 『APEC』 각료회의 참석차 서울에 11월에 갔다 왔는데, 이상옥 장관이 이시영 외정실장하고 천영우. 그 둘에게 "중국에 갔다 와라." 위로출장을 시켰어요. 말하자면 이시영 대사가 그 당시에 오스트리아 대사로 발령이 난 상태이니까. 말하자면 위로. 그 동안 고생을 했으니, 가벼운 마음으로 갔다 오라고 해서 간 김에 외교부 장관을 만나고 와라. 절호의 기회였어요. 타이밍이 잘 맞은 거예요. 그래서 제가 같이 외교부를 처음 들어간 거예요. 저하고. 셋이서. 첸치천이 물론 맞아주고. 왜냐면 자기도 한국 갔다와가지고 기분이 업 돼있었으니까. 그래서 거기서 하는 얘기가 이상옥 장관이 뭐라고 했냐면 떠나기 전에 메시지를 전달하더라고요. 제가 배석했거든요. 이시영 대사하고, 우리 3자가 들어가서 첸치천 외상하고 실무자들하고 같이. 이렇게. 제가 지금도 기억이 생생한 것이, "장관이 이런 메시지를 구두로 했었다. 우리 한중 간에 이만하면 모든 관계가 성숙이 됐으니까 국교수립도 해야 되는 것인데, 우선 우리 무역대표부를 정식으로 외교기관으로 해서 연락사무국으로 공식화하자." 그 이야기도 하고. 그 다음에 그렇게 해서 "수교 쪽으로 나가자." 그런 이야기를 하니까 첸치천 외상도 그렇게 그 이야기를 듣고 당황하는 것이 아니고, '당연히 한국 쪽에서 그런 이야기를 할 수 있겠다.' 이 정도고. 그래서 그러면 "이상옥 외무장관이 곧 중국에 오게 되어 있다. 4월에. 그러니 그때 오면 그런 얘기도 포함해서 얘기를 하자." 그랬어요.

그러면 이제 92년 4월에 이상옥 장관이 실제로 중국에 방문하지 않습니까? 그 때는 어떤 논의가 있었나요?

그래서 이제 바로 회담을 했는데, 회의는 그냥 형식적이고. 국제회의식으로 해서 중국으로서는 편하죠. 그때 바로 수교협상, 말하자면 "비밀 회담을 하자." 그렇게 나왔어요. 그래서 흥분해가지고, 바로 팀을 구성한 것이고. 그때 같이 간 사람이 누구냐면 통역으로 타이완에서 있다가, 이영백 서기관이 장관 통역으로 왔는데, "하루 아파서 빨리 들어가라, 서울에." 그래서 그거를 갖고 들어왔죠. 그래서 먼저, 아마 비행기를 조금 빨리 예약을 해갖고 들어와서 청와대에 얘기를 하고.

그러니까 거기에 외교장관 회담 본진이 오기 전에 미리 통역이 먼저 들어가서 소식을 전한.

그렇죠. 먼저 들어왔어요. 준비하고 있고, 급하니까 가서 이렇게 했겠죠. 나는 이영백한테 묻지는 않았어요. 그때 이영백이 먼저 들어왔다고. 가서 인편으로 장관이 뭘 써갖고. 대통령에게 줬겠죠. 보고서를. 그랬어요. 그래서 앉아서 되가는 것 예측하고 있었죠. 전체 흐름을 아니까. 모른 척하고. 바로 장관이 들어오자마자 "신정승 과장 병가 내." 그래갖고 시키고.

거기에 관련해서 그 당시에 대사님께서도 심의관이었으니까 협상 팀을 구성해야 되는데, 어떻게 구성이 되고 누구는 어떻게 역할을 하고.

그것을 이제 장관의 복안이. 이상옥 장관은 굉장히 철두철미한 분이에요. 공무원이지만 공무원 중에 공무원이에요. 오면서 벌써 머릿속에 그리고 왔죠. 그래서 그때 권병현(權丙鉉) 대사가 보직 없이 본부대사로 있을 때니까, 몇 사람이 후보로 있었던 모양이에요. 뒤에 보면 설이 나오고 그러는데, 권병현 대사가 초대 중국과장을, 초대가 아니라 두 번째인가 했어요. 중국에 관심도 많고 하니까. 아주 럭키한 것이죠. 그 다음에 대표. 그 다음에 실무자가 있어야 하니까, 신정승. 그리고 타자수하고, 안기부에서는 한 국장이라고 있었어요. 부처하고 같이 해야 협조가 되는 것이니까. 저는 뭐냐, 저는 모른척하고 있고. 그리고 주로 국장이 장관을 보좌해서 청와대하고 업무연락. 그 다음에 협상 팀이 하는 것하고. 장관하고 커뮤니티. 조정, 코디네이터라고 할까. 그렇게 하고, 저는 김석우 국장이, 그 이야기를 이제 팀 구성원단 이야기는 안하고, 눈치로는 알죠. 아는 척하면 이상하지요, 오히려 모른 척하고 있는데, 저하고는 둘이 연락이 되는 거예요. 눈치 채고 하니까, 그렇게 할 테니까. 그때 수교가 되면 해야 할 일이 뭐냐 하면 항공회담, 어업회담, 경제무역 협정해야 할 것 아니에요. 전부 부수되는, 빨리 수교하고 나서 공식화해야 할 것. 민간 성격으로 지금 다 만들어 놨거든요. 임시 협정들을. 항공, 어업, 무역, 투자보장. 투자보장이 또 필요해요. 왜냐하면 서로 기업인들이 보장이 안 되면 투자를 합니까? 그래서 바로 투자보장, 무역협정, 그 다음에 경제관계는. 어업, 항공 다 중요한 거죠. 그것을 제가 전부 다 맡아서 한 것이죠.


그러니까 그 당시는 외교부에서 아주부에서 업무분장이 좀 있었던 것이네요?


있었죠. 저하고 국장하고 업무 분장이 그것이고.


그것을 비밀리에 했지 않습니까? 병가를 내기도 하고, 어디도 가고. 그런 에피소드는 많이 있는데요. 많은 분들이 기억을 진술하셨는데, 외교부 내에서는 징후를 눈치를 잘 못 채셨나요? 실제로?

아무도 눈치 못 채고, 심지어 저는 물론, 눈치는, 심증은 가는데, '잘 되는구나 뭔가.' 그렇다고 해도 모른 척하고도 알게 될 수밖에 없는 것이, 제가 어업협정 이것을 하다보면 베이징 가야 되거든요. 그러면 베이징에서 또 거기서 지원해야 되니까 다 이야기해도 모른 척 해요. 막고, 계속 묻지도 않고, 이랬죠.

그러니까 뭐 업무분장은 사실 잘 되어있던 편이네요.

아주 그것은 잘 되어 있었죠. 그리고 장관이 엄청나게 실무하고 이런 것을 잘 알기 때문에 그런 면은 잘 됐죠. 기밀이 안 되면 될 수 없다는 것을 알거든요.

그런데 이제 우리가 통상 한중관계를 평가할 때, 수교협상을 평가할 때, 예비회담부터 본회담까지 한 두 달 만에 굉장히 빨리 진행이 된 것이거든요? 그렇게 진행된 배경들은 우리 측 요인이 컸나요? 아니면 중국 측 요인이 컸나요?

그것은 양측이 다예요. 중국도 만약에 이것이 새 나가면 북한이 죽기 아니면 살기로 달라들거든요. 그것도 그렇고, 그리고 이게 다 굳어져 있는 상태에서 알려지면 괜찮은데 시작하다가 중간에 해놓으면 아주 곤란하거든요. 우리도 타이완이 호시탐탐 노리고 있고, 양측이 다 같은 것이었어요. 비밀을 보장해야 한다는 것. 안 되면 안 된다는 것이에요. 깨진다는 것. 왜냐하면 압력단체가 국내에 얼마나 많았습니까? 중국은 뭐 북한에서 압력단체. 그러니까 보안이 아주 관건이었죠.

두 달 안에 빨리 협상이 진행이 되려고 하려면 큰 틀에서 합의는 미리 가지고 있어야 하지 않습니까? 큰 틀에서의 합의란 것은 어떤 것이 있었습니까?

큰 틀에 합의라는 것은 '수교를 아무튼 그 안에 끝낸다.' 말하자면 대통령 임기가 되어 있고. 그러니까 대통령이 그렇게 관심사항이고. 또 첸치천도 그때 청와대 예방하면서 감을 잡았죠. 기한 내에 하려면 속도를 가하지 않으면 안 되고, 속도를 가할 수밖에 없었던 것이 길면 또 새나가거든요. 보안이.

하나의 중국 원칙, 이런 것에 대한. 사전에 아무리 빨리 진행이 된다 하더라도 큰 틀이라고 하면은, 원칙에 대한 합의는 있어야 되지 않겠습니까?

원칙 합의는, 그냥 그것을 따로 합의할 필요가 없이, 공인된 주지 사실이죠. 그것을 나는 타이완한테도 늘 얘기하지만, "그것을 알아차리는 것은 삼척동자도 아는데, 그것을 나중에 한국을 욕하고 다니냐." 제가 그랬어요. '그것을 우리가 꼭 애들한테 한다고 말을 해야 하느냐.' 알아차릴 수 있는 기회를 간접적으로 했죠. 장관도 말하고 우리 실무자들도 말하고, 다 이야기 했죠. 그런데 나중에 그것을 아는 것처럼 해갖고 '한국이 배신했느니 어쩌니' 그런 소리를 하거든요. 그것은 타이완 측에서. 제가 그것은 회고록에 다 써버렸어요.

그런데 한, 두 달 만에 본회담이 진행됐는데, 수교시점은 8월 24일로 조금 늦어진 것 같아요?

늦어진 것이 아니라, 그것은 최소한도로 해야 하는 게, 중국도 북한에 알려주고, 우리도 타이완에 알려는 줘야 되거든요. 그리고 타이완에 장언사(莊彦士)라고, 외상 하던 사람이 총통자정인가 되는데, 자꾸 새 나오니까, 미리 막으려고 들어오려고 우리 회담을 하고 있는데, 특사라고 해서, 와갖고. 그런데 그것도 자꾸 딜레이 하고. 그때 한—타이완 간에 경제각료회담이 매년 있었거든요. 그것은 경제부처가 하는데, 그것도 핑계 대가지고 재경부에서, "국회 일정이 시작되니까 오지 말라." 딜레이시켰죠. 그래서 그런 것을 보면 다 알아차리고, 한 것인데, 그것을 묵살하고 자기들이 우리가 배신했다는 것에만 강조를 두고 있는 것이죠.

그런데 8월 24일 수교할 때 보면 아마 우리 대사관 부지 제공문제 때문에 굉장히 보안을 많이 했던 것 같고. 시점도 등록을 하지 못하게 하는 주말시점도 같이 끼고 구체적으로 8월 24일을 택일한 것들은 어떤 배경이 있었습니까?

날짜를 정한 것은요, 마지막 3차 회의 때 정했는데, 그 때 양측이 시간이 어쨌든 '우리가 일할 수 있는 시간에만 하자.' 그래갖고 계산해서 날짜를 정했어요. 왜냐면 그때는 빠르면 빠를수록 좋을 수밖에 없는 것이, 보안문제, 방해공작이 막 들어오니까. 그리고 타이완에서도 그렇고 북한도 벌써 로비하고 그러고 있죠. 그러니까 되도록이면 빨리하는데 우리가 일할 수 있는 시간은 갖고, 최소한의 저쪽에 알려줄 수 있는 시간을 갖고, 가장 짧게 하자. 그런 의미에서 8월 24일인데, 특별히 그것을 가지고 그 뒤로 할 수 있는데 앞으로 했다. 그런 것은 아니라고 봅니다. 저는.

그것이 굉장히 의미가 있는 것이, 일단 하고, '부작용이 있으면 한국이 감수할 수도 있다.' 그런 마음가짐을 가지고 했던 것이네요.

그렇죠, 우리 실무자들하고, 위에서도 다 그랬을 거예요. 저는 그렇게 생각을 했어요.

그러면 그 당시에 한국이 타이완에 수교과정을 언제부터 통보를 알아들을 수 있도록 설명도 하고, 아니면 구체적으로 통보하고 이런 것들은 절차들이 있었을 것 같거든요?

네, 제가 그것은 썼는데, 날짜를 지금 기억을 못하는데, 하여튼 임박해서 본격적으로 정식으로 장관이 개입해서. 저쪽에 주한대사를 불러서 한 것은 24일을 앞두고, 한 일주일 정도 날짜가 있어요. 그것은 그것을 보시면 되고. 그래서 우리가 할 것은 최선을 다 했죠.

그때 일주일 전쯤에 타이완에 통보해줄 때 수교가 불가피하다는 것들을 인식할 수 있도록 통보한 것이에요? 아니면 구체적으로 수교를 어떻게 한다. 이렇게 통보를 하신 거예요?

마지막 통보는 날짜를 줬고, 그 전에 몇 번 진수지(金樹基) 주한 대사가 외교부 와갖고 면담하고 하면 암시해 줬는데, "그렇게 국제정세가 이렇고 저렇고 하니까 수교를 할 수밖에 없고, 지역의 안전을 위해서 동북아의 평화를 위해서 좋다." 그런 식으로 하면 그렇다는 것을 알아들을 수 있게 해줬거든요?

타이완은 당시 그런 이야기들을 좀 알아들었나요?

알아듣지 않고. 거기다가 앞에 '그래도 우리는 타이완의 우호관계를 중시한다.' 그 이야기를 더 강조를 해버리니까. 이건 아닌가보다. '양쪽을 다 달라고 하는 것 같다.' 아전인수식으로 해석한 거예요.

타이완도 통보하는 과정에 우리가 통보해주면 외교적 레토릭으로 이렇게 모호하게 또 반응했던 측면이 있었네요.

그때는 정면으로 한다고는, 마지막에는 했지만, 사실은 그래요. 주재국 외교관이 외교부에서 불러서 통보하거나 할 때, 거기서 얼굴 붉히고 할 수 없는. 속으로 어떻더라도 "본국에 보고하겠다." 이런 식으로 그러거든요.

최종적으로 통보는 누가 했나요?

장관이 했죠. 김석우 국장이 옆에 배석을 하고, 저는 그 자리에 안 갔어요.

장관이 직접 대사를 불러서.

네, 그것은 아마 외교부로 안가고 어디 호텔로 한 것으로 나와요.

당시에 수교협상, 그리고 대사님께서는 경제무역, 어업, 항공, 투자보장 실무를 맡으셨죠? 다른 분야에서는 쟁점이나 이런 것들이 없었나요?

있었지만, 다른 것은 다 그렇게 중국 측에서도 그렇고, 우리가 쉽게 했지만, 항공회담이 하나 있어요. 거기에 그것은 외교관 생활하면서 잘했다는 생각이 드는데, 노태우 대통령이 9월에 방중을 하거든요. 수교 발표한 뒷이야기입니다. 그때 막 협정을 되도록이면 수교하고 나서 바로 공식관계로. 항공회담 협정을 하려고 막 속도를 냈죠. 그런데 중국에서 안 된 것이, 항공회담에서 뭐가 있었냐면, FIR(Flight Information Region: 비행정보구역), 공중정보구역이란 것이 있어요. 그것이 타협이 안됐어요. 그래서 계속 회담하고, 5차인가 6차인가 했는데, 대통령 방중이 9월로 잡히니까 수교하고 나서 한숨 쉬려고 하는데 장관이 저를 부르더라고요. "항공회담이 어떻게 됐나?". "이렇게 이렇게 해서 다 돼 가는데, 하나가 안 되고 있다. 그거가지고 지금 계속 반복하고 있다." 그랬더니 "어떻게든 대통령이 가게 되면 거기서 가서명이라도 하도록 준비를 하라." 이거에요. 그래서 제가 그랬죠. "그것은 곤란합니다. 지금까지 안 된 이유가 중국이 양보를 안 해서." 124도. 동경. 124도하고 125도가 있는데, 이것을 자기는 자꾸 우리 쪽으로 확대하려고 하고, 우리는 안하려고 하고. 그래서 124도로 이미 IATA(International Air Transport Association: 국제항공수송협회 협정)로 되어 있는데, 자기는 IATA 것을 인정을 못하겠다. 이것은 타이완이 한 것이기 때문에. 그래서 125도로 잡고 하려고 하니까, 우리는 124도를 고수를 하고. 그래서 또 심지어는 반으로 124.5로 하고 그렇게 했는데, 그것 때문에 계속 싸우고 있는 상태에서 가면은 우리가 받아들이고 하면 가서명이 되는데, 안되겠어요. 그래서 제가 "그것은 아닙니다. 우리가 외교, 이것은 앞으로 영토문제인데, 공중의 경계문제인데. 그래서 그것은 안 됩니다." 했더니 장관이 알아듣더라고요. "그래도 가서명을 하도록 최대한 노력을 해보라고." 그당시 청와대에 김종휘 외교안보수석이 있어요. 가끔 외무부 장관을 오버 쉐도우한다는 이야기가 있었어요. 김종휘 수석이 하라고 한다고.

그래서 제가 기안을 해서 대통령께 건의서를 내죠. 건의서 겸 내부결재를. 이것은 되도록이면 대통령 방중 시에 가서명이라도 하는 것을 목표로 해서 타결하는 것이 목표인데, "이것이 타결이 안 될 때, 경계선, 정보구역, 경계가 합의가 안 되면 그것은 안 된다고, 결렬을 시키겠다. 그것도 2안으로 넣어서 하겠습니다." 했더니 그렇게 하라고. 그래서 그것을 올려가지고 결재를 맡았어요. '타결이 안 되면 결렬도 불사한다.' 그래갖고 제가 갔죠. 대표단 이끌고. 아니나 다를까 중국 측이 강하게 나오더라고요. 수교를 했으면 당연히 우리가 그 정도는 대통령 방중도 앞두고 하니까, '양보를 할 것이다.' 그렇게 밀어

붙였는데, 제가 대표단 모아놓고 그랬어요. "이제는 우리가 강하게 쓰자. 공무원이 해야할 일이 그것 아니냐." 그때 같이 간 인원 중에 김원수 유엔사무총장 특별보좌관, 제일 기라성 같은 교통부 다 데리고, 외무부에서는 배재현. 아시는지 모르겠지만, 똑똑한 사람들이죠. "이것은 우리가 해온 지금까지는 아무것도 아니고 이번에 이것을 우리가 중국에 굴복하고 하면 역사에 죄인이다." 제가 그랬어요. "이것은 내가 공무원으로 불이익을 받더라도, 이것은 내가 결재를 받아 갖고 하는 것 아니냐." 위에서는 1안만 보고 사인한 거지. 위아래가 딱 분명하게 있으니까 자신 있게 가는 거죠. 가갖고, 결렬을 시켰어요. 결렬을. 왜냐면 이게 네 번 다섯 번을 해봤는데, 안됐어요. 되겠습니까?

중국은 오히려 한국 공무원을 알거든요. '아 대통령이 하고 이럴 때는. 중국 사람들은 수교하기 전에는 자기들이 밀어붙이면 된다.'는 생각을 갖고 있거든요? '이번에까지 그런 것을 보이면 안 된다.' 그래서 제가 어떤 마음으로 했냐면, '강하게 결렬시키되, 너무 세게 나오면 수교 이미 합의 한 것인데 수교까지 무르자.' 라는 말까지 하려고 했어요. 그 정도로 강경하게 갔는데, 협상대상자는 중국 민항국인데 아직 그때 외교부에서 사람이 같이 합동으로 나오더라고요. 그때 아주국의 부심의관으로 있던 우다웨이(武大伟), 이 사람이 뒤에서 리모콘을 하더라고요. 조종하고 있어요. "그러지 말고 이제 수교하기로 합의 했는데, 나하고 만나자. 바로 회담 수석으로 나와라." 자기 뭐 이 핑계 저 핑계, "전문가가 아니다." 갑자기 "할 수 없다." 그러는 거예요. 그러더니만 "저녁에 만나자"고. 그래서 내가 지시했어요. 그 사람들한테 비행기 예약하는데 협조를 받아야 하니까, "오늘 밤에 나간다. 내일 아침에 떠난다. 비행기 예약하고 간다." 그쪽한테도 "비행기 예약하고 간다."고 얘기하고. 그랬더니 김하중 대사가 참사관으로 있으면서 나한테 오늘 저녁에 만나자는데 같이 한번 만나보라고, 저녁에 만나준다고 그래서 만나고. 대표단 우다웨이하고, 외교부에서 나와서 회담에 앉은 사람 서기관하고 김하중 대사도 나오고 거기 참사관, 우리 측에서 몇 사람만 데리고 같이 식사를 했어요. 또 그렇게 하고, 내가 얘기하기를 "지금 한중관계에서 솔직히 우리가 국교수립하고 싶은 것, 우리가 속도를 내고 우리가 아쉬운 것이고 이래서 이루어졌는데, 지금부터 할 것은 정도를 밟자. 국제 스탠다드가 있지 않느냐. 외교. 그렇게 밀어붙이는 식으로 하지마라. 이것은 절차를 밟아서 해라." 당황하죠. 왜냐하면 그 동안에는 한국이 (중국이) 항상 강하게 나오면, 특히 한국의 고위층의 관심사라고 하면, 양보를 할 것으로 기대를 했는데. 그래가지고 우다웨이가 성질이 강한사람으로 인식이 되어 있잖아요? 당황하더라고요. 그러면서 나를 달래더라고요. "다시 생각해봐라." 그러더라고요. 타협안도 내고 그러더라고요. 그래서 내가 "안 된다. 내일 간다." 그러고는, 그러다가 하루 연장하자고 해서, 하루 연장을 했어요. 아침에 갔는데 바로 또 똑같은 소리를 하잖아요. 전날에 한 것을. 그래서 이왕이면 하루 연기했는데, 그대로 하지 않고 그냥 와버렸어요. 왔는데, 지금 돌이켜보니까 124도하고 125도인데, 그것을 만약 125도로 했으면요. 우리 영공은 좁아지는 것이거든요?


지금 그러면 124도로 아직까지 유지를?


124로 했어요. 왜냐면 그 뒤로 제가 깨버리고, 저는 이제 상하이(上海) 총영사로 갔어요. 그 뒤로 인계받은 수석대표가 1년인가 계속해서 내가 지침을 줬어요. "이것은 양보를 하면, 양보를 해야 할 것이 있지. 이것은 안 된다." 그것 하나만 가지고 하는데, 한 6개월 있다가 결국 중국이 했어요. 결국 124도로 됐는데, 그게 그때 그렇게 안하고 만약 제가 상황만 편하게 생각을 해서 125도로 했으면, 나중에 알고 보니 이어도가 125도로 했으면 들어가 버려요. 지금 이어도 갖고 중국이 크게 못 따지는 이유가 거기에 다 되어 있거든요. 자신감 있게. 그것은 제가 하나의 기여를 많이 한 것이죠.

# 5. 한중수교 이후

그러면 대통령께서 9월에 방중을 하시잖아요? 방중은 어떻게 해서 처음에 성사가 되었나요? 우리가 방중의 의사를 밝혔나요? 아니면 중국에서 초청을 했나요?

3차 회의 때 수교날짜가 정해지고, 수교 회담에 가서 외상회담을 하죠. 외무장관. 그러면 다 배석을 하는데, 그때 바로 수교 발표할 때 실무적으로 수행 대표단이 주로 하니까 저는 그때까지는 수교가 내 일은 아니었어요. 그래서 24일로 수교발표하고 공동 코뮤니케를 했는데, 거기에 바로 대통령 방중일자가 잡혔어요.

그래서 그것도 관례로 굳어지는 거죠. 우리가 먼저 중국에 방문하고, 또 중국의 국가의 대표가 답방하는 형태가 그때부터 제도화됐다고 볼 수 있는 것이군요.

그렇죠. 대통령도 그렇게 하고 싶었고. 우리 장관하고 둘 다 시나리오가 되어 있었겠죠. 그래서 저는 회담에 앉아있기는 했지만 그 내막은 모릅니다.

수교가 진행이 되면서 실무적으로 일했던 많은 분들이 계시잖아요. 대사님이 기억하시기로는 한국 외교부의 수교를 담당했던 많은 실무자들이 나중에 어떤 커리어를 쌓아갔나요?

저는 그 뒤로 다시 중국 공사로 갔다가, 앞으로 커리어로 하면 좋았죠. 그런데 제가 건강도 그렇고 중국에 너무 오래있어서 사양을 했어요. 그래가지고, 상하이(上海) 총영사로 저는 갔어요. 사실은 다른 사람에게 이야기하기 어렵죠. 공사로 갔다가 거기서 나중에 주중

대사까지 할 수 있는데, 타이완대사 한 것으로 되어 있고. 저를 제외하고 권병현 대사는 주중대사했고, 나중에. 신정승 대사도 대사를 했고, 정상기 대사는 아주국장도 하고, 나중에 저기 타이완대사를 하죠. 타이완대사로 잘 갔어요. 옆에 선배로서. 그렇고. 그때 같이 나하고 일했던 김일두라고 있어요. 그 사람은 어떻게 잘 풀리지 못하고 네팔대사하고 정년 했고. 김하중 대사는 이제 대사 하고. 6년 반을 했으니까 잘 된 거죠.


그러니까 이제 수교가 역사적 의미가 있으니까, 수교협상에 참여했던 사람들이 어떤 형태로든 중국과 관련을 맺으면서 커리어를 쭉 쌓아갔으니까 그렇게 된 것이라고 볼 수 있겠네요, 중국은 어땠습니까? 당시에 대사님의 카운터 파트너였던 사람들은 나중에 어떤 커리어를 쌓게 되나요?


거기도 비슷한 게, 무역대표부였던 서대유(徐大有)라고. 그 사람은 작고했는데, 무역대표부하고. 그 다음 『CCPIT』, 『무역촉진회』. 외교관은 안 되고. 그 다음 후임으로 장팅옌(張庭延), 거기가 아주국 심의관이었거든요. 실은 저하고 카운터 파트죠 그때. 그리고 우다웨이의 전임입니다. 장팅옌이가. 우다웨이가 나중에 심의관이 됐죠. 둘 다 주한대사를 했고. 그리고 그때 조선처장을 하던 닝푸쿠이(寧賦魁)가 먼저. 리빈(李濱)이라고 있어요. 리빈(李濱)이 주한대사. 굉장히 빨리했어요.


리빈(李濱)은 수교협상 과정에서는 어떤 역할을.


국내에 있었으니까, 수교협상 때. 닝푸쿠이는 잘 모르겠어요. 어디에 나갔을 거예요 아마 그때. 나아가 과장하고 리빈(李濱)이 수석사무관 했거든요. 거기도 마찬가지로 다 잘됐죠.

그런 분들이, 수교협상에 참여했던 한중의 외교관들이 앞으로도 중국 커리어를 쭉 쌓아가면서 25년의 한중관계의 발전에 기여를 했다고 볼 수가 있겠네요.

그런데 거기도 그 뒤로, 우다웨이 이후로 주한대사로 온 사람들이 아닌 사람들이 다 왔잖아요. 지금 있는 사람도 그렇고. 그 전임도 일본 가 있잖아요. 지금.


일본통들이 많이 와있죠.

네, 그래서 일본통들이. 그래서 중국도 꼭 한국통 아닌 사람을 보내고, 그 다음에 우리도 그러고 하니까 서로 그렇게 해버린 것 같아요.


대사님, 이제 조금 최근의 일로 돌아와서 마무리를 하고 그래야 될 것 같은데요. 금년이 한중수교 25주년인데, 대사님께서 오랫동안 수교협상에, 한중수교 과정에 전후에 많은 역할을 하셨는데 지금 넓게 봐서 수교 25주년을 어떻게 평가할 수 있겠습니까?

예상외로 많은 관계가 발전이 됐고, 그 동안에 물론 어느 관계가 날아가고 한 것이, 완전히 그냥 직선으로 가는 것은 어렵고, 다 현안문제가 있고, 특히 인접국가라면. 그동안 여러 가지 서로 불협화음도 있고, 당연한 것인데, 소소한 조그마한 일이 없을 수가 없고요. 그래서 회고해 보건데, 그 당시 예측은 했지만 '이렇게까지 할 것이다.' 상상이상으로 관계가 발전한 것은 사실이에요.

그런데 여태까지 정치적으로도 굉장히 많이 발전했고, 경제적으로도 물론이고 인문적으로도 굉장히 많이 발전했는데요, 그 동력은 어디에. 왜 이렇게 빠른 시간에 폭발적으로 발전을 한 것인가요?

그것은 이제 결국은 상호보완성. 중국은 한국을 필요로 했고, 한국은 중국을 필요로 했고. 그러니까 서로 굉장히 도움이 되는 거예요. 그러니까 수교할 때도 그때 보완성은 확실했거든요. 눈에 보이는. 그런데 지금 와서 안 되는 이유가 그 보완성이 없어진 것이에요. 다른 탈출로가 있었는데 그것이 안 나타난 것이에요. 거기다가 악재만 생기고. 최근 그래서 관계가 사드문제 이런 것이 그런 이유인데. 한중관계는 긴 역사에서 서로가 가장 그 보완성이 강한데 그것이 특정 시점에 가서 없어진 거죠.

상호보완성을 기초로 해서 25주년까지 왔는데, 지금에 보면 그 보완성이 상당히 떨어져서.

25주년이 아니라, 이미 벌써 2000년대에 들어오면서 보완성이 많이 떨어졌어요. 왜냐하면 중국이 발전해가지고 우리한테 필요한 건 경제적인 여러 가지. 경제 중에서도 특히 기술, 자본 이런 것이었는데. 중국 자체가 자기네가 할 수 있는 것이고 그것을 거의 따라잡게 됐고요. 그리고 타이완과의 그것도 끝난 것이고. 그러니까 중국에서 볼 때에는 한국하고 이렇게 할 것이 아니고, 벌써 중국이 커진거죠. 그리고 제가 또 하나를 추가를 하자면 한국의 매력이 떨어지고 있는 거예요. 중국한테. 중국한테 뿐만 아니라, 세계적으로 우리 국격이 근래에 와서 굉장히 낯부끄러운 일들이 많이 일어났어요. 그래서 외교가 내치가 잘 되고, 모든 것이 될 때 훨씬 더 위력이 나오고, 국제사회에서 위치가 커지는 것이거든요. 흔히 잘못 생각하면 '외교는 외교고 내치는 내치다.' 그것은 아니고. 오히려 국내정치가 잘 돼서 외교에 굉장히 플러스가 되거든요. 국내정치가 단합이 되고 오히려 이것이 외교에 점수를, 호재가 되는 것인데, 최근에 상황을 보면 국내가 자랑스러운 일이 없단 말입니다. 그래서 솔직히 외교관으로서 오래전에 은퇴를 했지만은 우리가 안타깝게 생각하는 것이 국내에서 외국에 우리 국격이 상당히 저거 되가지고 오히려 자긍심을 갖고 해나가기 어려운 상황입니다. 그래서 그것이 다 걸쳐지는 것이 아니냐. 특히 중국하고는 우리가 정말 지금까지 모든 것을 해야지. 부끄러운 일은 없어져야지.

그러니까 지금 대사님 말씀은 국내정치하고 대외관계하고 잘 긴밀히 할 수 있으려고 하려면 안이 굉장히 매력을 많이 갖고 있는 국가가 되어야 한다는 생각이시네요?

그렇죠. 그것은 상당히 추상적인 이야기 같은데, 그것은 사실이거든요.

그런데 그렇게 보는 외교환경이 우리가 문제를 주도하기에는, 굉장히 또 국제환경의 변화가 너무 급속하게 되고 있어요. 미국과 중국과의 관계도 변했고, 또. 한미관계나 한중관계를 동시에 발전시켜야 되는데 그런 것이 어려움이 많이 가중되고 있지 않습니까? 오랫동안 외교관 경험을 하시면서 우리 외교가 나아가야 할 방향, 준칙, 원칙, 태도 이런 것들은 한마디로 후배 외교관들에게 제언을 해주실 수 있을까요?

그것은 그야말로 국제사회에서 우리가 중국뿐만 아니라 다른 사회에서도 상당히 과거와는 달리 국가가 위신이 올라간 것이 사실인데, 외교가 일시적으로 국가 간의 관계가, 특히 인접국가와의 관계가 문제가 있더라도, 항상 관계가 계속 좋아야 된다는 전제하에서 우리의 기대가 잘못된 것이고. 좀 잘 되다가도 안 되고, 서로 그래서 다시 또 고쳐지고. 이런 것을 우리가 받아들이고. 다만 우리가 원칙을 갖는 것, 예를 들면 지금 현재 여러 가지 중국의 보복조치라든지, 이런 것. 이런 것도 너무 성급한 나머지 지금 이렇게 어려우니까 우리가 그냥 피해 의식을 너무 가져가지고 할 것이 아니라 좀 더 의연하게. 지금 어렵더라도 국내적으로 이해를 시키고, 참고 우리가 견뎌야 하고 극복해야 하는 사항이다. 그렇게 해서 국내에서 단합된 모습이 나오게 해서 나갈 때, 조금 더 그 과정이 단축이 될 수 있다. 오히려 그것이 급해서 우리가 여러 가지 원칙을 벗어난 행동을 한다든지 그런 것보다는 그냥 어려워도 참고 어느 기간 가면 그 상태가 항상 그대로 되는 것이 아니라 좋아질 수 있는 찬스가 또 오는 거고. 항상 정세는 변하니까. 그렇게 했으면 좋겠다는 생각을 해요.

제가 마지막으로 하나 더 질문을 드리겠습니다. 관심이 많으실 텐데, 제가 대사님의 커리어를 보면 지금의 한중관계보다 예전이 더 어려웠을 듯합니다. 문제를 풀어가는 과정이 복잡하고, 수교도 되지 않은 상태에서 아까 말씀하신 항공협정 같은 것들도 보면 여러 가지 경험이 있을 것으로 생각이 되는데, 한국이 요새 사드배치 때문에 한중관계가 굉장히 어려워져서 정상회담이 못 열리는 국면이 오래 지속이 되고 그런데, 이 문제를 어떻게 어떤 방식으로 풀어야 될 것으로 생각하십니까? 오래 고민이 많으셨을 것 같은데.

네, 그러니까 어려움이 과거에도 있었고, 또 이보다 더한 어려움도 있을 것을 생각해야 해요. 지금 이 어려움을 너무 기가 죽어가지고 그런 것이 아니라 할 이야기는 하고 중국한테, 그래서 지금 현재 투명하게 외교, 특히 중국하고 한국하고 했다고 해서 비밀, 속닥속닥하는 것이 아니고 하니까, 우리의 원칙을 내세우고 중국이 부당하게 하는 것에 대해서는 지적하고 조금 손해를 보더라도, 이렇게 원칙을 지켜서 국제 모든 사람들이 국제사회에서 '아 그것은 옳은 이야기다. 한국의 주장이.' 그것을 해 나가야 하지 않느냐.

좀 장기적으로 보고, 사건, 사건으로 조합하는 것이 아니라 중기적인 전략, 장기적인 한국의 외교방침 속에서 힘들더라도 원칙을 지키면서 하는 것이 좋겠다는 말씀이군요.

그렇죠. 의연하게 해야 한다. 내가 볼 때.

우리 중국 커리어 외교관들이 크려고 하는 사람들이 많지 않습니까. 그 외교관이 갖춰야 할 최대 덕목은 뭘 좀 더 갖춰야 한다고 생각하십니까?

중국 외교관뿐만 아니라 우리 공무원 전체, 국가의 공무원으로서는 저는 그렇게 생각해요. 우리가 요즘에 이랬으면 하고 바라는 게 여러 가지 개인적인 어려움도 있고, 공직자 하다보면, 하지만 그래도 소위 사명감, 사명감하고 자기가 좀 손해를 보더라도 소위 국가적으로 외교에 플러스가 된다 하면 자기의 작은 개인적인 이해관계가 마이너스가 되더라도, 해야 된다. 나는 그렇게 생각을 해요. 그래서 전체적인 세태인데, 우리가 지금 젊은 세대하고 세대차이인지 모르겠는데, 공무원들이 너무 자기, 사회 전체 풍조하고 영향을 받는 것이죠. 외교관도 한국 사회니까. 그래서 좀 더 전체 국익이라는 것, 내셔널 인터레스트(National Interest), 국가 이익에 도움이 되는 것 같으면 개인적인 불이익이나 어려움이 있어도 그런 것 감히 전체이익을 위해서 희생하는 자세가 필요하다.

대사님께서는 한중수교 전후에 여러 가지 업무를 처리해가시면서 국가이익이 무엇인지를 생각했고, 또 그 국가의 이익을 위해 개인의 희생을 감수해 가면서 국가의 사명을 완수하려고 했고, 그게 결국 자신의 외교 커리어를 쌓는데 도움이 됐고, 국가 이익에도 도움이 됐다고 생각이 되고, 후배 외교관들도 그런 정신자세를 가지고 외교 업무를 했으면 좋겠다고 하는 바람의 말씀을 가지고 오늘 인터뷰를 갈음하고자 합니다. 감사합니다.

# III
# 신정승 구술

면담일시 : 2017년 9월 25일(월) 15시 30분~17시 30분
2017년 11월 8일(수) 9시 40분~10시 30분
면담장소 : 국립외교원 1층 스튜디오
면 담 자 : 이희옥 교수(성균관대학교)

# 신정승 辛正承

전 주중대사

| 2002 | 외교부 아시아 태평양국장 |
| 2004~2006 | 주뉴질랜드대한민국대사관 대사 |
| 2008~2009 | 주중국대한민국대사관 대사 |
| 2010~2015 | 국립외교원 중국연구센터 소장 |

## [현직]

동서대학교 국제학부 석좌교수 겸 동아시아 연구원장

# 1. 수교교섭 당시의 역할

**면담자:** 대사님, 오랜만에 뵙습니다.

**구술자:** 네, 반갑습니다.

한중수교 25주년이 되어서 그때 대사님께서 실무 역할을 하셨는데, 실무자로서 한중수교 현장을 한번 스케치해보고, 또 역사에 기록을 남기는 의미 있는 모임이 될 것 같습니다. 대사님은 한중수교 그 당시에는 어떤 역할을 하고 있었습니까?

말씀하신대로 저는 외무부(현재는 외교부)에서 수교교섭 관련 사항에 대해서 실무자 역할을 했습니다. 전반적으로 사전 준비하는 문제, 회담에 참가해서 기록을 정리하고, 그리고 대책도 마련하고. 또 한중수교가 합의된 이후에 우리가 국내적으로 어떤 조치를 취해야 할지, 중국과 타이완에 대해서 어떤 조치를 취할지, 이런 것들에 있어서 실무자로서 기안자 역할을 했다고 말씀드릴 수 있습니다.

그때 아주국 동북아 2과장으로서 주로 역할을 하신 건가요?

그렇죠. 제가 주미대사관 근무를 마치고 동북아 2과장으로 귀국한 것은 1990년 여름이고요. 수교교섭이 시작되는 것은 92년도 5월부터가 되겠습니다만, 수교교섭이 막 시작되면서는 보안상 이유로 그 직전에 제가 보직을 바꿔서 과장이 아니라『외교안보연구원』

의 연구관으로 발령을 받게 됩니다. 제가 대학 다닐 때 미국과 중국 간에 키신저(Henry A. Kissinger)가 다녀간 후에 『상하이 코뮤니케(Shanghai Communique)』가 발표되는 것을 보고, '동북아에 큰 변화가 있겠구나.' 이렇게 생각을 하면서 에드가 스노우(Edgar Snow)의 『Red Star Over China』라는 책도 읽고했지만.


『중국의 붉은 별』로 번역이 되어 있죠.

그렇죠. 당시 제가 한중수교에 직접 참여하리라고는 상상하지도 못했는데 어쨌든 외교관으로서는 행운이었다고 생각을 합니다.

# 2. 수교 이전의 한중 접촉

80년대 냉전시기에 한중간에 여러 가지 접촉들이 있지 않았습니까? 우연한 사건이었는데, 민항기 사건이라든지 어뢰정 사건. 그런 것들은 현장에 계시지는 않았고, 어떻게 정보를 얻어서 어떤 소회를 갖고 계셨던가요?

당시 전임 과장이나, 직접 거기에 참여했던 분들, 그런 분들하고 대화를 나눌 기회가 있었고, 관련기록들을 읽어보기도 하였지요. 그래서 지금 말씀하신대로 83년도에 중국 민항기가 춘천공항에 불시착했던 사건이나, 또 85년도에 중국 해군 어뢰정이 자기들 내부 선상반란에 의해서 표류되다가 결국 우리 해군에 의해서 나포되어서 예인되었던 사건, 이런 것에 관한 과정들에 대해서 얘기를 들었죠. 그래서 그때 우리가 중국과의 관계를 염두에 두고 이 두 가지 사건을 아주 우호적으로 처리했던 것으로 알고 있습니다.

그러면 대사님이 보시기에, 90년대부터 수교 전으로 쭉 관장을 하셨는데, 수교하기 전에 가장 극적인 사건은 아마 방금 말씀하신 것처럼 83년 어린이날 중국 민항기 불시착 사건이 있었고, 85년 어뢰정 사건이 있었고, 그 이후에는 올림픽이 있지 않았습니까?

그렇죠. 86년도에 서울아시안게임이 있었고, 88년도에 서울올림픽게임, 그 다음에 1990년에 베이징아시안게임. 이 세 가지 국제적인 스포츠 이벤트가 개최되는데, 앞서 서울에서 개최된 아시안게임과 올림픽에 중국이 참가를 하게 되고, 또 90년 베이징아시안게임은 우리가 참가할 뿐만 아니라 앞서 두 스포츠 이벤트를 우리가 운영했던 경험, 또 관련 장비들, 이런 것을 우리가 중국 측에 제공을 하고, 그런 과정에서 협력이 상당히 활발하게 이루어졌다고 말씀드릴 수 있겠습니다.

그 외에 한중수교 교섭 직전에도 주목할 만한 일이 있었습니다. 그 중의 하나가 중국, 타이완, 홍콩의 APEC 동시 가입인데, 1991년 중반 의장국인 한국의 노력으로 이루어지고 중국이 이를 매우 고마워했지요. 상세한 내용은 이상옥 장관의 회고록인『전환기 한국 외교』에 나와 있습니다. 그러는 중에 그 해 남북한의 유엔 동시가입이 이루어지고 10월 초에 유엔안보리 상임이사국 회의실에서 비공식이지만 최초의 한중 외교장관 회담이 열렸는데 저도 연락을 받고 비밀리에 뉴욕에 가서 회담에 참석했습니다. 한중관계 발전 방안, 중국의 서울 APEC 회의 참석, 북한 핵문제 등이 논의되었던 것으로 기억이 납니다.

그러면 대사님의 커리어 중에서 한중 간에 직접적인 교섭이랄까요. 아니면 협의를 시작했다고 할까요. 그런 것들은 한중수교 이전에는 계기가 따로 있었나요?

있었죠. 그래서 지금도 제 나름대로의 추억으로 갖고 있는데, 그게 바로 양국 간에 민간 형식의 대표부 개설을 위한 교섭이었습니다. 사실은 1990년 베이징아시안게임 이전에 이미 중국 측으로부터 연락이 왔습니다. 톈지윈(田紀雲) 중국 부총리가『선경』의 이순석 (李順石) 사장을 통해서 한중 간에 단계적인 관계발전 의사를 전달해왔고, 그래서 거기에 따라서『KOTRA』하고 중국의『CCPIT(China Council for the Promotion of International Trade: 중국국제무역촉진위원회)』하고 민간 형식의 대표부 개설 문제에 관해서 얘기가 오고가다가, 아시안게임 기간 중에 당시『KOTRA』사장이었던 이선기(李宣基) 사장, 그 다음에 제 기억에는 당시 김정기 아주국장과 청와대 김재섭 비서관, 이런 분들이 같이 베이징에 가서 그 기간 중에 정홍업(鄭鴻業) 회장하고, 큰 틀에서의 양국 민간 대표부 교환에 관한 합의를 하게 됩니다. 그래서 그것을 실제로 설치하기 위한 실무교섭이 필요했던 것이죠. 그에 따라서 제가 수석대표가 되어 나중에 서울에서 주한대사로 근무를 하게 되는 중국 외교부의 닝푸쿠이(寧賦魁) 처장하고 둘이서 한번은 서울에서, 또 한 번은 베이징에서 두 번에 걸쳐서 실무회담을 하게 됩니다. 첫 번째 회담은 1990년 12월로 기억을 하는데 닝푸쿠이 처장이 『CCOIC』, 『중국국제상회』, 『CCPIT』는 준 정부기관이기 때문에 그때부터는 아까 말씀드린 『CCPIT』라는 용어를 안 쓰고, 중국 측이 똑같은 조직이고, 똑같은 사람들인데 이름은 『중국국제상회』라고 해서 왔습니다. 소위 말하는 미수교 국가와의 관계를 다루기 위해 만든 것 같아요. 닝처장은 『CCOIC』의 고문인가 그런 모자를 쓰고 왔습니다. 그리고 제 기억으로는 그때 종민(鍾敏)이라는 사람이 나중에 『CCPIT』 부회장도 하긴 하는데, 그분이 명목상 수석대표였습니다. 그때 타워호텔에서 같이 만나서 회담을 하는데, 서로 원론적인 입장만 주고 받는 수준에 그쳤어요. 다음에 또 만나자는 합의만 했죠. 그리고 그 다음해 1월에 제가 베이징에 가서 2차 실무회담을 하게 되는데, 저는 그 당시 『KOTRA』의 부장이라는 신분으로 갑니다. 그런데 가기 전에 아무래도 안 될 것 같아서 사전작업을 하였습니다. 기본적으로 외교 기관의 성격을 띤 민간무역대표부를 설치하자는 데는 합의를 했는데, 어떤 형식을 거쳐서 그것을 만들어 낼 것이냐 하는 부분에 차이가 컸기 때문이지요. 중국 같은 경우는 사회주의 국가니까 당에서 결정하면 관련 규정이고, 법 규정이고 필요 없잖아요. 그냥 당에서 민간조직이지만 "외교특권 면제를 부여해라." 하면 되게 하는 것이 중국 시스템이니까. 당시 닝푸쿠이 처장이 저한테 그러더라고요. "실제로 그렇게 하면 되지 뭐가 문제냐." 그러는데, "아시다시피 우리나라는 관련법이 다 있고, 우리가 면세 혜택을 주거나 형사재판 관할권 면제를 하려면 뭔가 법적인 근거가 있어야 되는데 그것을 민간대표부한테 해줄 수 있는 근거가 없다." 그러니까 중간에 정부기관이 끼어들지 않으면 안 된다는 점을 중국 측은 잘 이해를 못하더라고요. 그래서 이후에 제가 장문의 편지를 타자로 쳐서, 제 기억엔 타자로 빽빽하게 5장, 6장 정도 됐던 것 같아요. 그래서 그것을 홍콩을 통해서, 아시다시피 홍콩에는 우리 총영사관이 있었고, 중국의 『신화사』 지사라는 연락채널이 있었고 해서 그것을 보냈죠. 어쨌든 그게 주효했는지 모르겠는데, 결과적으로 2차 회담을 1월에 베이징에서 개최를 하게 되고, 회의도 비교적 순조롭게 진행되었습니다.


2차 회담을 할 때 중국 측 대표단장은?


마찬가지로 닝푸쿠이 처장하고 저하고 였지요. 종민이란 분이 표면상으로는 수석대표였
지만, 그 뒤에서는 닝푸쿠이 처장이 그것을 주도하였습니다. 저는 『KOTRA』 부장이라는
자격으로 표면에 나선 것이고. 그게 좀 달랐죠. 결국 중국 측이 저희들 요구에 타협을 하
여 직원이 도착하면 무역대표부를 통해서 외교부에 등록한다는데 까지 합의에 이르렀
고, 외교부는 그것을 기반으로 관련부처에 공문을 보내서 면세혜택도 주고, 차량등록도
하고, 그 다음에 형사재판관할권 면제도 우리가 부여하는 그런 합의에 이르게 됩니다. 그
리고 노재원(盧載源) 대표께서 1월 말에 부임을 하시는 것으로 상당히 빠르게 진전을 시키
는데 합의를 했습니다. 이후 제가 귀국을 하는데, 베이징에서 일을 마치고 홍콩에 왔더니
서울에서 연락이 왔더라고요. "이번에 수고했으니까 하루 정도 휴가로 거기서 쉬고 그 다
음날 귀국해도 좋다"는 연락을 받아서. 지금까지도 아주 보람스러웠던 순간 중 하나로 기
억을 하고 있습니다.

# 3. 한중수교 협상

조금 안으로 들어가서요. 수교 당시 과장으로서 수교 협상들의 실무를 담당했던 것으로 볼 수 있는데요. 문제는 우리 정부가 수교를 할 당시에는 노태우 정부가 임기가 끝나가는 그 무렵이었지 않습니까? 그런 상태에서 노태우 정부가 『북방정책』을 추구하고, 한소수교를 하고, 한중수교를 마무리를 해야 되겠다는 생각이 굉장히 강했다는 평가가 일반적인데요. 우선 한국에서 당시에 한중수교에 대한 정책적 그림이랄까요. 정책적 기조랄까요. 그런 것들에 대해 실무자로서는 어떻게 느끼고 계셨나요?

우선 많이 알려진 노태우 대통령의 『북방정책』을 들 수 있겠습니다. 사실 『북방정책』의 목적은 1988년도 『7·7선언』에 의해서 처음 얘기가 되는데, 그때만 해도 서울에서 개최되는 올림픽에 보다 많은 국가들이 참여하는 것이 좋겠다는 생각에서 『북방정책』 얘기를 꺼냈죠. 그 내용이라는 것이 소련이나 공산권 국가를 포함해서 모든 나라와 협력을 발전시키는 전방위 외교를 전개하겠다. 그리고 북한에 대해서도 남북관계를 개선하고, 또 북한의 붕괴를 바라지 않는다. 이런 메시지였는데, 주 타깃이 제가 보기에는 소련, 중국과 동구권 국가들에 대한 것이었기 때문에 『북방정책』이라는 이름이 붙었다고 생각합니다. 저는 서울올림픽을 우리가 성공적으로 개최했는데, 그것도 역시 노태우 대통령의 정책을 펼쳐나가는데 많은 도움이 됐다. 다시 말해서 그때 이미 소련의 소위 개혁개방, 『페레스트로이카』인가. 이런 것으로 인해서 동구권 국가들이 흔들리는 시기에 서울올림픽을 개최하는 광경을 보고 한국에 대한 인식이 과거의 어떤 교조주의적인 생각이 아니고, 뭔가 한국이 대단한 발전을 했다, 한국과의 관계를 좀 발전시키면 좋지 않을까하는 그런 생각들을 갖게 했다고 저는 보고 있습니다. 그래서 89년도에 헝가리하고 수교하고, 90년에는 소련하고도 수교하게 되는 것이죠. 어쨌든 우리 입장에서 보면 노태우 대통령이 『북방정책』을 임기 내 하겠다는 그런 의지도 작용했겠지만은, 보다 더 중요했던 것은 '아무리 그러려고 하더라도 여건이 안 되면 못하는 것이었는데, 소련과 동구권 자체의 어떤 변화라는 국제정세의 흐름. 그것이 하나의 큰 밑바탕이 됐고, 또 하나는 우리가 올림픽을 성공적으로 개최함으로써 나름대로 우리의 경제적 실력이랄까 우리의 힘이 어느 정도 맞춰져서 그렇게 된 것이 아닌가.' 이렇게 생각합니다. 『북방정책』이라는 것은 한편으로 중국입장에서 볼 적에는 이것이 기회라고 생각할 수 있었다고 저는 보고 있습니다. 왜냐하면 중국도 아시다시피 89년도에 『천안문 사건』이 나고, 그로 인해서 국제적 제재 같은 것도 받고 있으면서, 뭔가 국제사회에서 어떤 교류라던가 경제협력을 좀 확대해야 하는 시기에 있었기 때문에 한국과도 해보려고 하는 그런 의도가 분명히 있었을 것입니다. 그것은 85년도에 이미 덩샤오핑(鄧小平)이, 그 밑에 사람들한테 "한국하고 관계개선을 하면 우리에겐 나쁠 것이 하나도 없고, 두 가지 좋은 점이 있다"고 얘기를 하였습니다. 하나는 중국경제에 좋고, 또 하나는 한국과 타이완과의 관계를 단절시킬 수 있어서 좋다는 것인데, 이것은 첸치천(錢基琛)의 『외교십기』에 나와 있습니다. 그래서 중국 측도 분명히 그러한 의사가 있었다고 하겠습니다. 그리고 중국 측 입장에서 볼 적에는 노태우 대통령의 임기가 끝나면 후임자가 반드시 『북방정책』을 추진한다는 보장도 없는 것이고, 그런 측면에서 중국 측도 다른 문제에 대해서는 크게 제기를 안 하고 오로지 하나의 중국 원칙이라는 그것만 꺼내서 한중수교에 임하게 된 것이라고 저는 생각을 합니다.


대사님 말씀을 좀 요약해보면, 우리가 『북방정책』이라는 것 속에서 한중관계의 돌파구를 마련해야겠다는 의지가 굉장히 있었고, 또 중국도 그런 상황에 따라서 화답해오는, 그게 맞물려서 수교가 이루어졌는데. 그러면 그 당시에 제일 큰 걸림돌은 중국의 입장에서 보면 북한문제가 있었을 것 같고요. 북한을 어떤 형태로든 설득을 해야 되는 문제가 있었을 것 같아요. 92년도 1월이면 『남순강화』를 하고. 하여튼 경제적인 호혜나 보완성에 대해 중국의 의지가 강했을 텐데, 그리고 북한 변수를 어떻게 관리할 것인가 라는 문제가 있었을 텐데. 아마 양상쿤(楊尙昆) 국가주석이 평양에 방문하고 그런 분위기가 있었을 것이라고 생각이 되는데, 그런 것을 어떻게 볼 수 있을까요? 중국이 북한을 어떻게 관리하고 어떻게 전달하고 하는 그 과정들이.

그 부분은 제가 당시 충분히 알지는 못했습니다. 왜냐하면 우리한테 정보가 많지 않았고, 북중 간에는 늘 비밀리에 움직였으니까요. 다만 우리가 홍콩이나 타이완이나 이런데서 통해오는 잡지들이나 기사를 통해서 대체적으로 추측을 했던 부분이 있죠. 저희들이 그 당시에 파악하고 있었던 것은 1989년부터 시작을 해서 92년 한중수교 전까지는 매년 북한과 중국 간에 최고위층이 서로 교환방문을 했다는 것입니다. 그래서 김일성(金日成)이 자주 중국을 왔었고, 중국 측에서도 양상쿤(楊尙昆)도 가고, 그 다음에 또 누구도 가고 그랬던 것으로 저는 기억하고 있습니다. 왜냐면 소련이 무너지고 특히 한소수교가 90년에 이루어지면서 북한 입장에서는 거기에 굉장히 반발도 하고, 그러면서 '뭔가 중국을 붙잡아야 되지 않겠느냐.' 이런 생각을 했던 것 같아요. 92년 5월에 『경보(鏡報)』라는 홍콩에서 발행하는 잡지의 기사에 보면 92년 3월에 북한에서 중국에 특사를 보내서 "한중관계 개선은 주한미군 철수, 그 다음에 북미관계 개선, 북일관계 개선 이후에 했으면 좋겠다." 하는 의사를 그때 북한 측이 중국에 전달했다고 보도를 했어요. 또한 92년 4월에 양상쿤(楊尙昆) 주석이 평양을 방문하고, 그때 한중관계 개선에 대해서 얘기를 했다는 것도 그때 기사에 났었지요. 다만 저희들이 그것이 진짜인지 아닌지는 모르는 상황이었지만, 어쨌든 나중에 첸치천이 쓴 『외교십기』에는 실제로 그때 양상쿤(楊尙昆)이 그런 얘기를 했다라고 했기 때문에 지금은 그렇게 알고 있습니다. 아울러 덩샤오핑이 "한국과의 관계 개선은 우리한테 손해될 것은 없고 필요가 있는데, 다만 신중하게 해야 된다."고 얘기했다는 것은 북한을 잘 다독거려서 이해를 시키고 차근차근 해야 된다 하는 것이었다고 생각합니다. 그런 것은 『남북한 유엔 동시가입』 때도 똑같이 등장을 해요. 한국은 1990년에 한소수교를 할 당시에 유엔동시가입도 추진을 했습니다. 추진을 했는데, 중국 측에서 우리한테 메시지를 보내오죠. 아까도 말씀드린 홍콩, 『신화사』 채널을 통해서 연락을 해오면서 1년만 더 기다려 달라는 메시지를 보내옵니다. 자세한 얘기는 안하고. 이 문제는 외무부의 다른 부서에서 다루었지만, 저희들은 1년 정도는 우리가 늦추는 것도 나쁠 것은 없다. 중국이 저렇게 얘기하는데 아마 이유가 있을 것라고 보았지요.' 물론 중국이 1년 얘기를 한다는 것은 한국이 응하지 않으면 자기들이 이번에 반대한다는 의사표시라는 것도 있었지만은, 뭔가 사정이 있는가보다 했는데, 그때 우리가 판단한 것은 '중국이 북한을 설득하고, 또 중국 내부에서도 의견을 정리할 수 있는 그런 시간이 필요했던 것이 아닌가.' 그렇게 생각을 했죠. 중국도 그렇게 해서 그 다음 해인 1991년도에 『남북한 유엔 동시가입』을 지지하는 그런 상황이 되는 것입니다.

그러면 이제 우리 본부에서, 외교부에서 구체적으로 협상의 모멘텀을 만들기 위해서 팀을 만들고 그렇게 시작을 했던 것 같고, 그게 결국 외교부 안에 팀도 있고 홍콩에서 간접적으로 전달하는 통로도 있을 것이고, 또 베이징의 사무소에서의 지원의 역할도 있었을 것이고. 큰 틀에서 일단 수교 협상을 하는 이 갈래는 어떻게 역할과 기능이 나눠져 있었던 건가요?

그렇죠. 수교협상 그 자체만을 놓고 보면, 홍콩은 직접 참여하지는 않았어요. 모르겠어요. 그 당시에 안기부 채널을 통해서 간접적으로, 수교교섭이라는 것을 밝히지 않고 중국하고 대화를 하기 위해 왔다 갔다 하는 사람들 지원해라. 특히 보안문제와 관련해서 지원해라. 하는 얘기 정도는 했는지 모르겠는데, 실제 교섭과 관련해서는 홍콩은 별 관여가 없었던 것으로 생각합니다. 다만 당시에 베이징에 있는 무역대표부의 노재원 대표, 김하중(金夏中) 참사관, 정상기 서기관 세 분 정도가 이 내용을 알고, 그때 우리가 조어대국빈관(釣魚台国賓館)에 머물렀을 적에도 가끔씩 와서 대화도 같이 하고, 그 다음에 필요한 지원 같은 것이 있으면 하고 그랬죠. 이상옥(李相玉) 장관께서는 1992년 4월 ESCAP

(Economic and Social Commission for Asia and the Pacific: 아시아태평양경제사회위원회) 총회 때 베이징에 가서 첸치천하고 회담을 하고, 첸치천으로부터 "이제 수교교섭을 시작하자"는 얘기를 들었습니다. 그래서 몽골을 거쳐서 귀국하고 난 이후에 권병현(權丙鉉) 대사를 불러 갔고, "이제 예비 교섭을 해야 될 것 같다." 그러면서 당시 김석우(金錫友) 아주국장하고 저, 이렇게 세 사람을 우선 지명을 했어요. 세 사람이 따로 모였었는데, 그때 권 대사가 그러시더라고요. "한중수교 교섭은 보안이 생명이다. 그렇기 때문에 보안이 새나가지 않도록. 부인한테도, 가족한테도 절대 얘기하지 말라. 만약에 보안이 새나가면 여기 와있는 세 사람은 공동으로 책임지고 다 같이 외교부를 떠나야 할 것이다." 그런 얘기까지 (이상옥 장관이) 하셨다고 해요. 어쨌든 저는 그때 장관께서 직접 사무실로 오라고 그러시더니 "보안문제 때문에 병가를 내야 되겠다." 그래서 저보고 과원들한테 "몸이 아프다. 처음부터 병가 소리를 꺼낼 수 없으니 우선 병원에 한두 번 다녀와라. 그런 다음에 병가를 내라." 그러시더라고요. 그래서 뭐 장관이 그렇게 말씀하시는데 제가 "안 하겠다." 그럴 수는 없고, 그래서 과원들한테는 "병원 간다"고 얘기를 하고 한번은 극장에 갔다가 오고, 한번은 교보문고에 가서 서성거리면서 책들 좀 보다가, 한 두어 시간 있다가 다시 돌아오고 그런 적이 있었습니다. 장관이 나중에 또 부르시더니 "과장자리를 내놓고 『외교안보연구원』의 연구관으로 가라. 그래야 사람 눈에 덜 띈다." 그렇게 얘기를 하시더라고요. 그래서 장관이 시키는 대로 할 수밖에 없는 상황이라서, 그런가보다 하고, "예 알겠습니다." 하고 나왔는데, 문제는 신문에 인사발령이 뜨잖아요? 그러니까 저희 부모님을 비롯해서 많은 사람들이 걱정을 하면서, "어떻게 된 거냐." 연락을 많이 해왔죠. 그래서 그것이 아주 곤혹스러웠습니다.


그러면 대사님은 곤혹스러움을 그렇게 극복을 하고, 『외교안보연구원』의 연구관 신분으로 협상을 하고, 나머지 두 분들은 어떻게 비슷한 케이스가 있었을 것 같은데요?

이어서 말씀을 드리면, 김석우 국장의 역할이 컸었습니다. 처음에도 말씀드렸지만은 저는 실무자로서 기안하고 준비하는 역할을 하였다면, 권병현 대사는 저의 상사니까, 그것을 감수하고 같이 상의해서 또 아이디어가 있으시면 내주시곤 하였습니다. 김석우 국장은 중간에서 베이징하고 연락하는 문제, 그 다음에 또 장관의 특별한 지시가 있으면 그것을 통해서 우리한테 전달도 해주시고. 그 다음에 우리가 일을 하다가 이런 부분에 대한 자료가 좀 더 필요하다고 하면은 본인이 외교부의 관련 부서에다가 얘기해서, 물론 수교교섭이라는 얘기는 안하고, 그냥 이러한 자료 이렇게 작성해서 갖다 달라. 그러면 받은 자료들을 저희들한테 전해주고 그랬죠. 아울러 당시 김석우 국장이 일반전화를 쓰게 되면 비서가 받으면 곤란하니까, 벽돌폰이라고 옛날에 그랬잖아요. 덩치 큰 휴대폰, 그것을 사서 그걸로 우리와 연락을 하고 그랬습니다. 또 가끔씩 와서 밥 사주시는 것도 물론 일이었겠지만… 그 다음에 안기부도 중요한 지원 역할을 많이 했습니다. 동빙고동에 있는 안기부 안가에서 우리가 비밀리에 업무를 하도록 했고. 또 예산문제, 돈이 필요했지만, 외교부 돈을 쓸 수는 없어서 당시 안기부 돈을 썼죠. 나중에 외무부에서 다 갚았다고 하시더라고요. 당시 안기부 차장께서 어떤 때는 저희들 출장을 위해서 항공권이나 여비 이런 것을 직접 챙겨 갖고 와서 우리들에게 전달하고 그랬습니다. 그럴 정도로 보안을 많이 챙기셨죠. 그리고 회담 상층부에는 이상옥 장관이 계시고, 또 김종휘 외교안보수석이 있었고. 이런 분들이 주말을 이용하거나 아니면 어떤 때는 필요하면은 저녁시간을 이용해서 안가로 오셔갖고, 그래서 권 대사, 김국장, 저에게 지시도 하시고 같이 대책협의를 하셨던 그런 기억이 납니다.


권병현 대사님은 그때 어떤 형태로 안가에 주로. 공식적으로 말씀을. 대사님은 연구관의 직분으로 주로 출퇴근을 하신 것으로 보고, 김석우 국장은 연결고리를 하고, 권 대사님은 어떤 역할을 하셨는지요?

권대사님은 예비회담의 수석대표로서의 역할을 잘 하셨습니다. 권 대사님은 당시 본부대사셨으니까 상대적으로 남의 눈에 덜 띄었죠. 외교안보연구원에 사무실이 있었습니다. 저도 보안유지 때문에 연구원으로 발령이 났지만은 그렇다고 거기에 한 번도 안 가볼수는 없잖아요? 가끔씩 연구원에 나타나 왔다 갔다 해야지 사람들이 '거기에 있는 거구나.' 이렇게 생각을 할 것 같아서 그렇게 갔고요. 권대사님도 그렇게 하셨습니다. 그 다음에 아까 안기부에서 지원을 많이 해줬다고 했는데, 중요한 지원 중의 하나가 타자수였습니다. 제가 타자를 칠 상황은 못되었기 때문에, 그래서 젊은 여성 한 분이 타자수로 같이와서 조그만 방에 같이 있었는데, 그분이 마음으로는 아무래도 좀 불편한 부분도 있었겠지만, 그럼에도 불구하고 이것은 나랏일이니까 내색하지 않았습니다. 그래서 안가에는늘 권병현 대사, 저, 타자수 이렇게 세 명이 있었고, 그런 생활을 8월 중순까지 합니다. 그래서 예비회담 끝나고, 본 회담도 끝나고, 그 다음에 장관께서 8월 23일 베이징 가는것을 준비하는 것까지이지요. 8월 17일, 그때까지 안가에서 생활하게 되는데 아무래도좀 갑갑했습니다. 친구들한테 연락도 못하게 하고, 친구들 만나도 얼버무려야 되니까 이상한 사람이 되었습니다. 그래서 하루는 제가 권 대사를 졸라서, "너무 갑갑하니 우리 운동이나 한번 하시지요." 그래갖고 골프 치러 한번 나간 적이 있어요. 일요일에. 근데 거기서 외교부 동료를 (우연히) 만났는데. "아니 아프다는 사람이 어떻게 된일이냐, 몸이많이 좋아졌나?"하는 얘기를 들었지만, 한편에서는 '쟤가 아프다고 그랬는데, 골프 치는것을 보니 다른 문제가 있었구나.' 이런 오해를 하는 것 같아서 둘러대느라 애를 먹은 적도 있습니다.


해방은 언제 되셨습니까?


8월 중순에 해방이 돼갖고, 수교 발표할 때까지 한 일주일 정도를 당시 내자동, 미군이

쓰던 내자호텔인가 하는데 거기로 장소를 옮겼습니다. 왜냐하면 진수지(金樹基) 대사한테 한중수교에 대한 1차 통보를 한 것이 18일인데, 통보하기 전 날, 그곳으로 옮겨서 그때부터는 내자호텔에서 왔다 갔다 하면서 일을 했죠.

그것과 관련지어, 본부의 공식적인 조직이잖아요. 안기부에서 나온 분은 지원의 역할도 하고. 통신보안의 역할도 했으리라고 생각이 되는데요. 그것은 공식적인 협상팀이라고 생각이 되고. 그런데 항간에서는 비공식적 팀들이 그 전에 많이 움직였다는 평가도 있는데요, 예를 들면 88년도에 가면 김우중(金宇中), 김복동(金復東), 한성호(韓晟昊)라는 한의사였던 것 같은데, 그런 분들의 산동 방문도 있었고, 아까 대사님이 말씀하신 것처럼 텐지원, 또 박철언(朴哲彦). 당시 장관을 하셨죠. 체육청소년장관. 그런 분들의 어떤 비공식적인 채널의 역할들을 강조하는 이야기들도 있는데요, 대사님이 실무적으로 보기에는 그분들의 역할들은 어떻게 평가를 할 수 있을까요?

저는 큰 틀에서 보면 수교 교섭 이전에도 많은 분들이 중국에 가서 중국 사람들하고 한중관계 개선 문제에 대해서 이런저런 노력을 한 것, 이런 것들이 다 쌓이고 분위기가 성숙이 되어, 결국 한중수교가 되었다고 생각을 합니다. 그분들의 노력들이 적지 않은 기여를 했다고 말씀 드릴 수 있죠. 노태우 대통령이 『북방정책』의 일환으로 중국과의 관계개선에 있어 적극적인 생각을 갖고 있었기 때문에, 기회가 있을 때마다 중국 측에 메시지를 전하고 싶어 하셨던 것 같아요. 그래서 그때도 들리는 얘기는, 확인은 안됐습니다만 친서 비슷한 것을 주어서, 중국을 방문해 관련되는 사람들 만날 때 사용토록 하였다는 소문이 있었죠. 어쨌든 많은 사람들이 이런저런 역할을 했을 것입니다. 그럼에도 불구하고 저는 세 사람이 우선 제 기억에 남습니다.

그러니까 비공식적인 채널로.

네, 비공식 채널로. 하나는 방금 말씀하셨던 노 대통령 처남인 김복동 장군인데, 그 때 『국제문화전략연구소』 이사장으로 계셨던 것 같습니다만, 그분이 89년, 90년 두 차례에 걸쳐서 옛날에 IPECK(International Private Economic Council of Korea: 국제민간경제협의회)이라고 있었어요. 국제민간경제협의회인가 하는 것으로 해서 한중 간에 민간 차원의 소통 역할을 하셨습니다.

국제민간경제협의회죠?

네. 그래서 거기 고문자격으로 중국을 방문해서 중국 사람들하고 만났던 것 같아요. 그런데 그 과정에 IPECK은 물론 당시에 안기부에서 많은 지원을 했던 것으로 알고 있고, 그래서 특히 89년 방문 시에는 류야저우(刘亚洲) 대교인가요?

국가주석 리셴녠(李先念)의 사위죠.

예. 그렇습니다. 지금 『대외우호협회(中国人民对外友好协会)』 회장을 하고 있는 리샤오린(李小林)의 남편이 됩니다만, 그 사람을 통해서 이런저런 얘기를 했는데, 그때 제가 알고 있기로는 중국 측이 김복동 씨를 통해서 "20억불 정도 차관 제공이 되면 한중관계 개선에 도움이 될 것 같다"는 얘기를 했다고 그래요. 그래서 저희들도 그렇게 알고 있었고. 그런데 그 후에 우리 정부 내에서 우리가 중국과 수교하면서 돈 거래하는 것, 이것은 바람직스럽지 않다, 받아들일 수 없다고 해서 그 얘기가 그 이후부터는 다시는 나오지 않았습니다. 그런데 89년도에『천안문 사건』이 터지고 나서 IPECK의 활동이 주춤하게 되죠. 박철언 씨는 체육 분야였고, 또 그때는 체육 분야로 해서 한중 간에 교류라던가 협력이 많이 이루어졌기 때문에 박철언 씨 나름대로는 뭔가를 해보려고 했던 것 같습니다. 그런데 나름 얼마나 성과가 있었는지, 그것은 제가 자신이 없고요. 다만, 나중에 첸치천『외교십기』를 보면 중국 사람들의 평가는 높지 않았던 것 같습니다. 아까도 말씀드렸지만 저는『SK』의 전신인『선경』이 어떻게 보면 많은 역할을 했다고 생각합니다. 그것은『선경』이 하고 싶어서 했다기보다는 중국 측에서『선경』을 택한 것 같아요. 왜냐하면『선경』이 노태우 대통령의 사돈 기업이고 하다 보니까 '뭔가 메시지를 보낼 적에는 이곳으로 보내는 것이 확실할 것이다.' 라는 판단을 했을 것이라고 생각을 합니다.


그때『선경』에서 구체적으로 이 사업을 추진했던 사람이?


그때 선경에 이순석 사장이란 분이 계셨습니다.『선경』은 89년도부터 중국 진출을 위해 많은 노력을 기울였고, 그 과정에서『국제우호연락회(中國國際友好連絡會)』하고 선이 닿았던 것 같아요.『국제우호연락회』라는 것은 중국 인민해방군의 외곽단체인데, '그렇기 때문에 아마 류야저우 대교하고도 연결이 되었던 것이 아닌가.' 이렇게 생각을 합니다. 그래서 류야저우나 이런 사람들이『선경』초청으로 한국에 오기도 했지요. 어쨌든 제가 90년 8월에 과장으로 부임하는데, 그때 인수인계서를 보니까 90년 4월에 중국 측에서 이순석 사장을 초청을 합니다. 그래갖고 톈지윈 부총리를 만났는데, 톈지윈 씨가 그 때는 경제부총리면서 동시에 확인되지는 않았지만『남조선영도소조(南朝鮮領導小組)』의 조장이라는 얘기가 있었어요. 이순석 사장이 그 사람을 만났더니 "당장 한중관계의 정상화를 할 수는 없고 우선 민간 형식의 대표부 교환 같은 것으로 시작하고 나중에 그것을 더 발전시켜나갈 수 있다." 이런 단계적 발전방안을 톈지윈이 제시를 합니다. 그래서 제가 보기에는 '그게 가장 정통하고, 의미가 있는 그런 메시지가 아니었나.' 이렇게 생각을 했지요. 물론 그 전에 다른 루트를 통해서도 비슷한 얘기가 있어서 그런 단계적 발전방안에 대해서 우리도 동의한다는 입장을 보낸 적이 있긴 합니다만, 이순석 사장이 중요한 채널 역할을 수행했다고 말씀드릴 수 있습니다. 그 외에는 변호사인데 이병우라는 분이 있었어요. 그 분이 아시아태평양변호사협회 회장이었던 것 같은데 이 분이 한 국제회의에서 당시 우쉐첸(吳學謙) 부총리하고 만났는데, 우쉐첸 부총리도 똑같은 얘기 즉, "한국과는 단계적인 과정을 거쳐서 관계를 개선 할 것이다." 라는 얘기를 했던것으로 알고 있었습니다. 이외에도 90년 7월에 키신저 측에서 우리한테 연락을 해왔습니다. 자신이 9월에 베이징에 가서 장쩌민(江澤民)도 만나고, 그 다음에 덩샤오핑도 만날 예정인데, 중간에 전달해 줄 내용이 없겠느냐고 하면서, 외교 공관을 통해서 우리 측에 의사 타진을 해왔지요. 그때 저희가 뭐라고 회신했는가 하면은, "우리가 한중관계를 확대하고 싶고, 더 나아가서 관계정상화를 하고 싶어서 그러는데 어쨌든 한중 양국 정부 간에 은밀한 교섭을 할 필요가 있지 않겠느냐." 그런 얘기를 하였습니다. 또한 그 당시에도 북한의 무력 위협 이런 것을 우리가 늘 우려하고 있었으니까, 가는 김에 그러면은 남북관계가 안정되고 평화가 유지되기를 희망한다는 것도 전달해 달라." 이렇게 회신을 했어요. 그것까지는 제가 인수인계서를 통해 알고 있었던 내용입니다. 원래 (키신저) 얘기는 "돌아오는 길에 전세기 편으로 서울에 들러서 얘기를 해주겠다." 했는데 그 이후에 특별한 회신이 없었던 것으로 기억합니다. 나중에 어떤 책에서 읽은 것 같은데, 당시 덩샤오핑은 못 만나고, 장쩌민만 만나고 왔어요. 그러면서 장쩌민하고 키신저하고 얘기한 내용을 보니까, 그냥 덩샤오핑에게 안부를 전해달라는 구절만 나오더라고요. 그러니까 '아마 당초에 자기가 생각했던 그 얘기를 중국 측에 아예 하지를 못했던 것이 아닌가.' 그런 생각이 듭니다.

그러면 90년 한소수교랑 비교를 해보면, 한소수교는 약간 외교부 공식 바깥의 라인들도 굉장히 적극적으로 움직였던 것 같고, 시대환경도 그랬었던 것 같고요. 상대적으로 한중수교 때는 외교부 공식라인이 작동했다고 보여지는데요. 이렇게 하는 것들은 우리 측 요인도 있을 것 같지만, 중국도 보안문제 때문에 중국이 요청한 측면도 동시에 있을 것 같거든요? 왜 한소수교와는 다르게 한중수교가 외교부가 중심이 되어서 작동을 했다고 볼 수 있을까요?

저는 두 가지 요인이 있었다고 생각을 합니다. 첫째는 우선 돈 문제가 개재되지 않았다. 그러니까 소련하고 수교 시에는 25억불 경협차관문제가 있으니까 당연히 돈 문제를 다룰 수 있는 분들이 참여할 수밖에 없었던 상황이고. 그러다 보니까 외교부보다는, '청와대 경제수석이 앞에 나서서 그런 일을 했던 것이 아닌가.' 이렇게 생각을 합니다. 두 번째 요인은 지금 말씀하신대로 역시 중국 외교부가 "외교부 간에 협상을 하는 것이 좋겠다." 는 뜻을 표명을 합니다. 이상옥 장관하고 첸치천 부장 간에 베이징 첫 번째 만남에서 중국 측이 저희들한테 얘기한 내용을 보면 "앞으로 외교부 간에 이 문제를 협의해 나가자." 하는 기록이 나옵니다. 그래서 중국과는 외교부를 중심으로 교섭하게 된 것이라고 생각이 돼요.

한 가지 질문을 더 드리고 다음 세션을 진행하도록 하겠습니다. 그런데 사실은 회담 과정은 굉장히 짧은 시간에 끝났습니다. 예비회담과 본회담, 굉장히 짧고. 안에 기초를 닦는다고 할까요. 상호 공감대가 확산되는 시간이 길었던 것 같고요. 이렇게 보면 신속하게 진행되었던 결정적인 이유는 어디에 있을까요?

그것에는 몇 가지 이유가 있었다고 생각합니다. 첫째는 한국도 그렇고 중국도 그렇고 오래전부터 한중수교 문제에 대해서 준비를 많이 해왔었습니다. 우리는 오랫동안 중국과 관계 개선을 하겠다는 생각을 갖고 있었고, 그러기 위해서는 뭐가 필요할 것인지에 대한 사전 준비가 꽤 축적되어 있었다는 것이 첫 번째 이유라고 하겠지요. 두 번째는 중국이 수교교섭 과정에서 하나의 중국관계만 집요하게 우리한테 주장을 했지, 나머지 부분에 대해서는 그렇게 강하게 자기 입장을 얘기한 적이 없어요. 하나의 중국 문제는 제가 앞서도 말씀드렸지만 오래전부터 준비해왔다고 그랬지 않았습니까? 각국의 사례가 어떻고, 표현하는 방식이 어떻고 하는 것은 이미 저희들도 다 자료를 갖고 있었구요. 즉, 큰 논쟁거리가 생각보다 적었기 때문입니다. 또 다른 이유는 보안문제였다고 하겠습니다. 양측 모두 북한이나 타이완 측이 알게 되면 방해공작을 할 우려가 있기 때문에 신속하게 진행시키는 것이 보안유지에 도움이 된다고 보았을 것입니다. 또한 중국 측 입장에서는 이게 노태우 대통령이 있을 때, 노태우 대통령이 적극적으로 중국과의 관계 개선을 주장할 때, 이 때 하는 것이 자기들로서도 좋을 것 같다는 판단을 내린 것 같고, 저희들로서도 전에부터 중국과의 관계 개선을 하려고 했던 것이니까 그래서 신속하게 짧은 기간에 이루어진 것이라고 생각을 합니다.

요컨대 그때 보면, 예비과정과 본 회의가 거의 한두 달 안에 마무리 된 것은 한중 간에 충분히 사전에 협의가 있었고, 이해관계가 조율된 상태였고, 쟁점이 사실은 크지 않았다. 이렇게 일단 평가를 할 수가 있겠습니다.
이어서 질문을 드리겠습니다. 구체적으로 들어가면, 8월 24일에 저희가 수교를 해서 금년이 수교 25주년이 됐는데요, 8월 24일 시점을 택한 것은 그냥 합의하는 과정에 있었던 건가요. 특별히 이때를 대충 맞춰서 수교협상에 서명을 하게 되나요?

당시 저희들은 가급적이면 그것보다 더 당겨서라도 발표하면 좋겠다는 생각이었습니다. 왜냐하면 이미 7월 말에 본 회담을 해서 가서명을 한 상태잖아요? 이미 가서명을 했기 때문에 보안문제도 있고 하니까, 어차피 합의된 것, 가급적이면 빠른 시일 내에 발표하는 방향으로 했으면 좋겠다. 그리고 발표는 외교장관 간에 서로 만나서 회담을 하고 발표를 하자는 입장이었죠. 왜냐면 전에부터도 수교 발표할 적에 항상 외교장관 간에 서명하고, 발표하고, 소련과의 사례에서도 그랬습니다. 그래서 저희가 날짜를 좀 당기려고 했었는데, 그때 첸치천 부장이 상하이(上海)에 다녀올 일이 있다고 해서 날짜를 잡다 보니까 8월 24일이 좋다는 결론에 도달한 것입니다. 그러니까 그냥 서로 일정에 맞추다 보니까 8월 24일로 하기로 합의했던 것으로 당시에는 생각을 했지요. 물론, 나중에는 대북통보를 위한 중국인사들의 북한 방문일정도 작용했던 것으로 추측하였습니다.


가급적이면 보안문제도 있고 당기기를 원했지만 상호 편리한 일자를 조정하는 과정에서 나타난 문제로 볼 수 있겠네요. 그러면 결국은 남는 문제는 우리하고 우방이었던 타이완에 대해서 통보하는 과정이 있고, 중국은 또 북한에 대해서 통보하는 과정이 있었고, 우리가 타이완에 통보하는 것은 대체적으로 어떤 시점에 어떤 방식으로 통보하게 됐나요?

통보는 정식으로 통보한 것이 있고, 그전에 운을 띄우면서 분위기를 전달한 것도 있습니다. 이상옥 장관은 한중수교 교섭이 개시된 이후에 제가 알기로는 적어도 두 차례의 공개 강연 계기에 "한중수교가 멀지않은 장래에 이루어질 것이다." 라는 뉘앙스로 얘기를 했지요. 어쨌든 정식 통보는 제 기억으로는 8월 15일부터 시작됩니다. 그때 독립기념관에서 광복절 행사를 했어요. 거기서 이상옥 장관이 진수지 주한 대사를 만났는데, 진수지 대사가 장관보고 자기가 "다음 주에는 업무 협의차 타이베이에 가야할 일이 있다. 이런 얘기를 하니까 장관이 "조금 기다려라. 월요일쯤 연락하겠다." 그래갖고 연락을 한 거죠. 그당시 중화민국에 대한 공식통보는 두 차례에 걸쳐서 이루어집니다. 첫 번째는 8월 18일, 롯데호텔에서 했어요. 그때 진수지 대사를 오시라고 해서 먼저 얘기를 했고, 두 번째 통보는 8월 21일인가, 그렇게 해서 공식통보를 하게 되었습니다.

우리가 타이완한테 전달해가는 과정을 보면 그 당시에 미묘한 관계가 보이는데요. 중국도 똑같이 북한 문제가 있었기 때문에 중국도 아마 북한에 통보하는 과정들이 우리만큼 예민하고 복잡했을 것이라고 생각이 되는데요. 대사님께서 보시기에 그 당시 중국이 북한한테 통보하는 절차와 과정 이런 것들은 아마 알려지지 않은 내용도 많이 있으리라고 생각이 되는데요. 대체적으로 공개됐거나 이후의 상황을 거꾸로 짐작해보면 어떤 과정이 있었던 것 같습니까?

아까도 말씀 드렸었지만 92년 5월 『경보』라는 잡지에 북한이 특사를 중국에 보내서 "한중수교를 좀 늦춰 달라. 적어도 미북수교나 일북수교 이후로 늦춰 달라."는 얘기를 했다는 것 자체는 북한도 한중수교에 대해서 관심을 갖고 걱정을 하고 있었던 것으로 생각됩니다. 물론 그 보도가 사실인지 아닌지는 모르겠지만, 대체적으로 비슷하지 않겠느냐고 저희들은 생각을 했고요. 그 다음에 양상쿤(楊尚昆) 주석이 갔을 때, 그런 얘기를 했고. 그래서 북한도 상당히 곤혹스러워했을 것입니다. 아마도 북한측에서 몇 번 의사표명을 했는데도 중국 측에서는 이미 그럴 시기는 지났다 하는 그런 반응을 들었을 테니까요. 첸치천이 평양에 가서 한중수교 사실을 공식으로 통보한 것으로 우리도 알았지만 다만 시기문제와 관해서는 저희들이 정확하게 몰랐었습니다. 당시 우리 베이징대표부에서 다른 채널을 통해 탐문한 바에 의하면, 7월 말 정도에 주 평양 중국대사가 '한중수교 사실을 가까운 시일 내에 발표할 것이라는 얘기를 북한한테 했는데, 당시 북한의 반발이 심했다. 그래서 첸치천이 다시 가서 설명하는 그런 절차를 가졌다. 그래서 대략 8월 초 쯤에는 첸치천이 평양에 갔을 것이다.'라고 저희들은 추측하고 있었죠. 그런데 나중에 알고 보니까 첸치천이 7월 15일 쯤에는 평양에 가서 얘기를 한 것으로 나옵니다. 아마도 수교의 불가피성 이런 것을 설명했겠구나라고 생각을 하였습니다. 그 시점에는 한중간에 이미 합의가 다 되어 있으니까. 아무튼 『외교십기』에 보면 첸치천은 그 부분에 대해서 "김일성이가 아주 담담하게 그것을 받아들이더라. 그러면서 역시 김일성이 대단한 인물이다." 이런 평을 한 것으로 저도 기억을 하는데. 그래서 그런지 한중수교 직후에도 공식적으로 북한이 반발을 보였다든가 이런 것은 없었습니다. 다만 한 가지 마지막 순간에 북한과 타이완에 대해 각각 통보하기로 해놓고 우리보다 훨씬 먼저 북한에 통보한 것에 대해서, 그리고 그것에 대해서 우리한테 알려주지 않은 부분에 관해서는 바람직하지 않았던 일이었다고 생각을 합니다. 중국 입장에서는 '보안에 아무 문제가 없으니까 자기가 책임지고 한 것이니까, 거기에 한국이 뭐라고 할 필요가 있겠느냐.' 이렇게 생각은 할 수 있겠죠. 그러나 그것은 서로 간에 있었던 양해사항과는 거리가 있었던 것이며, 그런 부분이 아쉬웠다고 말씀드릴 수 있겠습니다.

중국의 『6 · 25』 개입에 대한 우리의 요구, 어떤 형태로든 우리가 문제제기를 하지 않았을까 라는 것은 짐작이 되고, 중국의 반응이랄까. 결과적으로 어떻게 합의를 하게 된 것인지에 대해서 말씀을 좀 해주시죠.

중국이 한국전 참전한 것에 대해서 중국의 사과랄까, 이런 것을 요구한다는 입장은 회담 준비 때부터 포함되어 있었고, 우리측은 예비회담 초기부터 그 문제를 중국 측에 제기를 했어요. 1차 회담은 기본적 성격이 서로 간에 상대방의 입장을 타진하는 소위 탐색전의 형국이었기 때문에 본격적으로 이 문제를 제기해서 논쟁을 일으키지는 않았지만, 두 번째 예비회담에서 이 문제가 깊이 있게 다루어졌습니다. "한중 간에 수교교섭을 한다면 적어도 『6·25』참전 문제에 대한 중국 측의 입장표명은 있어야 하겠다." 하는 얘기를 우리가 했고. 중국 측에서는 "당시의 상황에서 불가피했다. 그렇기 때문에 거기에 관해서 우리가 유감표명, 사과하는 것은 받아들일 수 없다. 그리고 그 문제는 옛날얘기인데 그것을 왜 수교교섭하고 연계시키느냐." 그러면서 중국은 완강하게 반대를 했어요. 그래서 2차 예비회담 때는 그 부분에 대해서 서로의 입장을 주장하는 것으로 끝났습니다. 3차 예비회담은 사실 마무리 짓는 예비회담인데 그 부분에 대해 계속해서 중국은 "그것은 관계없는 얘기다." 자기들은 "그 문제를 제기하면 북한도 있는 상황에서 매우 곤란하다." 하는 입장으로 버텼죠. 그래서 당시 권병현 대사께서 그쪽 수석하고 단둘이 그 문제에 대해 논의를 하셨습니다. 그리고 권병현 대사께서는 저희한테 중국의 수석대표가 "중국의 『6·25』참전은 당시의 국제정세, 중국의 국경이 위협받는 상황 하에서 불가피했다. 이것은 지나간 과거의 일이고, 불행했던 일에 대해서 유감스럽게 생각한다."는 정도의 표현을 했다고 하셨고, 그리고 "그것을 우리가 대외 발표문에 그렇게 발표하는 것에 대해서 중국 측이 양해를 했다." 그렇게 권 대사께서 얘기하셨어요. 어쨌든 3차 회담 후반부에 권대사께서 중국 측의 양해 내용에 대해 언급하고, 중국 측이 이에 대해 특별한 반응을 보이지 않았던 것으로 기억하고 있습니다. 그래서 회담 결과를 그렇게 적었죠. 그런데 8월 24일 베이징에서 한중수교 공동성명에 서명을 한 이후에 당시에 중국 외교부의 대변인이, 주프랑스대사도 지낸 분인데, 서명이 끝나고 나서 외신 기자들에게 공동성명 내용을 발표하고 그 다음에 질의 응답하는 과정에서 문제가 제기되었습니다. 우리가 발표문을 사전에 배포했는데, 그 안에 중국이 유감을 표명했다는 내용이 포함되어 있었거든요. 그래서 외신 기자들이 "중국이 그런 얘기를 했느냐."고 대변인에게 물었더니 그것을 부인을 했어요. "우리는 그런 적이 없다." 이렇게 중국 측 대변인은 답변을 했습니다. 그리고 그날 저녁에 이상옥 장관께서 우리 기자들하고 저녁에 간담회를 가졌는데 얘기하는 과정에서, 아, 류젠민. 그 사람이 그때 대변인이었어요. 이상옥 장관께서 뭐라고 답변했는가 하면은, "중국이 있는 그대로 얘기하기 어려운 곤란한 사정이 있는 것이 아니냐. 그 문제를 너무 깊게 따지고 들어가는 것보다는 앞으로 한중관계의 미래를 생각하고 그 정도로 넘어가는 것이 좋지 않겠냐." 이렇게 얘기를 하신 것으로 알고 있습니다. 그래서 어쨌든 저의 기록상으로는 중국이 그런 표현을 써서, 유감 표명한 것으로 되어 있습니다.

한국전쟁에 대한 내용들은 합의 문서로 존재하지 않고, 협의하는 과정에서 구두로 전달하고 우리는 그것을 얘기를 듣고, 우리는 우리 나름대로의 언론을 통해 발표를 하고, 중국은 그러한 한국의 발표에 대해서 일단 부인하는 형태로. 중국의 내부 사정으로 부인하는 형태를 취해서 지금까지 오게 된 것으로 볼 수 있겠네요.

그렇지요. 그때 우리가 회담 결과를 보고할 때 수석대표가 그렇게 얘기한 것에 더하여, "우리가 언론에 그런 워딩으로 발표하는 것에 대해서 중국이 양해했다." 결국 그것은 "합의문서 안에 들어가지 않았지만, 우리의 대외 발표문 안에 들어간다."는 것으로 한 것입니다. 다시 말씀드리면, '중국 측 수석대표가 중국의 『6·25』 한국전쟁 참전은 중국 국경 지대가 위협받는 상황에서 발생했던 과거의 일로서 불행하고 유감스러웠던 일이었다는 입장을 표명하고 이를 한국 측이 언론에서 발표하는 것을 양해하는 것으로 타협했다.' 이렇게 되어 있어요. 그 부분은 다른 기회에 권병현 대사께서 더 분명하게 말씀해주실 수 있을 것입니다.

협상에 대해 평가를 한번 해보겠습니다. 한중수교는 굉장히 역사적인 회담이었고, 대사님도 역사의 현장에 실무를 맡으셨던 분으로서 굉장히 감회가 새로울 텐데요. 항간의 평가는 내용적으로 두 달 만에 끝나고, 예비회담에서 초안이 만들어질 정도로 아주 급속히 진행되었는데, 이것이 의미는 있지만 지나치게 조급하게 서두르지 않았나. 그런 이후의 평가들이 있는데요, 이런 것들에 대해서는 어떻게 생각하시나요?

저는 회담이 신속하게 진행되었다는 표현은 타당하지만, 서둘렀다는 표현은 못 받아들이겠어요. 왜냐하면 서둘렀다고 그러면 '뭔가 중요한 것을 빼먹고 대충 얼버무렸다.' 이런 뉘앙스인데, 그것은 사실과 다르다. 왜냐하면 말씀 드린 대로 이렇게 신속하게 진행된 것은 몇 가지 이유가 있었기 때문입니다. 서로 간에 오래 전에 준비를 해왔고, 특히 우리

측에서는 그동안에 용역사업도 했었고, 중국 사람들의 발언들을 다 정리하여 연도별로, 어떤 발언을 하고, 어떤 변화가 일어나고 있다는 것을 우리가 파악하고 있었습니다. 그 다음에 중국이 가장 관심 있는 하나의 중국 원칙에 대해서는 어떻게 대응할지, 그리고 재산문제는 어떻게 처리할지, 타이완 관계는 어떻게 할지 하는 것에 대해서 사전에 많은 준비를 하고 있었는데, 중국이 실제로 제기한 것은 하나의 중국원칙과 타이완과의 관계문제 이외에는 없었기 때문에 내용상으로는 중공군의 한국전 참전에 대한 것을 제외하고는 한중간에 심하게 논쟁한 것은 없었습니다. 예를 들어 우리가 요청한 한반도의 평화적 통일지지 문제라던가, 북한이 IAEA(International Atomic Energy Agency: 국제원자력기구)의 사찰을 받고, 북한 핵문제를 해결하는데 중국이 보다 더 적극적인 역할을 해달라고 그랬다던가, 그 다음에 한국에 대해서 북한 이상으로 동등한 수준으로 대우해달라는 얘기를 했다던가, 이런 모든 내용들에 대해 중국이 별 다른 문제를 제기하지 않고 당연한 것처럼 받아들였죠. 그런데 한 가지, 저희 뜻대로 되지 않은 것이 있기는 합니다. 사실 청와대는 정상회담을 통해서 수교발표를 하고 싶어 했어요. 다나카 수상이 옛날에 베이징을 방문해서 회담을 갖고 중일국교 정상화를 발표한 적이 있었는데. 그런 방식을 따라서 했으면 하는 바람이 있었지요.

외교장관이 주체가 된 것은 그런 맥락을 볼 수 있겠네요.

그렇죠. 저희로서는 청와대에서 그런 뜻을 갖고 있으니까, 그런 뜻을 중국 측하고 몇 번 얘기를 건넸는데 중국이 받아들이지 않았어요. 중국 측은 실무 간에 충분히 협의를 거쳐서 그 다음에 장관 간에 서명을 하고 정상회담은 중국 영도들의 일정이 있으니까, 이런 것에 맞춰서 해야 하는데 그것을 한꺼번에 다 하려면 너무 부담스럽다는 입장이었습니다.

서명하는 이미지나 모양이 북한을 고려하는 측면도 있었네요.

뭐 그런 것도 있었을 거예요. 어쨌든 중국 내에서도 국내정치 행사가 있었던 것 같은데, 그런 부분도 고려가 됐던 것 같습니다.

그러니까 한중수교 25주년에서 평가를 해보면 아마 서둘렀다는 것은 지금의 시점에서 과거를 평가해볼 때, 그렇게 평가가 되는 것 같은데, 당시의 시각에서 보면 그것은 좀 서둘렀다는 것보다는 굉장히 신속하게 양국의 이해가 맞아가는 과정에서 진행된 것을 지금의 사후적으로 평가해보니 있다는 것이죠.

그렇죠. 그때 우리가 생각했던 것은 '쇠도 달궈졌을 때 때려라'는 말이 있잖아요. 그 타이밍을 놓치면 또 상황이 어떻게 될지 모르는 그런 인식을 한중 양측이 다 갖고 있었다고 저는 봐요. 그래서 중국도 적극적으로 회담에 임하면서 다른 문제제기를 하지 않았습니다. 저는 처음에 중국도 돈 문제를 꺼낼 줄 알았어요. 왜냐면 아까도 말씀드렸지만 류야저우가 우리한테 20억불 얘기를 꺼낸 적도 있었고, 또 한소수교 시에 20억 경협 전례가 있었고, 그래서 중국이 만약 그 문제를 꺼낸다면 저는 실무자의 입장에서 '이것은 절대 우리가 해서는 안 된다.'고 강하게 주장했던 부분인데, 그런데 의외로 중국은 한 번도 돈 얘기를 꺼낸 적이 없어요.

그러니까 비공식 라인에서는 그런 문제제기가 있었지만, 외교부 공식라인에서는 그런 문제제기도 없었고, 논의도 없었다는.

그렇죠. 비공식라인에서 몇 년 전에 있었는데, 우리 정부가 그때 거기에 대해 부정적인 반응을 보냈고, 그런 부분을 중국이 알고서 그랬는지 몰라도, 어쨌든 중국은 일본하고 수교교섭 할 적에도 돈 문제를 제기하지 않았지요. 그러니까 중국은 아무래도 자존심이 있고, 아마도 자신들이 그렇게까지 아쉬워서 하는 것은 아니라는 것을 보여주기 위해서 그랬던 것이 아닐까 싶습니다.

# 4. 한중수교 이후

그 당시에 수교 협상에 참여했던 분들 중에서 권병현 대사, 본부 대사가 있었고, 아주국에 김
석우 국장이 있었고, 대사님은 과장으로 복귀하시지는 않고, 맨 마지막에 수교하는 당일 날은
대사님의 직책은 무엇이었습니까? 여전히 『외교안보연구원』의 연구관으로 있었고, 그 이후의
그분들은 한중 관계에 있어 어떤 역할을 하게 되나요?

한중 간에서 이런저런 역할을 하게 되었습니다. 중국 측에서 관여했던 분은 당시 회담에
직접 참석은 안했지만 뒤에서 관리했던 장팅옌(張庭延) 초대 주한대사가 있고, 그 다음에
닝푸쿠이 대사는 수교협상 때는 이미 과장직을 떠났지만 그전에 민간대표부 개설 교섭할
때에는 저하고 카운터 파트가 돼서 일했었는데, 그 분 역시 나중에 주한대사를 했고, 그
에 앞서 저랑 함께 했던 리빈(李濱) 대사, 그 분도 주한대사를 했죠. 결국 직간접적으로 관
여했던 세 사람이 주한대사를 지냈습니다. 마찬가지로 한국도 잘 아시다시피 권병현 대
사, 김하중 대사, 저 이렇게 세 사람이 주중대사를 하게 되는. 그런 점에서는 '수교 이후
에도 한중관계에 있어서 활동을 할 수 있는 기회가 주어졌다.' 이렇게 말씀드릴 수 있습
니다. 특히 김하중 대사는 수교 당일 날 참사관에서 공사로 바로 올라가고, 그리고 들어
와서 아주국장을 하셨죠. 저도 끝난 직후에는 일본을 갔다가 왔습니다만 주중 공사를 거
쳐서, 또 직제가 바뀌어서 그때는 아시아태평양국이란 이름으로 되었지만, 아태국장도
하고, 결과적으로 참여했던 분들이 이후에도 한중관계에는 적지 않게 관여하게 되었다
고 하겠습니다.

대사님도 이제 주중한국대사를 또 역임하기도 하셨고, 그러면 지금부터는 한중수교를 지금 시
점에서 평가를 해봐야 될 것 같습니다. 금년이 한중수교 25주년이 되었는데요, 여러 가지 평

가가 엇갈리고 있는 것 같습니다. 아마 그것은 최근에 사드문제라든지 한중관계의 어려움 때문에 더 그런 것 같은데 수교 25년을 총체적으로 평가해보면 어떻게 볼 수 있을까요?

좀 진부한 얘기가 되겠습니다만 생각했던 것보다 훨씬 빠른 속도로 한중관계가 발전을 해온 것은 사실입니다. 어쨌든 2008년도에 양국이 전략적 협력동반자관계가 될 정도로 양국 관계가 발전되어 왔고, 또 경제적인 면에서 중국이 우리의 첫 번째 무역 대상국이 되었으며, 투자도 미국에 이어 두 번째고, 또한 한국 국민들이 가장 많이 방문하는 나라가 됐죠. 마찬가지로 중국의 입장에서 볼 적에도 한국이 홍콩을 제외하면 세 번째 무역 상대국이고, 중국 사람들이 적어도 작년 말까지만 해도 800만 명 정도가 올 정도로 한국 방문이 크게 증가되었습니다. 또 상당히 많은 유학생들이 서로 교환해서 체류하고 있고, 상대국에 상주하는 국민들이 크게 증가할 정도로 한중관계는 많은 발전을 거두었다고 말씀드릴 수 있습니다. 정치적인 면에서도 양국간에 물론 이런저런 문제가 있지만, 그럼에도 불구하고 당시 정치적인 면에서의 한중관계와 비교해보면 그 당시에는 상상할 수 없었을 정도로 많이 발전했다고 생각을 합니다. 그 때 중국에서는 북한 일변도였지요. 국제무대에서도 북한의 입장을 대변하고, 북한과의 관계만을 갖고 있을 때인데, 그것을 이제 적어도 중국의 입으로 동등하게 한국을 대우할 정도로, 실제로는 한국과의 관계가 북한보다 훨씬 더 이런 저런 상호작용이 많은 관계가 되었다는 것. 그것은 제가 거기에 참여했다고 그런 것이 아니고 객관적으로 봐도 그렇게 평가할 수 있지 않을까라고 생각을 합니다.

그런데 이제 중국이 부상을 하게 되면서 힘의 구도가 바뀌고 과거에 마늘 분쟁, 또 역사 분쟁 이런 여러 가지 한중 간에 어려움이 좀 있었지 않았습니까. 과거는 그런데 그것이 뭐랄까요, 연성안보 이슈였기 때문에 해결도 좀 쉽고, 양자 간의 문제였고. 시간도 좀 빨리 갔던 것 같은데, 점차 경성안보 이슈가 생기기 시작하고. 사드문제 같은 것들이 그렇게 표출되는 것으로 보고, 이것이 한중관계의 구조, 안보구조에 대해서는 근본적으로 넘을 수 없는 벽들이 있는 것이 아닌가 하는 그런 평가들도 나오기 시작하고 있는데요. 대사님은 이러한 평가들을 어떻게 보고 계십니까?

저는 말씀하신 대로 중국이 오늘날과 같이 이렇게, 비록 미국에 미치지는 못하지만, 국력이 크게 된 그런 나라가 될 것이라고는 그 당시 생각을 못했죠. 저희뿐만이 아니라, 미국이나 일본이나 유럽에 있는 모든 중국 전문가들 다들 비슷하게 생각을 했을 거예요. 그렇기 때문에 그 당시를 되돌아보면 키신저 전 국무장관이 중국에 가서 한중관계를 중간에서 촉진시키기 위해 노력하겠다고 얘기를 꺼낼 정도로 미국도 한중관계 개선에 대해서 지지하고 있었던 그런 상황이었죠. 그런데 이제 문제는 중국이 생각보다도 훨씬 빠르게, 그리고 크게 발전을 하여, 미국의 슈퍼 파워에 도전할 만한 국력을 갖게 되면서 결과적으로는 한국에 대해서 커다란 부담으로 작용하는 그런 상황이 됐다. 다시 말해서 중국의 국력신장으로 미국과 중국 간에 이 지역에서의 전략적 경쟁이 심화되었고, 그 와중에 한국도 어려움을 겪고 있다고 하겠습니다. 이것은 미중 간 뿐만 아니라 한중 간에 있어서도 마찬가지입니다. 중국이 엄청 커버리니까 양국의 총체적인 국력차이가 상당히 벌어지게 되었고, 그러면서 몇 가지 측면에서 문제가 발생하고 있지요. 하나는 중국 사람들이 한국에 대해서 뭔가 대국 의식이랄까 이런 것들이 표면으로 나오게 되는 것이고, 다른 하나는 일반 국민들의 입장에서는 자기들의 자신감이랄까 이런 것들이 점점 커져서, 민족주의 성향을 띠어가는, 그럼으로 인해서 근거 없는 얘기라던가, 너무 감정적인 얘기들이 자꾸 나오고 있습니다. 이런 상황은 결과적으로 한중관계에도 큰 부담으로 작용하게 되고, 그것은 어떻게 보면 일회성이 아니라 구조적인 문제로 고착이 되어가는 것으로 보입니다. 거기에다가 최근 한중관계에 어려움을 주고 있는 것 중의 하나는 북한의 핵문제라고 생각합니다. 북한의 핵개발이 없었으면 상대적으로 사드같은 문제들이 그렇게 급하게 대두되지가 않았을 것인데, 북한의 핵개발 문제로 인해서 이게 굉장히 꼬여서, 사드문제와 비슷한 문제들이 앞으로도 계속 나올 그런 가능성을 갖게 된 것이 아닌가.' 그렇게 보고 있습니다.

구체적으로는 사드문제가 지금 수교 25주년의 일종의 해결과정이랄까, 처리 과정들이 결국 리트머스 테스트 같은 그런 의미를 가질 텐데요, 대사님께서는 해법을 어떻게 가야 된다고 보십니까?

저는 단기적으로 사드문제 자체를 어떻게 해야 할 것인지를 생각해야 할 것 같고요. 중장기적으로는 이런 구조적인 어려움을 어떻게 해결해 나가느냐 하는 그 방법 두 가지 면에서 다 생각을 해야 된다고 봅니다. 사드문제와 관련해서는 중국에서는 커뮤니케이션 과정의 문제가 있다는 점을 지적하고 있고, 또 근본적으로는 한미동맹, 한미일 군사협력이 강화됨으로 인해서 중국에 대한 미국의 압박에 한국이 동참하는 것이 사드다. 그리고 미국의 MD망에 한국이 가입하는 것 때문에 중국의 안보에 위협이 된다. 이런 주장을 하고 있는 것이죠. 그래서 그런 주장을 그게 아니다하는 방향에서 우리가 앞으로도 계속 설득하는 노력을 시간이 걸리더라도 계속 할 수밖에 없을 것입니다. 또 저는 한국 혼자 하는 것보다는 미국하고 중국하고 3자가 모여서 이 문제에 대해서 진솔한 대화를 할 필요가 있다고 봅니다. 한국 정부는 이미 입장을 밝혔죠. "우리는 미국의 MD망에 들어가지 않겠다. 그리고 사드는 중국을 향하지 않겠다. 그 다음에 북한의 핵문제가 실질적인 진전이 있어, 핵 위협이 없어지게 되는 상황이 되면 사드는 철수하게 될 것이다." 이런 세 가지 포인트를 갖고 한국, 미국, 중국이 모여 앉아서 서로 타협할 수 있는 그런 방안을, 문안을 강구해낸다면 저는 그것이 바람직하지 않겠는가. 그런 생각을 해요. 제가 한미중 3자회담 얘기를 계속 꺼내는 것은 사드가 오히려 좋은 기회가 될 수 있는데, 이 기회를 활용해서 한미중 3자 협의가 성공적으로 기능한다는 것이 확인이 되면 그럼 앞으로 한반도 문제 전체에 관한, 북한문제 해결이나 한반도 안보문제 전체에 관해서 한미중 3자가 협의할 수 있는 토대를 마련해주게 될 것이다. 그러면 장기적으로 그것이 우리가 통일까지를 내다보는 한미중 3자 협의의 의미를 가질 수 있지 않을까 생각합니다. 그 동안에 한미중 3자 협의에 대해 중국이 반발을 했죠. 왜냐하면 이게 미국과 한국이 둘이서 중국을 압박하는 형태가 될 것을 우려했고, 핵심 당사자인 북한을 왜 빼놓느냐는 이유도 들었습니다. 그렇지만 사드는 미국, 중국, 한국이 핵심 당사국이니까 3자 협의를 하기 위한 좋은 명분을 준다. 그래서 이 문제에 대해 진전이 있으면 다른 문제 협의까지도 확대시킬 수 있고, 그런 다음에 어느 정도 준비가 되면 그때 가서 일본, 러시아도 다 같이 또 북한도 참여하면은 결국 6자회담으로 갈 수도 있고, 그래서 다양한 가능성을 내포할 수 있기 때문에 저는 적어도 사드문제에 관해서 3자협의를 시작하는 것이 필요하다는 생각을 합니다.


대사님 말씀은 사드문제가 단기적으로 이것을 철회하느냐 안하느냐 이런 문제가 아니라 한반도를 둘러싼 국제적 정치지형을 제대로 읽고 이것을 가지고 우리 외교안보의 방향 이런 것을 설계하는 소중한 기회로 삼으면 의미가 있겠다는 말씀으로 듣겠고요. 마지막으로 질문 하나만 더 드리겠습니다. 그럼에도 불구하고 중국이 굉장히 중요하게 지금 부상을 했고, 중국의 한반도 정책은 효과적으로 작동하고 있는 것 같은데요. 우리는 그런 것에 비해서는 아직 대중국 정책의 방향이랄까. 그런 것이 명료하게 잘 보이지 않고 그것을 수행할 수 있는 효과적인 시스템도 잘 갖춰져 있지 않은 것 같고, 중국에 대한 외교문화랄까요, 외교 거버넌스랄까요. 이런 것들도 아직은 조금 더 성숙할 필요가 있는 것 같은데, 거기에 대한 제언을 좀 해주실 수 있을까요?

중국이라는 큰 나라를 상대하려면, 우리 같이 작은 나라의 입장에서는 내부적으로 단합된 의견을 갖고, 일관성과 원칙을 갖고 밀고나가야 되는데, 상황이 정반대되는 방향으로 움직이고 있습니다. 오히려 중국이 큰 나라임에도 불구하고. 일관된 메시지를 우리한테 보내고 있고, 또 그런 방향으로 갈 수 있도록 정부가 나서서 관리를 하는데, 한국에서는 중구난방인 성격도 있고, 중국에 대해서 경험이 있거나 제대로 이해하는 현역들이 정책

결정 과정에 제대로 참여하지 못하는 것 같아요. 이런 상황은 우리에게 불필요하게 코스트를 유발시킬 수 있는 것이 아닌가. 그런 걱정이 듭니다. 제일 중요한 것은 한국 스스로 체력을 키워야 된다는 점입니다. 경제력이나 산업 기술이나 또 소프트파워 면에서 우리가 늘 중국보다 앞서감으로 인해서 중국이 한국에 매력을 계속 느끼게끔 하는 그런 노력이 제일 중요하겠지요. 그 위에서 우리가 여·야 할 것 없이 적어도 대외정책에 관해서는 서로 한목소리를 낼 수 있도록 내부적으로 충분하게 의사소통을 하고 토론을 거쳐서 또 우리가 지향하는 국가의 목표가 무엇이고, 우리의 가치가 무엇이고, 이런 부분이 같이 논의가 되어서 중국에 대해 어떻게 대할 것인가 하는 부분에 관해서 큰 방향을 정해 놓고, 그때그때 부분적인 것은 전술적으로 변형을 할 수 있도록 해야 한다고 생각합니다. 그 다음에 또 하나 중요한 것은 중국에 대해 한국의 입장이 뭔가 하는 것과 관련해 채널을 단일화시킬 필요가 있을 것입니다. 단일화까지는 아니더라도 한정을 해서 확실하게 명확한 메시지를 중국 측에 던질 수 있도록 그런 채널을 만들어야 되는데, 지금 상황을 보면 너나 할 것 없이 각개약진 식으로 하는 것이 아닌가라는 우려를 갖게 되요. 저는 전에부터도 우리도 뭔가 키신저처럼 그때그때 문제가 생길 때마다 가서 중국의 지도자를 만나고, 어떤 입장을 전달하고, 조율하는 그런 기제가 필요한 것이 아니냐. 그래서 우리도 정권과 관계없이 예를 들어서 전직 총리나 이런 분들 중에 외교 교섭에 경험이 많으신 분 이런 분을 모셔갖고 평소에도 가끔씩 중국에 들락날락하시면서 그러나 중요할 때는 따로 조용하게 가서 소통할 수 있는 이런 것을 만들어야 하지 않겠느냐는 생각을 합니다.

대사님 말씀은 조직, 사람, 전략 이런 것들을 이 기회에 한번 다 경험해보는 소중한 기회가 되기를 바란다고 듣겠습니다. 장시간 동안 인터뷰에 응해주셔서 감사합니다.

감사합니다.

# 5. 한중수교의 정책적 목표

대사님 또 만나 뵙게 되어서 반갑습니다. 오늘은 한중수교의 구체적인 내용을 가지고 구술을 하려고 하는데요. 당시 한중수교 교섭을 시작할 때 위로부터의 지침, 목표, 미션을 전달받으면서 가장 기본적으로 우리가 수교 협상을 통한 큰 목표랄까요, 정책목표는 어떻게 설정을 해서 시작하셨습니까?

크게 보면 네 가지가 있었다고 생각을 합니다. 무엇보다도 북방외교를 완성시킨다 하는 것을 먼저 말씀드릴 수 있겠네요. 북방외교라고 하는 것은 한반도의 평화와 안정을 확보하는 것이고, 또 나아가서는 한반도의 평화적 통일을 위한 기반을 구축하기 위한 대외적인 여건을 마련하는 것이었다고 하겠습니다. 구체적으로는 소련에 이어서 해방 이후에 우리하고 적대적 관계에 있었던 국가들과 관계를 정상화한다. 이런 측면에서 보면 중국과의 수교는 북방외교의 완성이라고 말씀드릴 수 있겠지요. 두 번째는 동북아의 냉전체제, 이것을 종식하는 계기가 되지 않겠느냐 하는 생각도 있었습니다. 잘 아시다시피 동북아라는 것은 냉전체제가 남아있는 유일한 지역이었고, 그래서 한중수교가 된다면 저희가 볼 때, 미국-북한관계, 더 나아가 일본-북한관계도 개선되지 않겠느냐. 그런다면 한중수교로 인해 냉전체제가 종식되지 않겠느냐, 이렇게 생각했던 것이죠. 그 당시만 하더라도 북한 핵문제가 그렇게 심각하지 않았고, 북한도 뭔가 대화를 하려고 하는 제스츄어를 많이 썼기 때문에 저희들이 그 당시에 기대하기에는 잘만 진전된다면, 92년 9월 말 정도, 그 당시 두 번째로 유엔총회에 참석하는 계기가 됩니다만, 그때 쯤 가서 냉전체제가 종식되었다고 선언할 수 있지 않을까 그런 기대감도 있었죠. 그렇게 됨으로써 남북한 관계도 안정적으로 정착되지 않겠느냐는 생각도 했는데, 안타깝게도 북한이 핵개발을 오히려 그때보다 더 가속화하기 시작하는 상황이 돼서 실현은 되지 못했습니다. 세 번째는 역시 경제적 이유에서라고 할 수 있겠습니다. 당시 한국의 제2의 경제도약을 위한 어떤 여건을 마련한다는 목표를 갖고 있었다고 말씀드릴 수 있겠네요. 마지막에는 우리나라의 국제적 위상을 제고하는데 한중수교가 크게 기여할 것이라고 보았습니다. 그러니까 그전까지만 해도 소련도 있었습니다만 어떻게 보면 공산권을 제외하고 반쪽자리 외교였는데, 소위 말하는 전방위 외교를 완성시킨다는 그런 차원에서 의미가 있었지요. 그 당시에도 우리를 둘러싼 4강 내에서 한국이 소련에 이어 중국과 관계를 맺음으로써 뭔가 우리가 국제사회에서 보다 큰 역할을 할 수 있지 않겠느냐. 그런 기대도 가졌습니다. 이런 것들이 저희들의 목표였다고 말씀드릴 수 있겠죠.

상대인 중국을 염두에 두면, 중국은 한두 가지 정책목표는 우리하고 합치되는 부분도 있고 차이가 있는 부분도 있을 텐데요. 그 때 대사님이 파악하시기에 중국의 정책적 목표는 무엇이었다고 생각하십니까?

첸치천(錢其琛) 외교부장의 『외교십기』에 나와 있지만, 중국의 목표는 그 당시에 덩샤오핑(鄧小平)이 얘기했던, 크게 두 가지죠. 하나는 타이완과의 통일에 있어서 유리한 여건을 조성한다. 통일에 도움이 된다는 것이었고. 또 하나는 당시 천안문 사태 이후에 국제적인 제재조치도 있고 해서 자신들은 경제를 발전시켜 나가야 하는데 아무래도 한국과의 수교를 통해 한국과의 경제협력이 도움이 되지 않을까. 그런 두 가지 측면에서 중국은 수교를 했다고 생각합니다.

어떻게 보면 한중간에 정책적 목표가 수렴되는 부분을. 각각의 목표는 다르지만 공통분모는 찾을 수 있었다는 부분이 있었다고 생각이 돼서 수교 협상이 조금 진척이 빨리 된 것으로 보이는데요.

그렇습니다. 지난 8월 달에 제가 베이징을 방문했을 때 중국 측 수석 대표였던 쉬둔신(徐 敦信) 부부장도 그런 얘기를 했죠. 그는 수교 당시의 초심으로 돌아가자면서 세 가지를 언급했는데, 한반도의 평화와 안정 유지, 경제적으로 상호보완해서 발전해 나가자는 것. 각자의 통일에 도움을 주자는 것. 이 세 개가 초심이었다고 하였습니다.

대사님 그 당시 실무를 하셨을 텐데, 엄격하게 보면 정책 목표하고 전략 목표를 구분해서 좀 설명할 수가 있는 부분이 있을까요?

전략은, 협상의 전략은 있었는데… 당시의 큰 전략은 우리나라가 북방정책을 통해서 전방위 외교를 하겠다. 그럼으로 인해서 한반도에 평화를 정착시키고, 궁극적인 통일도 하겠다. 이것을 전략으로 보면, 그것을 실행하는 정책도 북방정책이었고, 한중수교 추진은 그 구체적 방안 중의 하나였다고 하겠지요.

# 6. 협상팀의 구성

구체적으로 들어가면 철저하게 보안이 생명이었던 것 같은데, 수교협상을 진행을 할 때 우리는 협상대표단이 어떻게 구성되어 있었습니까?

저희는 지난번에 제가 말씀드렸지만, 베이징에서 첸지천 외교부장으로부터 한중수교 교섭회담을 개시하자는 제의를 받았습니다. 그래서 청와대 외교안보수석이 그것을 대통령한테 보고를 하면서 시작이 됩니다.

그 때 외교안보수석이 김종휘(金宗輝) 수석.

김종휘 수석이었죠. 그 분이 대통령께 보고를 드렸지요. 중국의 제의를 받아서 이제 교섭을 시작하자. 그러면서 처음에는 김종휘 수석이 자신이 수석대표가 돼서 협상을 이끄는 것으로 그렇게 상정을 하고 대통령께 보고를 드렸고, 대통령도 그렇게 동의하셨다고 들었습니다. 그런데 이상옥(李相玉) 장관께서 몽골 공식방문을 끝내고 귀국을 해서 청와대하고 얘기를 하는 과정에서, 그리고 중국하고도 앞으로 어떻게 진전시킬 것인가와 관해서 협의를 하는 과정에서 예비회담이 필요하다. 그래서 예비회담을 하고 난 후에 어느 정도 정리가 되면 그때 본회담을 해서 이것을 완결시킨다 하는 것으로 전개가 됩니다. 그래서 아시다시피 권병현(權丙鉉) 대사가 예비회담 수석대표로 결정이 되고, 그 다음에 그것을 지원하기 위해서 외교부의 김석우(金錫友) 국장이 같이 참여하게 됩니다.

김석우 국장은 그 당시 아주국장이었나요?

아주국장이었죠. 저는 그때 동북아 2과장이고. 그래서 세 사람이 먼저 만나서 앞으로 대표단을 어떻게 구성하고 어떻게 할 것인지 일차적인 협의를 합니다. 권 대사는 장관으로부터 먼저 지침을 받았습니다. 물론 말씀하신대로 극도의 보안이 생명이다. 절대 가족하고도 얘기 안하는 것으로. 그렇게 되어 있었죠. 우선 그렇게 협의한 다음에 상부에 보고하고, 중국 측하고 소통해서 그럼 회담을 언제 시작할 것인지. 어디서 할 것인지 이런 얘기를 하면서 대표단이 구성이 됩니다. 그래서 예비회담 대표단은 수석대표가 권병현 대사였고, 청와대의 변종규 국제안보비서관, 그 다음에 한영택 당시 안기부 국장인데, 그분이 회담에 대표로 참석할 때는 외교안보연구원의 수석 연구관이라는 타이틀로 참석을하죠. 그리고 그 다음에 저하고 이영백 서기관인데, 이분은 통역 부분에서 큰 역할을 하셨지요. 그분이 같이 참석을 하고 2차 예비회담 때부터는 청와대의 이용준 서기관이 추가되었습니다.

그때 이용준 서기관은 청와대 파견 나가 있던 것이죠?

파견이죠. 어쨌든 김종휘 수석은 '예비회담 한 번이면 된다. 그리고 나머지는 본 회담으로 끌고 가겠다.'는 생각을 하고 있었지만, 외교부에서는 예비회담을 한번 정도 해보니까 이것 갖고는 안 되겠다. 이렇게 해갖고는 본회담하기에는 어렵다해서 예비회담을 몇 차례 더 하는 것으로 판단한 것이죠. 결과적으로 그 과정을 통해 외교부가 회담을 주도하게 되었다고 말씀드릴 수 있습니다.

그러니까 외교부가 주도하고. 그 당시에 안기부나 청와대가 조인(join)하고 회담은 하되.

그렇죠. 물론 큰 방향에서의 지침은 대통령께 보고드리고 대통령으로부터 나오는 것이지만 실제로 회담을 진행하고 하는 부분은 외교부가 했었고, 안기부는 거의 전적으로 지원 업무로 많이 도와줬습니다. 심지어는 비밀리에 왔다 갔다 해야 했으니까, 항공권부터 시작해서 출장비 이런 것 다 지원해줬고요. 우리가 회담을 준비할 수 있는 공간, 다시 말해서 동빙고동의 안가도 제공해주는 그런 역할을 했다고 말씀드릴 수 있습니다.

# 7. 협상 안건에 관한 준비

협상을 본격적으로 시작하게 되면, 그 당시의 쟁점들이 여러 가지 있었을 것 같거든요. 우리는 타이완문제도 있었고, 중국으로서는 북한문제도 있었고. 염두에 두고 협상에 임하는 주요한 관심사항이랄까요. 그런 것은 우리가 어떻게 정리를 하고 협상에 임했습니까?

한중 간에 협상의 의제랄까. 아니면 회담의 주된 내용과 관련, 처음 시작할 때 저희가 중시했던 것은 수교의 원칙에 대한 것이었습니다. 앞으로 상호 존중하는 호혜 평등한 관계를 한국과 중국 간에 만들어 나간다 하는 생각을 먼저 했죠. 우리가 역사를 보면 중국과는 늘 불균형했던 관계를 유지해왔는데, 이제는 새 시대에서 우리가 새롭게 중국과의 관계를 정상화하면서 중국과 대등하고 호혜 평등한 관계를 갖고 가자. 그런 부분이 우선적으로 저희들이 가졌던 생각이었습니다. 그리고 중국과의 수교로 인해서 한반도 문제에 기여하자 하는 것이 두 번째 주요 관심사였죠. 거기에는 한반도의 평화적 통일에 대한 중국의 지지를 확보하는 문제, 또 중국으로 하여금 북한과 한국에 대해 동등하게 대우를 해달라는 문제, 그 다음에 당시 북한의 핵문제가 본격 시작이 되었기 때문에 소위 한반도 비핵화 문제에 대한 중국의 확고한 지지 입장이라던가 이런 것을 확보하는 문제가 있었다고 하겠습니다. 그 다음에 전에 말씀드렸습니다만 당시는 중공군이고 현재는 중국군의 한국전 참전문제에 대해 어떻게 우리가 다룰 것이냐하는 문제도 한중관계를 정상화시키는데 있어서 관심을 가졌던 사안입니다. 그 다음에 청와대에서 관심을 가졌던 것은 정상회담 개최였다고 말씀드릴 수 있죠. 청와대의 원래 생각은 옛날에 다나카(田中)가 베이징에 가서 저우언라이(周恩來)하고 중일수교 성명을 발표하잖아요. 그러니까 양국의 정상이 정상회담을 통해서 마침표를 찍는다. 그런 개념을 갖고 있었어요. 그래서 정상회담 추진을 통해서 한중수교를 마무리 짓는다는 것으로 했었기 때문에 그 부분을 우리가 염두에 두고 중국과 협상을 하게 됩니다. 결국 중국은 자기들 사정에 따라 외교부 장관이 서명을 하고, 정상회담은 추후에 하는 것으로 주장해서 그렇게 결정이 되긴 하였습니다.

그러면 현실적으로 한중수교 협상과 대통령 방중협상을 사실은 투 트랙이지만 한꺼번에 추진했던 그런 측면도.

그렇죠. 처음에는 그렇게 시작을 했습니다. 그러다가 수교 협상하는 중간에 결국 중국 측이 자신들의 사정으로 별도로 하면 좋겠다. 그래서 수교를 먼저 발표하고 그러고 나서 가까운 시일 내에 대통령이 중국을 방문해서 정상회담을 갖는 것으로 정리가 된 것이죠.

그러면 수교협상 하는 과정하고 정상회담 추진하는 팀들이 이렇게 각각 활동하거나 업무 분장이 이루어지는 그런 것들은 없었나요?

당시에는 그 정도까지는 아니었어요. 정상회담 개최는 우리가 수교협상 초기에 거론했던 것인데, 대표단에서 그 문제를 제기를 했고 중국의 답변을 듣고 나서는 그 부분을 우리는 뒤로 미루었기 때문입니다.

그러면 우리의 이런 수교 협상전략이랄까 하는 것은 중국도 면밀하게 관찰하고 자기 입장을 얘기하고 했을 텐데요. 기본적으로 중국의 반응은 어땠습니까?

큰 틀에서 보면 중국은 하나의 중국의 원칙. 그 문제 이외에는 저희한테 그렇게 아주 강조하면서 얘기한 것은 없었다고 말씀드릴 수 있습니다. 그리고 그것과 관련하여 타이완 대사관 부지에 관심을 표명한 것, 그게 다였다고 생각을 해요. 처음에는 '중국도 소련처럼 우리한테 경제협력을 요구하지 않을까.', '또 일본과의 관계에 관해서 한중이 뭔가 공감대를 형성하는 방향에 대해 제기하지는 않을까.' 그런 생각을 하고, 준비를 했었지요. '그렇게 나올 때는 어떻게 할 것이다.' 준비를 했었는데…. 의외로 중국은 수교협상과정에서 한 번도 돈 문제에 대해서 얘기를 꺼낸 적이 없어요. 그래서 저도 한편으로는 의외라는 이런 생각을 가졌었죠. 그리고 일본 문제는 물론이고, 한미동맹에 대해서도 얘기를 꺼내지 않았습니다. 그래서 제가 받았던 당시의 느낌은 '하나의 중국 문제만 얘기하는구나.' 이게 1차 회담이 끝날 때 제가 그렇게 봤던 것이고, 그래서 1차 회담이 끝난 후의 소감은 앞으로의 협상에 중대한 장애는 없을 것 같다는 생각을 갖게 됐어요.


그러면 우리는 사실은 하나의 중국 원칙은 받을 준비를 하고. 아마 시작을 했을 것이고, 중국의 요구 사항은 복잡하지 않고. 그리고 생각보다 의외로 이 문제가 진척이 될 수 있겠다는 느낌은 처음에 만났을 때 들었던 건가요?

그렇죠. 1차 회담이 끝나고 그런 느낌을 갖게 된 거죠.

# 8. 협상의 구체적 진행

그러면 이제 구체적으로 예비회담과 본회담이 굉장히 신속하게 된 것도 방금 말씀하신 것처럼 뚜렷한 쟁점이 형성되지 않고, 중국의 요구도 한정되어 있었고, 우리도 수용의 준비가 되어 있었기 때문이라고 생각이 드는데, 1, 2, 3차 회담은 구체적으로 어떤 턴을 갖고 진행이 됐습니까?

우리가 앞으로 중국과의 협상을 어떻게 진행시킬 것인가에 대해 우리 나름대로의 전략 같은 것이 당연히 있었겠죠. 그래서 앞서도 말씀 나왔습니다만, 큰 목표 중의 하나는 '조기에 수교교섭을 완료한다.' 그런 생각을 저희들이 갖고 있었습니다. 왜냐하면, 첫째는 길게 끌다보면 보안유지에 어렵겠다. 그 다음에 중국 측도 보니까 적극적으로 뭘 빨리 하겠다는 그런 의지를 보여주고 있었고, 하나의 중국 이외에는 그렇게 어려운 문제를 제기하지 않았다는 그런 판단을 했고요. 다만 저희들이 조기에 수교가 되도록 교섭을 하지만, 서두른다는 인상을 줘서는 결코 안 되겠다. 이게 나중에라도 문제가 될 수 있고, 쓸데없이 중국한테 양보했다 하는 그런 오해를 줘서는 안 되기 때문에 내부적으로는 '서두르지는 말자, 인내심을 갖고 하자.' 이런 얘기들을 우리끼리 나누고 있었습니다. 그리고 중국이 제기하는 하나의 중국 원칙에는 우리가 소극적으로 그냥 검토해보겠다는 선으로 대응한다는 방침을 정했었습니다. 회담의 진행과 관련해서, 청와대 측에서는 예비회담 한번만 하고 본회담으로 넘겨서 김종휘 수석이 직접 주도해나가고자 했었는데, 1차 회담을 끝내고 보니까 우리도 그렇게 생각했지만, 중국 측이 예비회담을 계속하자고 하였지요. 어쨌든 먼저 상대방의 입장이 무엇인지를 탐색해야 하는 것 아니냐. 그래서 1차 회담에서는 가급적 상대방의 입장을 탐색하는 선에서 논쟁을 피하고 그러면서 일단 우호적인 분위기를 연출하는 것이 좋겠다. 그래서 1차 회담은 그런 식으로 가져갔습니다.

1차 회담은 구체적으로 베이징에서.

그렇죠. 1차, 2차는 베이징에서 열렸고, 3차는 서울에서 열렸어요. 처음에 1차 회담을 가면서 '이것은 탐색전이다. 그러니까 중국이 뭘 원하는지를 우선 알아보고, 우리 입장을 얘기하기 보다는 검토해보겠다는 선에서만 일단 대응을 한다.' 그것이 저희들이 가졌던 단계별 협상 방안이었습니다. 그래서 1단계에서는 그렇게 해서 중국 측하고 회담을 했고, 2차 회담에서는 1차 회담에서 일단 제기됐던 사안들에 대해...


2차 회담으로 넘어가기 전에 1차 회담의 장소가 댜오위타이(釣魚臺) 거기서 했을 텐데, 분위기는 어땠습니까?

1차 회담 분위기는, 사실은 저 자신은 조어대라는 곳을 처음 갔는데, 우선 공항에서 보통 입국절차를 거쳐 나가잖아요. 그런데 바로 비행기 후미에 자동차를 대놓고 아무런 행정절차 없이 바로 나가서 조어대로 들어갔죠. 조어대라는 곳을 평생 처음 가본 것이지만, 뭐랄까 좀 갇혀있다는 느낌을 받았습니다. 그런데 노란색인가요, 금빛색 치파오 입은 종업원들도 있고 그래서 인상적이었는데, 그럼에도 불구하고 긴장된 분위기이고, 며칠있다 보니까 좀 답답해서 그 안에서 탁구 한번 쳤던 기억이 납니다.


우리 내부 팀끼리인가요?

우리끼리였지요. 휴식시간에 그것 밖에 할 수 없었던 것인데, 어쨌든 거기서 1차 회담을 했습니다.

2차 회담은 조금 분위기가 편안한 장소에서 했나요? 같은 장소에서 했나요?

같은 장소는 아니고, 조어대는 조어대인데, 몇 호각인지 기억이 잘 안나요. 하나는 10호각이고 하나는 14호각인지 2호각에서 한번 했던 것 같습니다. 어쨌든 조어대 내 다른 장소에서 2차 회담을 했고. 2차 회담에서는 그 동안에 나왔던 것을 보다 구체적으로 자기들 입장을 서로 개진하고, 논쟁하는 그런 시간이 됐습니다. 그 다음에 3차 회담은 그동안에 나왔던 것을 정리해서 문서화하는 그 과정에서 단어 하나 놓고 입씨름을 많이 하게 되는, 그런 세부 토론을 하게 되는 것이죠. 그러한 단계적인 접근을 우리가 했었다고 말씀드릴 수 있습니다.

대사님 말씀을 정리하면, 처음 회담은 탐색하고, 두 번째 회담은 쟁점이 무엇인지를 분명히 하고, 세 번째는 쟁점을 문서로 담는데 있어서 이 세 번의 단계를 거치게 된 것이죠. 그것을 구체적인 내용을. 1차 회담부터 말씀을 좀 해주실까요?

원래 한중수교 협상은 동해사업이라고 이름을 붙였어요.

그것은 누가 붙였습니까?

그것은 모르겠어요. 아마도 이상옥 장관님하고, 권병현 대사하고. 아니면 그 당시 소위 상부의 지휘부. 김종휘 수석, 이상옥 장관, 안기부 차장이었던 김홍배 그 세 분이 주말이면 같이 모여 저희하고 회의도 하고 했는데, 거기서 나오지 않았나 싶습니다. 사실은 중국과는 서해사업이라고 해야 하는데, 동해하면 일본 쪽을 가리키잖아요. 아마도 보안때문에 거꾸로 방향을 틀어서 이름을 동해사업으로 짓지 않았나. 이렇게 생각을 합니다. 앞서 말한 것처럼 세 번에 걸쳐 회의를 하게 되고요. 그래서 첫 번째 회담은 5월 14일부터 15일 베이징에서 개최가 됩니다. 말씀드린 대로 우리 측 입장은 원래 가져갈 때, 옛날 자료를 제가 다시 보기도 했습니다만, 기본적으로 상대방 입장이 뭐냐 하는 것을 타진한다, 그러면서 논쟁은 피하고, 가급적이면 서로 얼굴을 익히고 누가 누군지 이렇게 친분을 쌓으면서 신뢰 구축에 방점을 두고 1차 회담을 한다. 그것이 목적이었죠. 그럼에도 불구하고 우리의 관심 사안에 대해서는 가볍게 꺼냈습니다. 중국 측도 마찬가지였고요. 그래서 중국 측은 역시 "하나의 중국 그것을 인정해라. 자기들은 그것을 가장 중시한다. 그러면서 만약에 한국 측에서 하나의 중국 원칙을 수락하지 않는다면 그 다음 얘기는 할 필요가 없다." 그런 입장까지도 나오죠. 1차 회담 말미에 우리는 그에 대해서 국제법과 국제관례에 따라서 타당하게 처리할 것이다. 그런 선에서만 1차 회담에서 다루었습니다.


우리 협상팀은 하나의 중국 원칙을 받아들일 준비를 하고 있음에도 불구하고 외교적인 전략적인 차원에서 신중하게 받은 측면이 있었네요.

저도 그렇게 생각을 했습니다. 그게 마땅한 것이고요. 그런 식으로 하나의 중국 원칙에 우리가 대응을 했고요. 그 다음에 우리가 얘기한 것이 IAEA(International Atomic Energy Agency: 국제원자력기구) 핵사찰을 북한이 빨리 그것을 수용하도록, 중국이 영향력을 행사해 달라는 얘기, 또 한반도의 평화적 통일을 지지한다 하는 것도 중국 측이 천명해줘야 한다는 것 이런 얘기를 하고, 청와대의 입장에 따라서 우리는 정상회담을 통해서 한중수교를 완결시키기를 원한다."는 입장을 전했죠. 그랬더니 중국 측에서는 "그 부분은 일단 한국이 하나의 중국 원칙을 수용해야지만 그 다음 얘기를 진전시킬 수 있다." 그런 반응을 보였습니다. 그래서 저희로서는 그 정도로 1차 회담은 소기의 성과가 있었다. 중국 측 입장이 뭐였다는 것을 어느 정도 파악했다. 그렇게 보았던 것이지요.

그 당시가 1차 북핵 위기가 시작되는 그 때잖아요. 그런데 IAEA사찰. 그 문제에 대해서 중국 측의 특별한 반응이 1차 회담에서 있었나요?

중국도 한반도에 핵이 있는 것을 원하지 않는다는 얘기를 했지만, 그렇지만 일단 하나의 중국 원칙을 밀어붙이기 위해서 중국 측에서는 거기에 대해서 구체적으로 언급했다기보다는 원론적인 수준에서 답변하고, 그 하나의 중국 원칙 얘기만 계속하게 되는 것이죠.

제가 보기에는 그때 중국의 협상 전략이 조금 단순했던 것 같은데, 하나의 중국 원칙이라는 것은 모든 국제사회가 공동으로 수용해야 될 원칙인데, 그것에 집착하는 것은 우리 입장에서 보면 중국의 협상 전략보다는 우리의 협상 전략이 조금 더 치밀했던 것으로 볼 수 있겠네요?

글쎄요. 자화자찬 할 것은 아닌 것 같고요. 하여튼 중국 측은 하나의 중국 원칙에는 엄청나게 집착을 했습니다. 그것은 수교교섭 당시뿐만 아니라 수교 이후에도 정상회담을 하거나 외무장관 회담을 하게 되면 하나의 중국 원칙 얘기를 먼저 꺼내고, 그것을 존중한다는 표현이 나오도록 사전에 요구하는 것을 보면 그 부분에 관해서는 국제사회가 보편적으로 받아들이고 있음에도 불구하고, 중국 입장에서는 그것을 확인하고 재확인하고 하는 것은 굉장히 중요한 일이라고 보고 있는 것 같습니다.

그러면 2차 예비회담을 할 때에 구체적인 회담내용들은 어떤 것을 가지고 토론했습니까? 주로 쟁점토론이었다고 생각이 되는데요.

그렇죠. 그래서 2차 회담 때 우리측은 수교의 원칙얘기를 꺼냅니다. 한중 양국이 관계를 정상화할 때, 양국 관계를 발전시켜나가는 원칙과 관련, 우리측은 유엔 헌장의 제(諸) 원칙을 제시했지요. 유엔 헌장의 제 원칙에는 주권존중이나, 영토불가침 이런 것들이 다 들어가 있죠. 호혜 평등도 들어가 있고, 그래서 유엔 헌장의 제 원칙을 제시를 했습니다. 이에 대해 중국은 거기에 더하여 평화공존 5원칙도 같이했으면 좋겠다는 입장을 표명합니다. 그런데 평화공존 5원칙도 사실 유엔헌장의 제 원칙과 중복되는 부분이 많으면서 특히 평화공존을 강조하는 것인데 우리가 그것을 굳이 반대할 이유도 없어서 큰 거부감 없이 병기하는 것을 받아들였습니다. 그래서 유엔헌장의 제 원칙과 평화공존 5원칙에 따라서 양국 관계를 발전시켜나간다. 이런 표현이 나중에 수교문서에 들어가게 되죠. 그 다음에 하나의 중국 원칙. 하여튼 처음부터 계속해서였지만 2차 회담에서도 중국은 그 문제를 제기하고 중간에 자리도 박차고 나가면서 이럴 거면 우리는 회담 더 이상 못하겠다고 하면서 회담을 끝내려는 그런 제스츄어도 보였습니다. 어떻게 보면 하나의 블러핑(Bluffing: 엄포)이었죠. 어쨌든 저희들은 2차 회담 마지막 부분에 이제는 어느 정도 정리가 됐다. 그렇게 보고, "하나의 중국 원칙은 수용한다." 그런 얘기를 중국 측에 하게 됩니다. 다만 하나의 중국 원칙을 어떤 문안으로 한다는 것을 놓고서는 3차 회담에서 입씨름을 많이 하게 되지요.

2차 회담은 구체적으로 언제 열렸죠?

2차 회담은 6월 2일부터 3일까지입니다. 조어대에서 개최를 했고요. 그때 타이완정부 재산과 관련하여 중국 측이 얘기를 꺼냈는데, 저희도 거기에 대해서는 어쨌든 "한중수교와 동시에 한국 내에 있는 소위 중화민국 정부의 재산에 대해서는 국제법과 국제관례에 따라서 처리하겠다." 이런 식으로 저희들은 답변을 하게 됩니다. 중국 측 입장에서는 좀 애매한 표현이라고 생각할 수도 있겠죠. 어떻게 국제법을 해석하느냐에 따라 다를 수 있는데, 어쨌든 중국 측은 그때 우리한테 "타이완이 수교 전에 재산을 매각하지 못하도록 한국이 협조했으면 좋겠다." 이런 얘기도 그때 꺼내게 됩니다. 저희들은 거기에 대해서 답을 안 하고 법과 관례에 따라서 한다는 원론적인 답변만 했고요. 그 다음에 정상회담 개최문제는 2차 회담 때 선 수교 후, 나중에 정상회담을 개최한다는 그런 원칙에 양측이 이해를 하게 됩니다. 그래서 그때 되면 청와대 측에서도 '정상회담을 통해서 수교 발표하는 것은 무리구나.'라는 판단을 하게 되죠. 중국 측의 입장이 많이 작용한 것이지만, 어쨌든 교섭의 협상 주체가 누가 되느냐 부터 시작을 해서, 결과적으로 외교부 주도로 그리고 정상회담을 앞세우지 않고. 선 수교 후 정상회담이 이루어지게 되었다고 하겠습니다.

대사님 그런데 1차 회담하고 2차 회담하고 3차 회담을 하게 되면 날짜는 어떤 식으로 정했습니까?

상호협의를 했습니다.

1차 회담 마치고 정하게 되는 건가요?

1차 회담 후 차기 회담은 대략 언제쯤 하자는데 합의를 하게 되면 구체적인 날짜는 베이징 채널, 그 당시의 무역대표부의 김하중(金夏中) 참사관이 그 때 있었으니까요. 나중에 본회담에만 들어오셨는데, 하여튼 그 분이 중간에 연락책 역할을 하셨어요. 그 당시 연락

상대방이 장팅옌(張庭延) 당시 부국장이었고, 그분하고 주로 연락을 해서 구체적인 날짜를 정하고 그렇게 한 것으로 알고 있습니다.

3차 회담이 진행이 될 텐데요. 3차 회담은 주로 문구를 조정하는 문제가 핵심이 됐겠죠.

그렇죠. 2차 회담에서 중국 측은 처음으로 한반도의 평화적 통일과 비핵화를 지지한다는 입장을 공식적으로 표명합니다. 그것은 우리가 1차 회담에서 문제를 제기했고, 2차 회담에서 중국이 그런 입장을 표명한 것이지요. 그 외에도 중국 측은 중국이 북한에 대한 편향정책 그것은 앞으로 취하지 않을 것이라고 했고, 그 다음에 중조 간에 우호협정. 상호 원조조약 있잖아요, "그 조약은 과거의 일이다. 이것이 한중관계에 영향을 미치지는 않는다."고도 언급했습니다.

그러면 북중관계가 정상국가 대 정상국가라는 얘기들은 수교(협상) 때부터 중국의 인식구조가 있었던 것이네요.

당시 동서 냉전체제가 붕괴되고, 공산권 국가들이 우호무역을 하던 체제가 깨지잖아요. 그러니까 중국과 북한 간에도 이제는 그런 식으로 과거처럼 우호적인 관계로 무역하는 것보다는 국제 시세에 따라 하겠다는 방향으로 가는 것이고, 그런 과정에서 중국과 북한 간의 관계가 소위 정상국가. 국가 대 국가 관계로 변화하는 것이었다고 생각합니다. 중국이 당시 이런 입장에서 그런 표명을 한 것인지 모르겠는데, '어쨌든 그것은 한중관계와는 관계가 없다.'는 식으로 언급을 하였습니다. 그 다음에 6·25 참전문제에 관해서 우리가 또 그 문제를 제기하였지요. 거기에 대해서는 2차 회담 때만 하더라도 자기들이 6·25에 참전한 것은 국경지대가 위협받는 상황에서 불가피하게 참전했다. 이런 설명이었고, "그렇지만 그것은 한중관계의 정상화하고는 관계없는 일이니까 그 문제는 거론하지 말아라. 그리고 계속 한국이 이 문제를 고집하면 분란만 야기할 뿐이고 협상에 도움이 안 된다." 라고 상당히 강하게 반발을 했습니다. 1차 회담 시에 저희들은 이 문제에 대해 논쟁하려고 하지 않았지만, 2차 회담에서는 강하게 제기했죠. 그리고 나서 3차 예비회담을 갖게 되는데, 3차 회담은 6월 20일부터입니다. 같은 달 말에 갖게 되는 것이죠. 6월 20일부터 22일까지. 서울 워커힐 호텔에서 하게 되는데, 지금도 한강변을 내다보는 맨션 같은 것이 하나 있어요. 지금은 돌아가셨지만 『선경』 최종현 회장이 예전에 개인 별장으로 사용하던.

이스턴 하우스.

네, 거기를 저희들한테 빌려 줬어요. 아무래도 보안 유지를 위해서지요. 서울 외곽이고 사람들 눈에 안 띄고, 별도의 별장이니까 보안상 좋겠다. 그래서 저희들이 거기를 사용하게 된 것입니다. 그렇게 보면 『선경』은 중국하고 인연이 많은 것 같습니다. 이순석(李順石) 사장이 톈지윈(田紀雲)으로부터 연락받는 그런 역할도 하였구요.

그때는 아마 대통령하고 사돈기업이기도 하고 하니까 아무래도 비공식적인 네트워크가 작동됐다고 볼 수가 있겠네요.

그래서 워커힐 호텔에서 회담을 하게 되는데, 제가 보기에도, 저도 거기 처음 가봤지만, 당시에 경치도 좋고 중국 대표단들도 굉장히 좋아한다는 느낌을 받았어요. 권병현 대사께서 정원에서 기념사진도 찍고 했습니다. 그렇게 해서 3차 회담을 거기서 개최를 하는데. 말씀드린 대로 3차 회담은 그 동안 협상했던 내용을 문서화 하는, 내용을 보다 구체화하는 그런 성격을 갖고 있었기 때문에 저희들로서도 제일 중요한 회담이라고 그때 생각했습니다. 당시 합의된 문서에 대해서는 나중에 쟁점별로 추가로 말씀드리고요. 수교 문안 자체는 우리들이 처음에 문안 초안을 만들었어요. 우리로서는 중국이 원하는 것을 가급적이면 최소한 수준으로 해서 문안을 만들고 중국 측에 제시했더니 중국 측도 안을 만들어 왔더라고요.


우리의 안을 중국이 수정한 것이 아니라 각각의 안을 갖고 나온 것인가요?


그렇죠. 우리가 준비했는데 중국 측도 내놓더라고요. 그래서 제가 그 두 가지 안을 합하여, 표를 만들었는데, 옆으로 크게 우리 측, 중국 측, 절충안 이렇게 표를 만들어서 그것을 갖고 회담을 진행했습니다. 정상회담에 대해서는 3차 회담에서 최종 합의를 하게 되는데, 한중 정상회담은 베이징에서 개최하고, 시기는 양국 지도자들이 편리한 시간으로 정한다는 내용입니다. 정상회담 개최와 관련해 늘 하던 식으로 그렇게 합의했죠. 사실 청와대에서는 가급적 빨리 정상회담을 했으면 하는 바람을 갖고 있었는데, 정상회담이 제 기억으로는 9월 하순에 있었나 그랬을 거예요. 수교 발표를 8월 24일에 했으니까 그렇게 늦은 것은 아니었다고 하겠습니다.


그런데 대사님 말씀을 들어보면 6월 22일 3차 예비회담이 다 끝나고 사실은 서명만 남았는데요. 굉장히 빨리 할 수도 있던 시기였던 것 같은데요. 6월 말에서 8월 말까지 두 달인데.

지금 말씀하신것은 예비회담이고. 본회담이 한번 있어야겠죠. 그래서 수석대표 간에, 당초 수석대표를 김종휘 수석으로 정했었는데. 그러다가 전체적으로 교섭 분위기가 외교부 주도로 가는 부분이 있고, 중국 측도 수석대표가 외교부 부부장이 하니까 한국 측 수석대표부도 외교부에서 하는 것이 좋지 않겠느냐. 그런 의견도 나왔고. 또 하나는 모종의 보안 사건이 하나 발생을 해서, 김종휘 수석이 조금 어려운 상황에 있었던 것으로 기억해요.

수교와는 관련된 것이 아닌 것이죠? 국내정치와 관련된.

아니에요. 다른 건으로 미국과 관련된 부분이 있었는데… 당시 국내적으로 미묘한 부분이 있어서 결국은 노창희 외교부 차관이 수석대표를 맡는 것으로 정해지고, 그래서 본 회담을 개최하게 됩니다.

본회담은 또 베이징에서.

본 회담도 역시 베이징에서 하게 되죠. 왜 자꾸 베이징에서 하느냐. 서울에서 하게 되면 아무래도 보안이 새잖아요. 보는 눈도 많고. 그렇지만 3차례 회담 중 한 번도 안할 수는 없으니까 3차 회담만 서울에서 한 것입니다.

그러면 본회담이 언제부터 시작이 된 건가요?

7월 29일입니다. 우리가 3차 회담 한 것이 6월 말이고요.


20일에서 22일까지고요.

네, 그래서 본회담은 7월 29일에 하게 되는데, 그때 수교 문안에는 가서명이 되어 있는 상태였지만, 수교 발표 시기를 언제로 하느냐. 방법은 어떻게 하느냐. 그 다음에 정상회담 날짜를 언제로 하느냐. 날짜 결정하는 문제, 정상회담을 개최하는 발표문안을 어떻게 하느냐 이런 것들에 대해 합의 하고, 그 다음에 외교차관간 한중수교에 관한 공동성명에 가서명을 그때 합니다. 3차 예비회담 후에도 문안에 가서명을 했지만, 그것은 예비회담의 수석대표간 가서명한 것이죠. 본 회담에서 우리측에서 무슨 얘기를 또 꺼냈냐 하면, 총영사관 설치문제였습니다. 한국과 달리 중국은 국토가 넓고 인구가 많다. 그래서 수교가 되면 총영사관을 순차적으로 설치하고 싶다. 제일 먼저 우리가 제기한 것이 상하이(上海) 총영사관, 그 다음에 선양(瀋陽), 광저우(廣州) 이런 식으로 우리가 거론했어요. 이후 실제로 설치되는 것은 상하이(上海)가 제일 먼저 설치가 됐고. 그 다음에 칭따오(青島)가 아닌가 싶고, 선양 이런 순서가 됐겠죠. 어쨌든 이렇게 됐고요. 이에 따라 이상옥 장관은 8월 23일에 베이징에 도착해서 그날 18호각에서 첸치천 외교부장하고 회담을 갖고, 한중수교 문서 내용을 최종적으로 확인한 후에 그 다음 날 아침에 방비원에서 만나서 서명을 하죠. 전체적으로 보면 1차, 2차, 3차 예비회담, 본회담 그리고 외교장관 회담순으로 진행된 것입니다.


저희가 궁금했던 사안은 예비회담이 끝나고 본회담까지가 다 사실은 협의가 진행된 사안이죠. 시간이 좀 길었다는 느낌이 들거든요. 6월 말에 끝나고 또 7월 말에 본회담까지 사실 보안이 문제가 됐으면 신속하게 정리할 수 있는 사안이 아니었나요?

저희들은 가급적이면 좀 당기려고 했어요. 당기려고 했는데, 나중에 생각해보니까 결국
은 북한에 대한 중국의 통보문제, 이런 부분이 중간에 개재됐던 것 같습니다. 또 하나의
이유는 중국 측 설명에 의하면. 당시 첸치천 외교부장이 지방 일정들이 몇 개 잡혀져 있
는 것이 있어서 외교장관 회담을 조금 늦추는, 그래서 8월 23일에 회담을 하고 24일에
서명을 하게 되는 것이죠. 그때 중국 측이 '상하이(上海)에서 무슨 일이 있다. 그래서 외교
부장의 날짜와 맞지 않는다.' 그런 얘기를 중국 측이 그때 했었던 기억이 납니다. 그래서
날짜가 그렇게 정해진 것이지요.

# 9. 협상의 주요 쟁점

그러면 이제 협상의 주요 쟁점들이 있을 텐데요. 아마 중국 측에서 대사님 말씀은 제일 강력하게 원칙적으로 일관된 것은 하나의 중국 원칙이었고요. 우리 입장에서는 타이완문제 처리가 예민한 사안이었던 것 같은데, 뒤에 여러 가지가 있겠지만, 우선 하나의 중국 원칙의 문안은 어떤 식의 협상이 이루어져서 최종적으로 어떤 결론이 나타났습니까?

아까도 잠깐 얘기가 나왔지만, 국제사회가 중국하고 수교하면서 타이완과 단교하지 않은 나라가 없잖아요. 예외가 없습니다. 그래서 저희도 일찍부터 중국과 수교하게 되면 타이완과의 단교는 불가피하다. 그런 생각은 하고 있었습니다. 92년초로 기억하는데, 그때 청와대의 요청이 있었어요. 변종규 비서관이 저한테 전화를 해서, "주요한 나라들이 중국과 수교할 시에 타이완 문제를 어떻게 처리했는지 그 사례, 그 다음에 단교 후에 타이완과 어떠한 관계를 유지했는지 사례, 이런 것들을 정리해서 청와대에 보고해 달라." 그렇게 제가 유선으로 요청을 받았어요. 공문은 아니고. 그래서 저로서는 그 동안에 준비가 되어있던 것들을 정리해서 청와대에 보냈습니다. 외교부에서 파견 나간 비서관이 달라고 하니까, 업무에 참고하려나 싶어서 저는 상부에 보고하지 않고 자료를 그대로 보내드렸는데, 나중에 이상옥 장관으로부터 크게 꾸중을 들었습니다.

장관의 생각은 아마 보안이 새나가는 것을 염두에 많이 뒀던 건가요?

예, 92년초는 이상옥 장관이 중국으로부터 수교교섭 제의를 받게 되는 베이징 ESCAP
(Economic and Social Commission for Asia and the Pacific: 아시아태평양경제사회위원회)총회에 가시

기 전이지만 아마도 그런 생각이 있으셨던 것 같습니다.

대사님께서 미리 준비한 것은 물밑에서 여러 그림을 머릿속에 그리고 있는 상황이 아니었던가요?

그렇다고 봐야죠. 전에도 말씀드렸지만 수교교섭하기 오래전부터 자료를 모으고 했잖아요. 그래서 제가 그것을 갖고 있었기 때문에 그것을 보냈던 것입니다. 한중수교는 소련과의 수교와는 달리 외교부가 이 문제는 주도적으로 하고 싶다는 생각을 갖고 있었습니다. 그래서 가급적이면 관련 자료들이 퍼지는 것에 대해서는 소극적인 생각을 가질 수밖에 없었는데, 어쨌든 그때 제가 보내드린 자료를 기초로 비서실에서 대통령한테 보고를 한 것 같아요. '타이완과의 관계 조정이 불가피하다. 다른 나라 사례들이 다 이렇다. 그러니까 우리도 어쩔 수 없다.' 아마 이렇게 보고가 됐을 것이고, 대통령도 거기에 대해서 동의를 하셔서, 그렇게 해야겠지 하는 반응이 있었던 것 아닌가 싶습니다.

대사님 말씀을 들어보니까 외교부는 외교적인 업무를 외교부가 주도적으로 처리하는 것들이 모양도 좋고 또 우리 외교사에서 그런 전통을 찾아야 한다는 소명의식도 작동을 한 것으로 보이고요.

한중수교교섭은 중국 외교부에서 그렇게 하기를 바랐고요. 그래서 우리가 그렇게 할 수 있는 명분도 좋았습니다.

지금 그게 우리 외교에도 여러 가지 학습경험을 참고할만한 요소가 많이 있는 것 같습니다. 이어서 또 진행을 하겠습니다. 조금 전에 말씀드린 것처럼 하나의 중국 원칙이라는 쟁점은 우리가 이미 준비할 때부터 불가피하게 수용할 것이라는 것을 안고 협상에 임했는데, 구체적인 문안은 또 다른 것 같아요. 우선적으로 구체적인 문안에 대해서는 사전에 좀 준비를 하셨습니까?

저희들이 그 문안에 관해서는 사례들을 미리 수집을 했죠. 그래서 많은 나라들의 것을 수집해서 분류를 했었는데, 크게 보면 중화인민공화국을 유일한 합법정부로 승인한다는 것은 예외 없이 다 똑같이 했지만, 그 다음에 하나의 중국만이 있고, 타이완은 중국의 일부분이다. 그 부분에 관해서 이것을 승인(Recognize) 하느냐, 존중(Respect) 하느냐, 아니면 어크놀리지(Acknowledge) 하느냐, 아니면 테이크 노트(Take note)하느냐, 이 네 가지 단어로 분류할 수 있습니다. 또 어떤 나라는 불가분의 일부라는 말을 안 집어넣고, 그냥 타이완은 중국의 일부다. 이렇게 표현을 하기도 하였지요. 그래서 그런 것들은 대체적으로 보면 8가지로 분류할 수 있었습니다. 가장 간단한 것이 하나의 중국 원칙을 천명하지 않은 사례가 있어요. 문서 상으로는 안하고, 구두로 천명한 것이 있는데 그것이 싱가포르하고 멕시코였습니다. 싱가포르는 나름대로 중국에 대해서는 레버리지가 있었던지, 무슨 이유인지는 확실하지 않지만 싱가포르는 그렇게 했습니다. 중국이 우리에게 처음 내놓은 문안이 뭐였냐면, '대한민국 정부는 중화인민공화국 정부가 전체 중국을 대표하는 중국의 유일 합법정부이며, 타이완은 중국 영토의 불가분의 일부분임을 승인한다.' 이 표현을 제시하고, 한국이 이를 수용할 것을 요청합니다. 이것은 그 동안에 나왔던 가장 강력한 표현방식으로 소위 타이완은 중국의 일부라는 것을 승인하고, 중화인민공화국이 유일 합법정부라는 것을 승인하라는 얘기인데. 저희들은 미국 수준에서 그것보다는 훨씬 약하게 어크놀로지라는 단어로 처음에는 대응을 했고, 회담에서 이 부분에 대해 논쟁이 적지 않았어요. 최종적으로는 일본방식에 준해서 합의했는데, 일본은 '타이완은 중화인민공화국 영토의 불가분의 일부분'이라는 중국의 입장을 이해하고 존중한다, '언더스탠드 앤드 리스펙트(Understand and Respect)'라는 표현을 썼습니다. 저희들은 일본에 준해서 했지만, 불가분의 일부분이라는 말대신 '오직 하나의 중국만이 있고, 타이완은 중국의 일부분이라는 중국의 입장을 존중한다.'는 문안에 합의하게 된 거죠.

일본과 비교해서 일본은 이해하고 존중한다는 표현을 썼고, 우리는 그냥 존중한다는 표현만 넣은 거네요.

일본은 불가분의 일부분이라는 말이 들어있고, 우리는 '오직 하나의 중국만이 있고' 라는 말로 바뀌져 있는 것이죠. 실제적으로는 다 그게 그것이고, 지나놓고 보면 말장난일 수 있다는 생각도 듭니다.

협정문은 원래 영어본은 안 만들지 않았습니까? 그렇기 때문에 사실 국제법상 이루어지는 영어표현, 리스펙트, 어크놀로지, 언더스탠드 이런 부분은 사실 중문표기가 어떻게 되어 있는지가 중요하지 않겠습니까?

아마 존중이라는 표현으로 되어있을 것입니다. 저희들이 국제 사례들을 조사했을 때는 영어표현을 갖고 우리가 그것을 구분했던 것인데, 시작은 어크놀로지(acknowledge:인정하다)로 해서, 리스펙트(respect:존중하다)로 끝났다. 중국이 주장하는 레코그나이즈(recognize: 공인하다)까지는 가지는 않았다. 물론 일본 정도 수준이고, 그 정도면 무난하지 않았나 그렇게 판단을 했죠.

그러니까 우리가 문안을 교섭할 때는 아무래도 관계가 단절이 불가피한 타이완의 입장에서 최대한 고려는 할 것인가 하는 문제의식 때문에 문안을 조정했다고 생각이 되는데요.

이 문제는 타이완과의 관계를 어떻게 설정할 것이냐 하고도 어느 정도 관련되어 있다 말씀 드릴 수 있습니다. 그래서 저희들도 타이완과의 관계를 어떻게 정리할지를 쭉 조사를 해봤었어요. 협상을 시작하기 전에.

그 협상 사례들을 조사한 것은 대사님이 개별적으로 조사했나요? 아니면 외교부의.

외교부의 동북아 2과에서 조용하게 용역사업을 한 것도 있었고, 92년 이전에 각국의 우리 대사관을 통해서 중국이라는 나라하고 관계를 정상화했을 때, 타이완과의 표현, 하나의 중국 표현을 어떻게 하고, 타이완과의 관계 문제를 어떻게 처리하는지와 관련해서는 그냥 앞으로를 대비해서 그때 조사해 두었던 부분이 있었지요. 그래서 우리가 나중에 어떻게 했냐면『주타이베이 대한민국 대표부』라는 말을 썼어요.『코리아 미션 인 타이베이(Korea Mission in Taipei)』이라고. 나름대로는 저희들이 타이완과 최상의 관계를 의미하는 것으로 그 명칭을 검토했습니다. 예를 들어서 일본 같은 경우는『주 일본 타이베이 경제문화대표부』. 그러니까 경제문화로 한정한다 하는 의미가 강했었고, 인도네시아는『경제무역사무소』, 미국 같은 경우는『북미사무협조위원회』, 이런 식으로 이름을 썼고, 유럽국가들 중심으로는『경제무역센터』라던가 또『문화센터』라던가 이렇게 이름을 지었지요, 물론 수교 초기에는 그랬는데, 일정시간이 지나고부터는『타이베이 대표부』, 이렇게 바꾼 나라들도 있습니다. 그래서 우리가 중국하고 하나의 중국 원칙 문안을 타협하면서, 우리가 타이완과의 외교관계를 단절하더라도 민간 형식의 최상급의 관계를 유지하겠다는 입장을 표명했고, 중국이 이를 이해하고 자기들도 문제없다 하는 것으로 받아들였지요.

그러면 중국 측에서는 우리식 제안에 대해서 처음부터 흔쾌히 타이완 문제를 처리하는 방식을 인정했는데, 문안이 정해지고 난 다음에.

그러니까 저희들이 2차 회담 마지막 부분에 하나의 중국 원칙을 수용한다는 얘기를 했다고 말씀드렸죠. 그때 그럴 경우 우리는 타이완과 가능한 최상의 관계를 유지하기를 희망한다는 얘기를 했고, 중국도 여기에 이의를 제기하지 않았어요. 특히 3차 회담 시에는 제가 기억하기에 우리가 이 문제를 다시 제기했더니 컵 얘기를 꺼내더라고요. "지금 이 컵 안에 한국이 얼마만큼 물을 채울지는 한국이 재량으로 할 사안이다. 컵이라는 프레임만 합의해주면 물을 얼마만큼 채우는 것은 한국이 할 일이다."는 식으로 "민간형식이라고 하면 한국이 원하는 것은 그 어떤 것도 좋다."라는 입장을 표명하였습니다.

아무리 그렇다 하더라도 문제는 타이완이 수교과정에서 전혀 배제되어 있었고, 또 어떻게 처리되느냐에 따라 한-타이완 관계가 문제가 있을 수 있었을 텐데요. 또 우리는 타이완을 설득하거나 동의를 하거나 그런 노력을 불가피하게 했을 것이라고 생각이 되는데요. 공식적으로 설명하기 위해서 특사를 파견을 했나요. 아니면 모색을 하고 다른 형식으로 처리를 했나요?

원래 첸치천 전 외교부장과 이상옥 장관이 1992년 베이징 ESCAP 총회에서 만났을 때, 첸부장은 수교 협상 개시를 제안하면서 극도의 보안을 요청을 했고, 한국도 거기에 동의를 했습니다. 그래서 북한과 타이완에 통보하는 것은 마지막 순간에 가서 한다. 그렇게 하는데 서로 간에 양해가 되어있던 것이죠. 어쨌든 저는 협상 과정에서 국회도서관에 가서 조용하게 일본의 시이나 전 외상이 타이완을 방문해서, 사전에 일중관계 정상화를 통보하는 기록을 읽어 본 후에 '한국도 타이완에 미리 좀 알려주는 것이 좋지 않을까.' 사실 타이완은 해방 전이나 후에도 한국을 적극적으로 국제사회에서 지원해 준 나라고, 양자적으로 우리가 여러 가지 도움을 많이 받았는데, 의리 문제도 있고 하니까, 특사를 사전에 파견하자는 생각을 가졌어요. 그래서 권병현 대사께 보고를 드렸고, 권 대사도 같은 생각이라고 말씀하셨던 기억이 납니다. 그런데 상부에서는 어떻게 결론을 냈느냐. "한국은 북한과 대치하고 있다. 이것은 일본과 상황이 다르다. 특사를 파견해도 타이완 측의 반응이 별로 다르지 않을 것이다. 상당히 격하게 반응할 것이고, 괜히 미리 알려줌으로 인해서 방해책동 이런 것들이 나올 수 있다. 타이완, 북한 양측으로부터, 그러니까 특사 파견은 안하는 것이 좋겠다."라고 결론을 냅니다.

그것은 주로 청와대가 주도해서 약간 정무적으로 판단한 것이네요.

사실은 그런 판단도 타당성이 없는 것은 아니라고 생각되고요. 왜냐면 조금 있다가 말씀 드리겠지만, 우리가 보안유지를 당부하면서 공식통보한 이후에 타이완 측에서 의회를 통해서 이 문제를 언론에 공개하고 반발한 것으로 봐서는 '그럴 위험성은 충분히 있었다. 그렇기 때문에 특사를 사전에 안 보낸 것이 옳았다.' 이렇게도 생각할 수가 있죠. 하지만 저는 그런 리스크에도 불구하고 특사를 파견한 것이 나중을 위해서도 좋지 않았을까라는 생각을 했습니다.

타이완은 우리가 철저한 보안을 유지했기 때문에 이 협상과정을 구체적으로 이해하는 것이 어려웠을 것 같고요. 그러면 대사님께서 판단하시기에 타이완이 어느 시점에서 수교의 징후라고 할까요. 이게 한중수교가 불가피하게 진행되고 있다는 판단을 언제쯤부터 타이완은 반응하기 시작했던 것 같습니까?

타이완도 한중관계 정상화가 불가피하다는 것을 인식은 하고 있던 것 같아요. 다만 그 시기가 아마 자기들이 생각했던 것보다 훨씬 더 빠르게 이루어졌다. 이렇게 타이완은 보았던 것이 아닌가 싶습니다. 왜냐하면 그 전에 한국－중화민국 경제장관 회담이 있어서 우리나라에서는 재무장관이 수석대표였는데, 제가 수행을 해서 타이베이를 방문했거든요. 그래서 타이완 외교부의 소위 한국담당과장하고 만나서 대화를 하고 싶다고 제가 제의를 했는데, 어떤 이유인지 과장이 그때 없어서 그랬는지 면담은 성사되지 못했어요. 사실은 제가 만나서 '현재 한중관계에 있어서 여러 가지 진전이 있다.' 정도는 얘기를 해주려고 했지요. 그때 이미 무역대표부 개설이 다 끝나고 여러 가지 민간 형식의 협정이 체결되기 시작했고. 또 분위기로 봐서는 머지않아 한중관계가 매듭을 지을 것 같은데, 타이완에서는 의외로 느긋하게 생각하고 있었던 것이 아닌가 여겼습니다. 타이완이 왜 그랬는가와 관련 저는 두 가지 이유가 있었다고 봐요. 하나는 당시 소문에 의하면 주한 중화민국 대사였던 진수지(金樹基) 대사가 추후 외교부장으로 귀국하길 원했다. 그래서 뭔가 자기가 희망하는 대로 상황이 전개되는 것을 바랐기 때문에 위시풀(Wishful: 희망적으로)하게 돌아가는 상황을 편리하게 해석했고, 그런 것을 본국 정부에 보고했던 것이 아닌가. 저는 그런 생각을 가졌습니다.


그러니까 이제 타이완은 우리가 아마 무역대표부를 개설할 때부터는 예민하게 외교적인 안테나를 세우고 정찰을 했던 것으로 보이고 다만 구체적으로 어떤 계기로 수교협상이 진행될지에 대해서는 판단하지 못한 상태에서 주한 중화민국 대사는 아마 본인의 여러 가지 커리어나 이런 것을 관리하는 차원에서 조금 더 이것을 희망적인 것으로 특징짓는 정도로.

그렇죠. 예를 들어서 당시 명동 관저에서 수많은 한국의 유력인사들 학계인사들 초청해서 만찬도 하면서 이런 저런 얘기를 들었겠죠. 그런데 사실 그분들은 한중관계에서 무엇이 진행됐는지 알 수 없었기 때문에 그냥 중화민국과의 관계를 생각해서 대체로 우호적인 그런 대화를 많이 나누었을 것으로 저는 생각합니다. 두번째는 어떻게 보면 당시 중화민국측의 정보력이 그만큼 취약했다고 할 수 있습니다. 제 기억으로는 5월인가 6월 초인가 김종휘 외교안보수석이 미국을 방문했어요. 그래서 그 기회에 뭔가 한중관계에 이렇게 진전이 있다는 얘기를 하셨던 것 같고. 저는 그것이 역으로 다시 타이완 측에도 전달이 되지 않았을까 라고 그 당시에는 봤거든요. 그래서 8월 초에 진수지 대사가 미국에 간다는 소리가 들리길래 이 분이 이제 한중관계 움직임을 파악하고 미국에게 부탁하여 지연시키려는 그런 생각을 갖고 미국에 가는가 보다라고 저희들은 생각했습니다. 그런데 나중에 따님 결혼식에 갔던 것으로 밝혀졌죠. 그러니까 그만큼 돌아가는 상황에 대해서는 잘 파악을 못했던 것 같다는 느낌을 받았습니다. 그 전에도 이상옥 장관의 고려대학교 강연에서도 그렇고, 또 어느 한 군데서의 강연도 그렇고, 그리고 그 전에 장옌스(蔣彦士) 타이완 특사가 왔을 때도 사실은 식사를 하면서 (한중수교) 협상에 참여했던 분들이 거기에 같이 참석하여 뭔가 한중관계가 지금 큰 진전을 이루고 있다는 식으로 힌트를 주었음에도 불구하고 타이완 측에서 그런 부분에 관해서 놓쳤던 것이 아닌가 라는 생각이 듭니다.

대사님 말씀을 들어보니까, 그러면 미국은 한중 간에 수교협상을 하고 있는 것을 충분히 인지하고 있던 상황에서 한미관계를 관리했던 것인가요. 아니면 미국에 대해서도 철저하게 보안을 지켰나요?

그 부분까지 제가 자세히 알 방법은 없었어요. 김종휘 수석이 당시 미국에 가서서 어떤 대화를 나눴는지는 잘 모르겠는데, 저희는 그 당시 추측하기에는 아마도 한중관계에 이런 일이 있다는 것을 사전에 알렸을 것으로 보고 있습니다. 또 외교 채널은 아니더라도 보통 정보기관끼리는 그런 부분에서 연락이 있어요. 사실은 타이완에 대한 통보도 제가 생각하기로는 우리 정보기관 측에서 며칠 먼저 타이완 측에도 알려주었을 것이고 미국은 더 말할 것도 없었을 것이라고 저는 생각합니다. 그래서 미국이 몰랐다고 하는 것은 사실과 다를 것입니다.

그러면 미국이 인지하는 것과 미국이 타이완에 통보해주거나 정보를 흘려주는 것 그 사이에서는.

괴리가 있었던 것 같다. 저는 그렇게 보고 있어요.

그러면 구체적으로 우리가 타이완에 대해서 수교협상을, 수교 진척과정을 공식적으로 설명을 해줘야 하지 않습니까. 설명의 절차와 방식들이 굉장히 까다롭고 예민했을 것 같긴 한데요. 그 것은 어떻게 전개가 됐습니까?

한중 간에 8월 24일에 수교발표를 하기로 약속을 했잖아요? 8월 15일에 천안에 있는 독립기념관에서 당시 광복절 기념행사가 열렸을 거예요. 이상옥 장관께서 그때 진수지 대사를 거기서 만나서, "18일 월요일에 서울에 있느냐, 다른 데 가느냐." 이렇게 물어봤다고 하더라고요. 그래서 "어디 가지 말고 중요한 얘기가 있으니까 서울에 대기했으면 좋겠다." 그런 정도로 말씀하신 것으로 알고 있습니다. 그래서 8월 18일 아침 11시에 롯데호텔로 진수지 대사를 오시라고 해서 그때 1차 통보를 하게 됩니다.

누가 통보를 했습니까?

장관이 직접 하셨지요. 진수지 대사에게. 저도 그 자리에 배석을 했는데, "그 동안 한중 간 교섭에서 실질적인 진전이 있었다. 구체적인 사안은 곧 통보를 할 것이다." 이렇게 일 단 예비통보를 하게 됩니다. 제가 이해하기로는 조금 앞서서 이미 우리 정보기관에서도 타이완 측 정보기관에 관련 내용을 알려주었을 것입니다. 같은 날에 박노영(朴魯榮) 당시 주 타이완 대사에게도 한중수교에 관한 내용과 더불어 앞으로 타이베이에서 어떻게 대처 할 것인지에 관해서 지침을 내립니다. 그러면서 박 대사에게 '발표가 되면 48시간 이내에 귀국한다. 다른 공관의 직원들은 타이완하고 새로운 관계가 설정될 때까지 일단 공관을 유지하면서, 그 다음에 교민들의 안전 이런 문제를 위해서 계속해서 노력하는 것이 좋겠 다.' 이런 내용으로 계속해서 주 타이완 대사관에 메시지를 보냅니다. 한가지 추가한다면 이상옥 장관이 진수지 대사한테 통보를 하면서 각별히 비밀유지 해줄 것을 요청합니다. 예비 통보를 하면서 이런 얘기는 대외적으로 공개 안했으면 좋겠다고 부탁한 것이지요.

구체적인 날짜는 통보하지 않고 머지않은 시기에.

수일 내에 한다는 내용이었지요.

그런데 보안이 지켜질 것이라고 생각을 하고 말씀을 하셨나요?

어쨌든 우리는 그렇게 당부를 했어요. 저도 그 자리에 있었는데, 그럼에도 불구하고 아까 도 말씀드렸지만, 타이완 의회를 통해서 공개가 되죠. 그때 공개되는 내용이 '한국이 중 국에 대해서 20억불 경제협력 차관을 제공하는데 합의를 했다. 그리고 그것을 조건으로 한중간에 수교를 한다.'는 것으로 언론에 흘리게 됩니다. 전에도 말씀드렸지만 중국은 수교교섭 과정에서 일언반구 돈에 대해서 얘기를 꺼내지 않았는데 말이지요. 물론 그 전에 노태우 대통령 친구 분이 친서를 들고 중국에 갔을 때 그때 지금 류야저우(刘亚洲) 당시 대교가 중간에 서서 연락을 했는데, 그때 중국 측이 20억 불 얘기를 꺼낸 일이 있었지만, 우리가 그것은 더 이상 고려할 가치가 없다고 대응하였고, 그 이후로는 그 얘기가 한 번도 안 나왔는데, 어떻게 타이완 측에서 20억불 얘기를 한 것인지 저도 궁금하긴 해요. 아마 그전의 정보에 따라 그렇게 됐을 것이다. 자기들 내부적으로 그렇게 판단한 것이 아닌가 싶습니다.

공식적으로 문제는 날짜를 구체적으로 통보하고 타이완 재산 문제를 처리하고 이런 문제까지도 진행이 돼야 하는 거죠.

그렇죠. 그래서 공식적인 통보는 21일에 하게 되는데, 진수지 대사는 그 전날인 20일에 장관면담을 신청하게 됩니다. 장관과의 면담에서 진수지 대사는 "중공이 중국의 유일한 합법정부라는 주장을 절대로 받아들여서는 안 된다. 그 다음에 중화민국과의 외교관계 유지가 불가능할 적에는 한국이 생각하는 차후의 기구에 중화민국이라는 명칭이 사용돼야 된다." 그런 얘기도 하고 "대사관 재산은 영구히 타이완 소유이기 때문에 중공이 탈취하도록 해서는 안 된다." 이런 입장을 진수지 대사가 이상옥 장관에게 얘기를 하는데, 장관은 그때 이미 늦었다. 이렇게 답변을 하신 것으로 알고 있습니다. 그 다음날 바로 21일에, 사실은 날짜별로 이렇게 조치하는 것과 관련, 저희 팀에서 7월의 본회담이 끝나고 나서 그 다음에 앞으로 어떤 조치들을 취한다는 행동계획을 미리 작성해놓고 있었어요. 타이완뿐만 아니라 미국, 일본 다 예비통보를 하게 되고 그 다음에 21일에 공식 통보를 하는 것이죠. 그래서 21일에, 그때는 롯데호텔이 아니고, 왜냐면 진수지 대사한테 롯데호텔에서 예비 통보했다고 타이완에서 그거 갖고 시비를 걸었어요. "우리를 무시하는 거냐, 왜 호텔에서 하느냐."고. 그래서 장관이 집무실에서 진수지 대사를 다시 만나서 그때 공식 통보를 했습니다. 이때 '한국이 24일에 중화인민공화국과 외교관계를 수립하고, 동시에 중화민국과는 외교관계를 단절한다.' 그런 내용의 서한을 진수지 대사한테 수교하게 됩니다. 단교를 통보하는 공식 문서죠. 외교 서한인데, 제가 초안을 준비하긴 했지만, 이후에 노창희 차관께서 직접 그 문제에 깊이 관여하시고, 많은 부분을 수정 보완하신 것으로 기억하고 있습니다. 서한 내용을 보면, 앞부분에는 '우리와 중화민국과의 외교관계가 수립된 이후에 오랫동안 중화민국 정부와 국민들이 한국에 대해서 베풀어준 도움과 우의에 감사하다.' 이런 것이 첫 부분에 들어가 있고, 그 다음에 '우리가 냉전체제가 종식되고, 새로운 국제질서가 형성되는 상황에서 한반도의 평화안정을 도모하고 또 평화적 통일달성을 위해서는 중국과의 수교가 불가피하다.' 이런 내용도 언급하면서, 그래서 국제적으로 예외가 없기 때문에 우리도 어쩔 수 없이 중화민국과 단교할 수밖에 없다. 한국으로서는 최대한 노력을 했지만 그런 이유로 인해서 부득이 단교하게 된다. 그럼에도 불구하고 한국 정부의 입장에서는 가능한 최상의 비공식 관계를 유지하기를 희망한다는 내용을 포함하게 되고, 그러면서 마지막 부분에 '한국 내에 있는 중화민국의 재산, 토지 건물 이런 것들은 중국과의 수교 후에 국제법과 국제관례에 따라 처리될 것이다'라고 통보합니다. 당연히 진수지 대사는 여기에 대해 엄청나게 반발을 하였죠. 그 전날에 와서도 그렇게 했으니까. 그래서 이것은 '명백하게 비우호적인 처사다. 배은망덕이다. 강력한 항의를 제기한다. 이게 친구로서의 약속과 신의를 저버렸다.' 이런 식으로 감정을 토로했죠. 그렇게 저희가 21일에 통보를 하였습니다. 타이완 측에서는 먼저 박노영 대사를 부르죠. 불러서 실질적인 조치를 취한다면서 단교를 통보하고, 공개적으로 비난하게 되는데, 이러면서 항공기 취항 금지라던가, 자동차 수입 쿼터 폐지라던가 그 당시 과일구상무역이란 것이 있었는데, 이런 것 다 중지 시킨다는 얘기를 합니다. 진수지 대사도 서울 관저에서 기자회견하고 '노태우 정부의 잘못된 결정이다.' 라고 비난을 하지요. 그러다 보니 이상옥 장관께서는 저에게 전화를 하셔서 "타이완 반발이 굉장히 심한데 어떻게 했으면 좋겠어." 이러시더라고요. 그래서 저는 장관께 "지금 감정이 굉장히 격앙되어 있으니까, 지금 뭘 한다고 해서 될 것이 없기 때문에 감정 발산을 하고 좀 지나면 냉정을 찾지 않겠느냐라는 취지로 말씀드렸던 기억이 납니다.

# 10. 한중수교의 교훈

대사님 마지막으로 하나만 더 여쭤보겠습니다. 지금 수교 교섭과정에 처음부터 끝까지 실무자로서 관여를 하고 여러 가지 현안을 다루셨는데요, 좀 성과도 있었지만 지금 되돌아보면 아쉬운 부분도 있을 것이라고 생각이 드는데, 후배 외교관들이 이런 수교협상을 복기해볼 때 어떤 참고사안이 있을 만한지를 말씀해주시면 좋겠습니다.

저는 당시 과장이었으니까, 위에서 결정을 한 것이기는 하지만, 타이완에 대한 특사파견 문제에 대해서는 아까도 말씀드렸지만 저로선 좀 아쉬운 부분입니다. 당시 지도부의 생각이 틀린 것은 아니었는데, 그럼에도 불구하고 공개가 돼서 문제가 생기더라도 이미 그 시점에서, 한중수교가 되돌릴 수 없는 단계에 와 있었다면 특사를 8월 초 쯤에서 타이완에 보냈으면 어땠을까.' 하는 생각을 합니다. 당장의 어려움보다는 긴 안목에서, 타이완과의 관계를 생각해서인데, 결국 복구하는데 12년이라는 세월이 걸린 것을 보면 그런 부분이 아쉬웠던 것이 아닌가. 이것이 하나이고요. 두 번째는 지금도 자신이 없는 일이기는 하지만… 그때 제가 생각했던 것 하나는 중국과의 관계 정상화를 하면서 과거사 문제가 개재되는데, 중공군의 6·25 참전문제는 전에도 말씀드렸듯이 중국도 나름대로 강한 입장이 있으니까 우리가 더 주장을 한다고 해도 받아들이기 어려웠을 것이고, 그래서 그 정도 선에서 타협한다 하더라도 어쩔수 없었다고 보았습니다. 다만, 저로서는 했으면 했던 것은 한반도와 중국의 국경문제에 관한 것이었습니다. 왜냐하면 한반도와 그 부속도서를 영토로 하고 있는 한국이 중국과 수교할 때 우리가 잘 모르는 중국과 북한 간에 그동안에 있었던 국경선의 획정에 관한 양해나 합의에 대해 우리가 어떤 원칙적 입장을 밝혀두어야 되지 않을까 하는 생각이었지요. 일방적인 발표라도 아니면 우리가 기자들의 질문에 대한 답변형식으로라도 이 문제는 한반도가 통일된 이후에 다시 검토하게 될 것이라는 정도로 기록에 남겼으면 하는 생각을 그때 가졌었어요. 그런데 당시 지도부에서는 "이것은 지금 현실적으로 중국과 북한 간의 경계선이고, 한국하고는 직접 관련이 없는 상황이다. 나중에 한반도가 통일된 다음에 가서 천명하면 되는 입장이지, 지금 할 일은 아니다." 그런 말씀들을 하시더라고요. 그래서 그렇게 지나갔지만 당시 누군가 그 부분에 관해서 어떤 방식으로든 언급해뒀으면 좋았을 것이라는 생각은 지금도 남아 있습니다. 그리고 한 가지만 더 말씀드리면, 수교 교섭을 진행하면서 보안 유지 때문이었지만 타이베이에 있는 우리 공관과의 소통이 충분치 못했다는 점입니다. 그로 인해 현지공관에서 단교 이후 상황에 대응하는 데 어려움이 있었을 것으로 생각됩니다.


대사님 말씀은 우리가 미래의 원대한 비전 같은 것들은 외교에 항상 기록을 남겨놓고. 그것을 가지고 협상의 모멘텀으로 삼기도 하고 그런 것들이 조금 실무자로서는 아쉬운 부분이 남았다고 생각이 되고요. 오랫동안 말씀해주신 좋은 내용들이 후배 외교관들이 협상하는 과정에서 또 한중관계를 발전시키는 과정에서 좋은 참고가 되기를 바랍니다. 고맙습니다.

# IV

# 정상기 구술

면담일시 : 2017년 9월 15일(금) 10시~12시
　　　　　 2017년 11월 7일(화) 13시 30분~15시 30분
면담장소 : 국립외교원 1층 스튜디오
면 담 자 : 이희옥 교수(성균관대학교)

## 정상기 丁相基
전 주 타이베이 한국 대표

2015~2018 국립외교원 중국연구센터 소장
2011~2014 주 타이베이 한국대표
2004~2007 駐샌프란시스코 총영사
2003~2004 외교부 아시아태평양국장

[현직]

건국대학교 석좌교수

# 1. 대중국 업무와 무역대표부 시절

**면담자:** 대사님, 한중 수교가 25년이 되었습니다. 이제 수교 과정을 한번 복기해나가면서 우리 외교의 자산을 어떻게 오랫동안 유지할 수 있을까라는 취지로 시작하게 되었는데요. 대사님께서는 수교 주역 중의 한 사람인데, 외교부 입부 후 주베이징 대표부 발령까지 중국 업무의 커리어를 어떻게 쌓아오신건가요?

**구술자:** 제가 외교부 입부 후 3년째인 1979년에 미중수교가 이루어졌습니다. 그리고 우리 외교부에서도 장래 중국과의 업무에 대비하여 중국어 연수생을 정식으로 선발하기 시작하였습니다. 저는 당시 직속상관이던 이동선 중동과장의 권유로 중국어 연수를 택하게 되었습니다. 그 후 주중화민국 대사관, 동북아 2과, 주싱가포르 대사관에서 근무하면서 중국의 문이 열리기를 기다리고 있었습니다. 그리고 1990년 11월 20일경 본부로부터 주베이징 대표부의 창설요원으로 발령 통보를 받았습니다. 부임일이 11월 30일로 지정되어 이임예방을 마치고 11월 28일 홍콩에 도착하였습니다. 홍콩에서 함께 창설반으로 발령을 받은 김일두 서기관(전 주 네팔 대사), 이헌규 외신관 (전 주샌프란시스코 영사) 과 함께 중국입국 비자를 발급받고 11월 30일 중국에 입국한 것입니다. 그때까지 대표부 교환 설치 협상의 실무를 주관하였던 동북아 2과의 신형근 서기관(전 주칭다오 총영사)도 중국 측과의 여타협의 및 창설반 지원차 함께 동행하였습니다. 그 후 주홍콩총영사관의 윤해중 부총영사(전 주인도네시아 대사)가 91년 1월초에 부임하였습니다.

우선 베이징에 부임시 외교관으로서의 소명의식이나 사명감같이 부임당시의 소감을 좀 말씀해주세요.

네, 이때를 위하여 10년을 기다렸으니 감개무량했지요. 13억 중국인의 나라는 어떤 나라일까, 노동자와 농민이 주인이라는 사회주의 체제는 어떻게 움직일까, 미지의 세계에 대한 두려움과 호기심, 본부의 기대대로 잘 해야한다는 강박관념과 우려 등 여러 가지 감정이 교차했어요. 그리고 한국 외교관 중에서는 처음으로 중국에 부임하는 외교관이라는 자부심도 생기고, 본부에 대해서도 저를 선발해준 것에 대해 감사하는 마음이었습니다. 홍콩에서 베이징으로 가는 비행기 안에서 우리 셋은 거의 말을 안했던 것 같습니다. 모두 비슷한 느낌이었겠지요.

베이징 공항에 도착하니 카운터 파트인『중국국제상회』측에서 우싱저우(武興周)부장 등 여러명이 마중을 나와 우리를 환대해주었고 그 후 대표부 활동과 우리의 베이징 정착 과정에서 많은 도움을 제공해 주었습니다. 당시 베이징 수도공항에서 시내까지의 길은 포장이 안된 왕복 1차선의 '신작로'였으나 길 양쪽에 하늘까지 치솟은 높은 가로수가 있어 매우 운치가 있었습니다. 잘 포장된 도로와 현대식 건물 일색인 싱가포르에서 살다왔지만 중국 나름대로의 고풍과 운치가 느껴졌습니다. 현재의 수도공항 – 베이징간 고속도로는 1993년 개통된 것입니다.


그럼 대사님도 그때 중국에 처음 발을 디디신 것인가요?


실은 동북아 2과 차석으로 있을 때인 1987년 9월에 베이징에서 열린 〈아태지역 보건인구에 관한 의원총회〉에 수행원으로 다녀온 적이 있습니다. 베이징 회의 참석 후 회의를 주최한 전국인민대표대회측의 안내로 전 회의 참석자들이 함께 특별기 편으로 시안과 항저우, 상하이(上海)를 둘러볼 기회가 있었습니다. 당시 중국에서 인기를 끌었던 해태껌과 초코파이 두 박스를 선물로 가져갔지요.

베이징에서의 초창기 근무소감을 좀 말씀해주시고 근무를 마친후에는 어떻게 중국 관련 업무를 어떻게 계속 하시게 되었습니까?

초창기 베이징 근무가 좋았던 이유는 당시 대사관의 직원수가 적어 외교부내 아주국, 의전실, 신문국, 국제국 등 주요인사들 및 주요 씽크탱크나 언론인들을 만난 후 이들과의 관계를 지속적으로 발전시킬수 있었다는 점입니다. 대표부 부임후 중국의 APEC 가입건으로 처음 만났던 추이텐카이(崔天凱) 국제기구과장(현 주미대사) 등 많은 외교관들이 그 후로 중국 외교부의 중요직책을 맡아 지금까지 계속하여 공적·사적으로 친하게 지내오고 있습니다.

베이징에서 3년 6개월 근무 후 1994년 4월 본부 아태국 동북아 2과장으로 귀임했습니다. 그 후 주스리랑카 대사관, 청와대 행정관, 주일본대사관을 거쳐 아태국 심의관과 아태국장을 담당한 후 주샌프란시스코 총영사로 근무하였습니다. 반기문 장관께서 총영사 발령장을 주실 때 제발 이제는 아시아를 좀 떠나라고 하시면서 또 샌프란시스코 인구의 1/3이 중국계라고 웃으시더군요.

아태국 심의관과 국장으로 재직 중에는 초창기 베이징에서 사귀었던 중국 외교부 친구들이 대부분 국장이나 심의관으로 승진해 있어 또다시 좋은 협조관계 속에서 대중국 업무를 할 수 있었습니다. 샌프란시스코에서 귀국한 뒤 한국 외국어대 교수(파견), 교육부 산하 국립국제교육원장, 주타이베이 대표로 재직했고, 퇴직전에는 본부 동북아 협력대사를 잠깐 담당했습니다. 그리고 퇴직 후에는 국립외교원 중국연구센터 소장으로 3년 간 재직하였습니다.

# 2. 수교이전의 한중채널과 관계개선 모멘텀

대사님, 무역대표부 설치 이전에 한중관계를 위한 비공식 채널들이 어느정도 작동하였나요? 노태우 대통령의 처남이 되는 김복동 장군(전 KOTRA 고문)이나 『대우그룹』의 김우중 회장의 역할은 어떻게 평가하세요? 또다른 비선채널들의 역할에 관해서도 아시는 대로 말씀해주세요.

윤해중 대사의 회고록에 의하면, 1988년 6월에 김우중회장을 단장으로 김복동 고문과 우리의 관민 무역대표단이 중국국제상회(CCPIT) 산동성 분회 초청으로 산동성을 방문, 장춘원(姜春雲) 산동성장을 면담하여 한국과 산동성간의 경제협력에 관해 협의하였고 8월에 산동성 대표단이 한국을 방문하였습니다. 동 방문으로 한국과 산동성간의 경제·무역·문화분야의 직교류가 가능해졌습니다.

또한 1989년 초에 IPECK(International Private Economic Council of Korea)가 주관하여 김우중 회장, 김복동 고문 등 관민 합동경제사절단이 베이징을 경유하여 랴오닝성을 방문하였습니다. 베이징 방문시에는 롱이런(榮毅仁)CITIC 회장이 우리에게 경협차관을 타진하였고, 랴오닝성 선양방문 시에는 리장춘 성장을 만났다고 합니다.*

이러한 지방성 정부와의 교류는 노태우 대통령의 강력한 의지에 의하여 추진된 것으로 보입니다. 동 교류가 양측 간 경제협력 분위기를 띄운 데는 일정 부분 기여했다고 평가하나 결국 지방정부와의 경제협력의 틀을 벗어나지는 못하였지요. 그리고 몇 달 안되어 CCPIT와 KOTRA 간의 대화가 시작되었습니다.

그 외에 몇 개의 자발적인 채널이 있었다고 보나 어떤 역할을 하였는지는 알려지지 않고 있습니다. 오히려 한중 수교이전의 비선채널에 관해서는 첸치천 외교부장이 그의 회고록『외교십기』에서 다음과 같이 명확히 밝혀주었습니다.

---

* 윤해중, 한중수교 밑뿌리 이야기, 이지출판

"APEC 회의 참석차 방한시 1991년 11월 13일 밤 11시가 될 무렵 박철언 문화체육부 장관이 자신을 호텔로 찾아왔다. 동인은 자신과 동인 사이에 비밀 연락채널을 만들 것을 제의하였다. 그는 오늘밤 만남은 대통령의 동의도 얻었다고 말하고 한중관계 정상화 실현이 그의 주요 임무 중 하나라고 말하였다. 자신은 양국 간에 수교는 안되었지만 이미 정부 간 접촉이 있기 때문에 무슨 비밀 채널 같은 것은 필요하지 않다고 회답했다. 최근 수년간 한국의 적지 않은 인사들이 중국을 방문해서 중국 측 초청기관이 어떤 성격인지도 개의치 않고 양국 수교를 위해서 서로 어떤 역할을 할 것을 제의해오고 있었다. 이것으로 보아 한중수교 실현이 당시 한국에서 일종의 시대적 조류가 되었던 것 같다. 중국에 와서 설득을 하려는 사람들이 인원구성도 복잡하여 진짜인지 가짜인지 구분도 어려웠다." *

저는 첸치천 외교부장이 그의 회고록에서 한 페이지 정도로 상세하게 수교 과정에서 비선은 없었음을 잘 설명함으로써 깔끔하게 정리를 잘 해준 것 같아요. 한중수교 후 서로 수교에 공헌을 했다고 주장하는 사람들이 많으니까, 별도 채널은 없었음을 명백히 해준 셈입니다.

명확히 설명해 주셔서 감사합니다. 그럼 양국 정부간의 채널 구축 과정을 좀 설명해 주세요.

한중 간 첫 번째 공식 대화 채널은 1985년 중국 어뢰정의 한국 영해 표류 사건 이후 향후 유사 돌발사건 발생 시 협의목적으로 만든 『주홍콩 한국총영사관 – 신화사 홍콩 분사 간 채널』입니다. 이것이 중국 정부에서 공식적으로 인정한 첫 번째 채널이에요. 그 후 베이징과 서울에 설치된 민간 무역대표부가 양국 정부 간의 두 번째 공식 채널이 된 것이지요.

---

* 첸치천, 외교십기, 148쪽

그럼 어떤 맥락에서 무역대표부가 개설이 되었나요?

1980년대 후반은 세계사적으로 동구권의 몰락과 체제전환이라는 대변혁의 시기라고 할 수 있습니다. 중국 또한 1988년 서울올림픽 참가 이후 한국과도 어느 정도 시기가 성숙해서 경제기능을 가진 대표부는 교환할 수 있다고 판단을 한 것 같습니다.

중국은 1988년 12월 말과 1989년 초에 걸쳐 신화사 홍콩분사를 통하여 (1) 중국정부는 1988년 중 여러 경로를 통해 한국의 대중국 관계개선 희망과 쌍방간 사무소 교환설치 제의를 접하였다 (2) 이러한 한국 측 희망을 고려하여 양국 간 교역 촉진 등 실질적인 관계증진을 위해 1989년 상반기 중 양국 간 무역사무소를 교환 설치하기로 하였다 (3) 이에 따라 CCPIT 회장 명의로 KOTRA 사장의 방중 초청장을 발송하였다는 내용을 통보해왔습니다. 중국국제상회는 우리나라의 대한무역투자진흥공사(KOTRA)에 해당되는 기관인데 중국은 수교국에 대해서는 중국국제무역촉진회(CCPIT) 라는 반관반민 명칭을 사용하고 우리처럼 미수교국에게는 중국국제상회라는 순수 민간기관 이름을 사용합니다. 실제로는 두 기관은 동일한 기관으로 직원들 한사람이 두 개의 명함을 사용하는 것이지요. 한·중 양측이 이러한 명칭을 사용하기로 한 것은 결국 북한을 의식한 중국의 입장 때문이었다고 생각할 수 있지요.

당시까지만 해도 중국 측은 순전히 무역 촉진만을 위해 사무소 교환을 염두에 두었던 것이지요. 당시 중국 측의 태도변화 요인으로는 산동성 개방이후 지방정부 차원의 대한국 경제교류의 한계, 지방정부의 "무분별한" 대한국 경협 움직임, 소련과 헝가리 등 동구권의 급속한 대한국 관계발전을 고려한 것으로 보입니다.

이러한 중국 측 입장에 대해 우리측은 (1) KOTRA의 기능은 국내법적으로 교역증진에 한정되어있어 향후 북경아세안 게임의 성공을 위한 전산협력 추진과 연락관(Attache) 역할 수행이 불가능하고, 양국 간 해난사고 교섭이나 직항로 교섭 등도 불가능하다는 점 (2) 중국 측 입장을 배려하여 KOTRA로 명칭 사용이 가능하나 기능은 양국간의 다양한 문제를 다룰 수 있는 포괄적 성격의 사무소여야 한다는 점을 분명히 하였습니다.

　홍콩채널을 통하여 이와 같은 양측 기본 입장을 서로 교환한 후 중국은 89년 1월 7일자 쩡홍에 CCPIT 회장대리 명의로 이선기 KOTRA 사장에게 2월 중 방중을 요청하는 초청장을 보내왔습니다. 중국 측 초청에 따라 1989년 3월 우리 KOTRA 대표단이 방중하고 5월 중국 CCPIT 대표단이 방한하여 상호 무역사무소 개설에 관해 협의하였습니다. 그러나 그해 6월 천안문 사태 발생으로 중국의 모든 대외교섭이 일시 정지되면서 대표부 교환협상은 지연 되었습니다.

그럼 홍콩채널을 통해 주베이징 대표부 설치문제를 계속 협의해 온 것이군요.

그렇습니다. 당시 주홍콩 총영사관과 신화사 홍콩분사간에 만남이 잦았는데 총영사관 측은 문어발식 대중국 외교를 끝내야 한다는 것과 시간은 우리편에 있으니 중국 측에 끌려다니지 말고 초기부터 총괄적 성격의 대표부 설립을 추진해야 한다는 내용의 강력한 건의를 계속 해오고 있었지요.

　그 후 1990년 9월 북경아세안 게임기간 중에 당시 김정기 외무부 아주국장이 신형근 동북아 2과 서기관을 대동하여 중국을 방문하여 양국간 대표부를 설치하되 대외적인 명의는 KOTRA와 국제상회로 한다는데 원칙적으로 합의를 하였습니다. 동 합의결과에 따라 1990년 10월 20일 베이징에서 이선기 사장과 중국국제상회 간에 『대한무역투자진흥공사 주베이징대표처』와 『중국국제상회(中國國際商會) 주서울대표부』를 교환 설치하기로 한다는 MOU에 서명하였습니다.

그렇게 보면 무역대표부가 한중수교의 물꼬를 트는 역할들을 구체적으로 한 것인데요, 그때는

80년대 분위기도 굉장히 많은 역할을 했을것 같거든요. 82년도인가요. 타이완으로 귀순한 중국 군용기 사건도 있었고, 83년에는 어린이날로 기억이 되는데, 중국 민항기가 춘천에 불시착한 사건이 있었고. 1985년도에는 중국해군 어뢰정 사건이 있었고. 86아시안게임, 88올림픽 이런 것이 있었을 텐데요. 긴 과정으로 보면 이런 것 하나하나가 축적되어서 한중관계 전환의 모멘텀을 만들어 왔다고 생각이 되는데요. 대사님께서 그 중 가장 기억에 남는 사건은 한중수교와 관련해서 어떤 사건으로 꼽을 수 있겠습니까?

네, 말씀하신대로 한중수교는 1980년대초부터 대략 10년 정도의 기간을 두고 분위기가 무르익어 왔습니다. 우선 가장 큰 시대적 배경은 1980년대 중국의 대외개방 정책과 1980년대말 동구권의 체제변화를 들 수 있겠고, 그와 함께 1989년 천안문 사건이후 국제사회에서 고립되었던 중국의 적극적인 국제사회 진입노력으로 볼 수 있겠지요.

한중 양자간에 관개개선을 향한 첫번째 모멘텀은 1983년 5월 민항기 사건입니다. 당시 승객 및 승무원 100여 명을 태우고 중국의 선양을 출발하여 상하이(上海)로 향하던 중국 민항기가 중국 국적의 납치범 6명에 의해 춘천에 불시착한 사건으로, 중국 정부는 동 사건 해결을 위하여서는 기존의 간접적이고 제한적인 대한국 접촉방식을 벗어나 직접적으로 접촉하지 않으면 안된다고 판단했을 것입니다. 그결과 대규모 대표단이 민항기 반환 협상을 하기 위해 한국에 왔고, 당시 공로명(孔魯明) 외교부차관보와 중국 측 수석대표인 선투(沈圖) 민항국장간에 민항기 반환 및 승무원 송환 협상이 있었는데 한국과 중국은 MOU 서명 시 처음으로 중화인민공화국과 대한민국이라는 정식 국호를 사용하였습니다. 이 사건은 세계적인 뉴스였습니다.

당시 민항기 반환 협상차 방한하였던 중국 측 대표단은 한국 체류시 한국의 발전상을 직접 목격하고 귀국 후 첸치천 외교부장에게 한국과의 관계개선을 적극 건의했으며 첸부장도 이를 중시여겨 동 보고서를 당중앙에 보고하였다고 합니다.

이 사건 이후 1983년 8월 중국 국적기가 한국의 비행정보구역을 통과하는 합의가 이루어졌고 체육, 문화, 관광 등 비정치적인 영역에서 양국간의 교류가 본격화 되는 계기가 되었습니다. 1984년 2월 중국에서 열린 데이비스컵 테니스 대회에 우리선수가 처음 참가 하였고 그해 4월 중국의 농구선수단이 한국을 처음으로 방문하게 됩니다. 물론 쌍무적인 직접 교류가 아닌 유엔이나 다자관계 안에서의 교류이지만 아직 냉전 시대임을 감안하면 양국관계에 상당한 진전이라 할 수 있습니다. 아울러 중국 정부는 1984년 3월에 양국 거주 친족의 상호 방문을 처음으로 허용하였습니다.

그 다음 모멘텀은 85년 3월에 있었던 중국 어뢰정(군함)의 한국영해 표류사건입니다. 아직 냉전이 한창이던 시기에 적성국의 해군 함정이 우리 영해에 표류해 들어온 사건으로 이 또한 당시에 매우 민감한 사건이었습니다. 우리 정부는 당시 군함과 해군 전원을 신속히 중국에 송환해주었습니다. 이에 대해 중국 정부는 매우 고마워했습니다. 이 사건을 계기로 향후 한-중 간에 유사한 돌발사건 발생시 협의를 위하여 주홍콩한국 총영사관과 신화사 홍콩분사간의 채널을 공식화하자는 우리측 제안을 중국이 받아들였습니다.

첸치천(錢其琛) 외교부장의 『외교십기(外交十記)』에 의하면 85년 4월에 덩샤오핑(鄧小平)이 "경제개혁도 하고 타이완을 고립시키기 위해서는 한국과의 관계개선이 필요하다"고 당 간부회의에서 이야기한 것으로 밝히고 있습니다.

중국 지도부는 이 두가지의 사건을 통하여 지리적으로 가까운 한국과의 관계개선도 필요하고 돌발사건 발생시 협의채널도 필요하다고 인식한 것으로 생각됩니다.

또한 덩샤오핑은 1988년 하반기에 외빈 접견시에도 수차 한중관계에 관해 언급하면서 한중관계 발전은 양국의 경제뿐 아니라 중국의 통일을 위해서도 필요하다고 언급하기도 하였습니다. 첸치천 부장은 『외교십기』에서 한중수교에 관한 덩샤오핑의 전략적 인식과 결단을 잘 소개하고 있습니다. 덩샤오핑은 한중간의 경제 문화교류를 위한 시기가 성숙되었으므로 이를 더 빠르고 넓게 추진하는 것이 필요하며 다만 민감한 문제인 만큼 신중하게 처리하되 북한의 양해를 얻어야 한다고 지시하고 한국과의 관계개선은 마치 바둑의 포석처럼 타이완, 일본, 미국, 한반도, 동남아와의 평화안정을 위해 중요한 의의를 갖고 있다고 말했다는 것입니다. 덩샤오핑의 이러한 인식과 지시 이후 중국은 각종 국제대회에서의 우리와 활발히 교류를 시작해온 것으로 볼 수 있습니다.*

그 두 가지 사건이 한중 양자관계에 있어서 중요한 모멘텀이 되었다고 생각이 되는데요. 민항기 사건은 한-타이완 관계에도 영향을 많이 미쳤을 것으로 보이는데 타이완에서 민항기 사건을 보는 반응은 어땠었나요?

민항기 납치는 국제법상으로 불법입니다. 군용기와는 법적 성격이 전혀 다릅니다. 그래서 그 전 해인 82년 10월에 왔던 오영근(吳榮根)이라는 군용기 조종사는 타이완으로 자유를 찾아 보내주었지만 민항기 납치범들에 대해서는 국제법상으로 확실하게 처벌을 규정하고 있어 처벌이 필요했습니다. 다만 처벌의 주체가 어디인가가 문제인데 만약 그들을 중국으로 돌려보내면 사형당할 것이 분명하기 때문에 한국에서 처벌을 했죠. 한국에서 1년간 감옥살이한 뒤에 타이완으로 보냈습니다. 타이완에서도 처음에는 곧바로 납치범들을 타이완으로 보내주지 않은데 대해 여론이 비등했다가 적어도 중국으로는 돌려보내지 않는다는 것을 알고 안심하고 기다렸던 것으로 생각합니다.

그런데 수교를 역순해서 보면 체육교류도 굉장히 중요한 계기가 됐다고 생각되는데요. 86년에 아시안게임이 있었고, 88년에 올림픽이 있었는데, 그 당시에 외교가에서 체육교류를 통해서 한중관계 수교의 모멘텀을 찾는 그런 흐름들이 있었나요?

네, 그렇습니다. 한중관계 개선의 세번째 큰 모멘텀은 당연히 체육교류와 국제회의라고

---

* 첸치천, 외교십기, 151

할 수 있습니다. 한중수교가 여건이 참 좋았던 것은 우연하게도 한국과 중국에서 번갈아 가면서 중요 국제 스포츠 행사와 국제회의가 열리게 되었다는 것입니다. 86 서울아시안 게임, 88 서울올림픽게임, 90 북경아시안게임이 양국에서 열리게 된 것이지요. 그리고 그 후 91년 서울 ESCAP 총회, 91년 서울 APEC 각료회의, 92년 베이징 ESCAP 총회와 같이 굵직한 국제회의도 양국 수교를 촉진하는 중요 모멘텀이 되었습니다.

특히 스포츠 행사는 초창기 중국인의 대한국 이미지 개선에 큰 역할을 하였다고 생각 합니다. 당시까지만 해도 중국인들 머릿속에 한국은 '친미 우익 반공국가'라는 인식이 강했습니다. 그리고 한국이 약간 개발된 국가정도로 알려져 있었는데, TV를 통해 나오는 한국의 역동적이고 깨끗하고 질서정연한 모습들과 특히 선진적인 게임운영 시스템과 자원봉사자들의 모습을 보고 중국 사람들이 반했다는 거예요. 심지어 충격을 받았다고 하는 중국인들도 있었습니다.* 조선족들도 한국에서 열린 두 번의 체육행사를 보고 처음으로 자기가 조선족으로 태어난 것에 대해서 자긍심을 느꼈다는 이야기를 많이 하더군요. 그래서 그런 측면에서 중국 사람들의 대 한국 인식을 호전시키는 중요한 계기가 되었다고 봅니다.

중국은 1986년 서울 아시안게임에 선수단 파견시 선수단과는 별도로 장바이파(張白發) 베이징부시장을 단장으로하는 30여 명의 "1990년 북경아세안 게임 조직위원회"팀을 파견하였습니다. 이들은 한국의 경기장 곳곳을 시찰하면서 사진을 찍고 경기진행의 노하우를 익히고 돌아갔습니다. 당시 저는 동북아 2과의 차석으로 서울올림픽 조직위에 파견 나가 2주일 동안 약 30여 명의 우리측 지원 인원들과 함께 중국대표단의 한국내 활동을 지원한 바 있습니다.

여담이지만 그때 저는 중국식 의전관례의 좋은 점을 알게 되었습니다. 장바이파 부시장 일행이 귀국하기 전날 롯데호텔에서 만찬이 있다고 하면서 저와 각 자원봉사단, 수행

---

* 중국 정부는 2008년 베이징 올림픽을 1988년의 서울 올림픽처럼 시민들의 협조를 얻어 치르고 그 행사를 계기로 중국의 시민정신을 한단계 업그레이드 시키는 국가로 만들겠다는 것을 내부적인 목표로 정했다고 한다.

경찰 등 모두를 모두 초청하였습니다. 도림이라는 중국 식당에 도착해보니 그날은 모두 저희 수행원 일행만을 위한 만찬이었습니다. 제가 강권에 못이겨 주빈석에 앉았지요. 중국의 리더들은 해외 방문시 마지막 귀국 직전에 자신들을 위해 수고해준 실무자들을 위한 식사나 다과회 자리를 꾸민다는 것이었습니다. 95년 장쩌민(江澤民) 주석 방한시에는 귀국날 아침 저와 의전관계 실무자들을 신라호텔의 숙소로 초청하여 간단한 다과회와 함께 기념사진 촬영을 해주었습니다.

1990년 베이징 아시안 게임시 우리 정부와 기업들이 적극 지원했다는 것을 알고 있습니다만.

상당히 많은 지원이 있었습니다. 1986년 아시안 게임시 장바이파 부시장 일행이 가장 관심을 보였던 분야가 우리의 대회운영 전반의 기술과 경험이었습니다. 특히 당시 GIONS(경기운영시스템)에 매료되어 추후 동 분야 협력을 요청하였습니다. 그 후 우리나라가 88년 올림픽을 '전자올림픽'이라는 기치하에 훌륭히 개최한 것을 보고 중국 측은 우리가 운용했던 통신망과 WINS(종합정보망 서비스), GIONS(경기운영시스템), SUPPORT(지원시스템)의 기술 이전을 요청하여 양측 대회 관계자들간의 교류를 통해 우리의 기술을 전수해준바 있습니다. 이와는 별도로 우리 대기업들이 대회시 사용할 자동차등 상당한 지원을 한 것으로 기록되어 있습니다.

이처럼 90 베이징 아시안게임의 성공적 개최를 위해 우리의 기술과 경험 지원 및 기업들의 지원이 합쳐져 양국간 대표부 교환의 합의에 이르는데 큰 역할을 하였다고 생각됩니다.

# 3. 무역대표부 창설작업

80년대 한중 관계개선의 여러 가지 모멘텀들과 각종 접촉에 관해 설명해주셔서 감사합니다. 그러면 이제부터 대표부 창설작업이라는 것이 어떤 것인지부터 설명해 주시지요. 그당시 베이징의 상황도 포함해서.. 그때는 중국의 경제가 상당히 낙후되었을 텐데요.

원래 공관 창설작업은 공관청사와 공관장의 관저를 물색하고, 외교통신망 개설과 현지직원 고용 및 각종 차량 구입등 행정업무가 주 업무입니다. 창설 업무가 종료되면 그 후에 본국에서 직원들이 부임하여 정무, 경제, 영사, 총무와 같은 업무들을 본격적으로 시작하는 것이지요. 장래 부임할 공관원들의 숙소를 물색해 두는 것도 중요한 일이었습니다. 당시 베이징에는 공관청사나 대사관저 및 직원주택으로 사용할 만한 후보지가 거의 없었습니다. 우리는 외교공관이 아니었기 때문에 외교단 입주도 불가능하였지요. 다행히 중국 국제상회측의 권유로 국제무역센터 단지(China World Trade Complex) 안에서 청사,관저, 직원 주택을 구했습니다. 동 단지는 무역센터, 호텔 2개, 아파트 2개 동으로 구성되어 있는데 1990년 베이징 아시안게임 계기로 오픈한 단지입니다. 위치도 베이징시의 주 간선도로인 장안동로 상에 있고 중요시설들이 있는 천안문과도 근거리였습니다. 특히 당시 무역센터 빌딩은 베이징에서는 가장 현대적이고 격조높은 건물이어서 중국에 첫 입성하는 한국의 대표기관으로서의 권위도 고려하였습니다. 대사관저는 국제무역센터 부속아파트 A동의 꼭대기층인 30층을 중간벽을 제거하는 개조작업을 통하여 관저로 만들어 사용하였습니다. 그렇게 내부공사를 하여 외빈을 초청하여 만찬을 할 수 있는 응접실과 식당을 마련하였습니다.

　창설반이 가장 중시했던 부분은 예산이 많이 들어갈 청사의 임차료 교섭이었습니다. 이미 천안문 사건으로 중국을 떠났던 외국기업들이 아시안 게임 후 서서히 돌아오고 있었고 한국기업들도 진출을 준비하고 있었습니다. 창설반은 임차 교섭의 상대인 펑궈밍 (Feng Guoming) 샹그릴라 그룹의 대외담당부장에게 유엔의 물가 통계나 베이징의 주택 통계등 자료들을 제시하면서 힘들게 교섭하였습니다. 다행히 '3년 후 재계약 시 임차료의 최고 상승률은 27%(연 9%) 이하로 한다'라는 규정을 삽입하는데 성공하였습니다. 실제 3년 후에 임차료를 보니 우리 공관은 1ft²당 42불을 지불하고 있었던데 당시 같은 빌딩에 있었던 외국 기업들은 80불씩 주고 있었어요. 저희가 3년 후 재계약 시 일반시가의 50% 가격에 재계약을 할 수 있었던 것이지요.


그러면 주로 대표부 직원들의 숙소도 국제무역센터 부속아파트에 함께 있었습니까?

그렇습니다. 당시 중국은 모두 주택이 국가소유였고 외교단과 외국인 주택은 몇 군데 특정 지역으로 한정되어 있었습니다. 저희는 외교단이 아니었기에 외교단 아파트에 들어갈 수 없었고 외국인용 주택도 여유가 없었기 때문에 상업용 시설인 국제무역센터단지에 부속되어 있는 아파트로 입주하기로 하였습니다. A동과 B동이 있었는데 임차료는 상당히 비쌌어요. 당시 중국의 물가를 고려하면 턱없이 비싸 어렵게 본부의 허가를 받았습니다.

마지막으로 비서나 운전사 등 현지인 행정원을 고용해야 했습니다. 사회주의권 국가들은 대사관이 마음대로 행정원을 고용할 수 없고 반드시 주재국 외교부에 요청해서 주재국 정부가 추천한 직원들을 고용하도록 되어 있습니다. 우리도 외교인원복무국 (Diplomatic Service Bureau: DSB)이라는 외교부 산하의 인력파견회사에 요청해서 필요한 인원을 공급받았습니다. 이들에 대한 급여도 DSB에 지불을 하면 DSB가 필요한 경비를 떼내고 남은 금액을 개인에게 지불하는 형식입니다.

그럼 청사와 관저, 직원주택 물색이 끝났으니 곧 대표도 부임하시고 대표부가 개막된 것인가요?

초대 노재원 대표(대사) 내외는 한중간에 항공편이 없어 홍콩을 경유하여 1991년 1월 27일 부임하였습니다.

이제 대표부 개설을 위한 현판식만 남았는데 당초 청사로 계약했던 국제무역센터의 3층(비자등 영사실)과 4층(일반사무실)의 내부 칸막이 공사 등에 시일이 더 필요하여 다시 13층에 소규모의 임시청사를 구했습니다. 임시청사는 마치 독서실 같은 좁은 공간이었습니다.

대표부 현판식과 기념 리셉션은 1월 30일 국제무역센터 13층(임시청사)에서 조촐하게 거행되었습니다. 당시 베이징에 파견 나와있던 20여 개 상사의 주재원, 외교단, 홍콩에서 취재차 방문한 우리 기자단, 중국 측 지인등 약 100여 명 미만이었던 것으로 기억합니다. 중국 측은 의식적으로 민간대표부임을 강조하기 위해서 현직 관리들은 아무도 참석하지 않았지요. 중국 측 주한대표로 내정된 서대유 대표(당시 중국국제상회 부회장 중의 1인)가 최고 VIP였습니다. 그 후 대표부는 7월 15일에 3~4층으로 정식 입주했습니다. 그리고 99년 6월에 산리툰(三里屯) 외교단지내 청사로 옮긴 다음 2006년 10월 현재의 동방동로(東方東路) 신축건물로 입주한것이지요.

대사님, 그럼 어렵게 대표부가 개설되었으니 이제 본격적으로 외교활동을 시작하셨겠네요. 대표부 시절에는 직원들은 외교관이면서도 부분적으로만 외교관의 기능을 하고 또 외교관이 아니면서 외교관인 상당히 애매한 입장이었을 것이라고 생각이 드는데 이 부분에 대해 설명해주세요.

네, 그렇습니다. 법적 형식은 민간대표부이면서 기능은 외교기능이 일부 부여된 그런 형식의 대표부였지요. 양국은 90년 10월의 대표부 교환합의와는 별도로 91년 1월에 양국주재 대표부 직원들의 직급이나 특권면제, 기능 등에 관하여 별도의 협정을 체결하여 외교관에 준하는 대우를 상호 부여하기로 합의함으로써 최소한의 활동에 필요한 여건이 갖추어졌습니다. 예를 들어 대표부 직원들의 직급을 대표, 부대표, 대표보, 1등 조리, 2등 조리, 3등 조리 등 총 6개의 직급으로 나누었습니다. 일반 대사관의 대사, 공사, 참사관, 1등 서기관, 2등 서기관, 3등 서기관에 맞춘 것이지요. 제 경우 공식 타이틀은 1등 조리이나 중국인 상대인사들이 무슨 말인지 잘 모르기 때문에 실제 명함에는 그냥 1등비서(1등 서기관의 중국식 표현)라고 표기하고 괄호안에 '정무과장' 이라고 표기하였습니다. 대표부에는 영사기능이 부여되어 자국민 보호나 비자발급 등의 권한이 주어졌습니다만 비자는 주홍콩총영사관 명의로 발급이 되었어요. 즉 실제 비자의 신청 및 발급은 우리 대표부에서 했지만 비자난을 자세히 보면 주홍콩총영사관 명의로 되어 있었습니다. 북한을 의식한 중국 측 입장과 대표부가 영사기능을 가져야 한다는 한국 측의 희망을 절충한 것이지요.


그럼 우선 대표부 개설 후 한중수교 협상이 시작될 때까지 1년 3개월 동안의 대표부 활동에 대해 집중적으로 말씀을 듣고자 합니다. 주로 누구와 접촉을 하셨는지요?

1월 30일 대표부 현판식을 마친 후 2월 첫째주에 최우선으로 중국 외교부 아주국 조선처(지금은 조선.한국과로 개명)에 연락을 했습니다. 대표부가 개막되었으니 이제 공식으로 외교 활동을 하기 위해 '카운터 파트' 인 조선처를 예방하는 것부터 계획을 짠 것이지요. 그런데 반응이 전혀 예상 밖이었습니다. 당시 조선처에 전화를 했더니 "당신네 남조선 사람들은 여기 무역하러 온 사람 아닙네까, 앞으로는 중국국제상회를 연락하시라우"라는 반응이었습니다. 사실 충격을 받았어요. 조선처 직원들은 북한에서 공부하고 근무를 했기 때문에 북한식 말투는 이해할 수 있었지만 그처럼 냉담한 반응을 보이리라고 예상을 못했습니다. 그 억양이나 의미를 30년이 지난 지금까지 생생하게 기억하고 있습니다. 아예 우리를 만나려고 하지 않았습니다. 그 후 3월 초부터 매월 초에 한 번씩 중국 측 태도 변화를 체크하기 위해 전화를 했습니다. 4월, 5월, 6월 모두 동일한 반응이었습니다.

그 당시 중국 외교부와는 그해 11월 서울개최 APEC 회의시 중국, 타이완, 홍콩의 가입 협상을 위해 외교부 국제국과만 접촉이 이루어지고 있었습니다. 아울러 유엔에서도 양국 대표부간에 남북한의 유엔 가입을 위한 협의를 위해 상호 접촉이 있었습니다. 어디까지나 다자차원의 접촉이지요.

그러다가 7월 중순에 조선처에 전화했더니 조금 다른 반응을 보였어요. 그때는 리빈(李濱) 조선처 부처장(전 주한 대사)과 통화를 했는데 자신이 저를 만나기에는 아직 시기가 무르익지 않았으니 자기 밑의 3석이지만 외교부 입부 동기인 직원과 우선 만나라는 반응을 보였어요. 너무 기다렸던 소식이었습니다. 그래서 7월 말에 조선처 3석과 처음으로 오찬면담을 했습니다. 동인이 하오샤오페이(郝曉飛, 전 주 부산 총영사, 주한대사관 공사)였습니다. 그러나 그때 한번 뿐이었고 조선처와의 접촉은 첸치천 외교부장이 방한을 마치고 귀국한 11월말부터 조금씩 이루어지다가 그 다음해인 1992년 2월 말부터 정기적으로 이루어졌습니다.


그러면 무역대표부를 창설하기 위하여 떠나시기 전에는 이런 상황을 미리 짐작을 못하셨습니까?

네, 그 정도일 것이라고 짐작을 못했습니다. 저희는 대표부를 개설하면 바로 그때부터 중국 외교부와 접촉이 시작되고 나아가 수교 협상을 시작할 것으로 생각을 했었는데 그것은 아니었습니다. 우리가 한중수교를 너무 쉽게 생각했던 것이지요.

# 4. 대표부의 수교기반 조성활동

그러면 당시의 수교 추진 전략도 조금 변화를 줘야하는 상황이 생겼을텐데, 그 당시 제일 중요한 당면과제는 어떤 것이 있었습니까?

대표부 설치 후 대중국 당면과제로는 크게 두 가지가 있었습니다. 첫 번째는 91년 11월에 서울에서 열리는 『APEC』 회의 관련, 그전 1990년 싱가포르 회의에서 우리나라는 중국, 타이완, 홍콩의 가입방식을 주최국으로서 3자와 협의를 거쳐 조정확정하라는 책임과 권한을 부여받았기 때문에 동 교섭 타결이 아주 중요하였습니다. 교섭이 타결되어 중국 첸치천(錢其琛) 외교부장이 한국을 방문하도록 만드는 것입니다. 홍콩의 가입은 별다른 문제가 없었으나 아직까지 우리와 수교국이었던 타이완의 가입문제도 함께 논의하여야 했기 때문에 쉽지않는 과제였습니다. 동 과제는 본부의 이시영 대사(당시 정세특별반장, 전 주오지리 대사 역임)와 천영우 과장(전 평화교섭본부장)이 다자외교 경험을 살려 훌륭히 잘 수행하였고 우리 대표부는 현지에서 연락업무를 한 것이지요.

또 하나의 과제는 그해 유엔총회에서 남북한이 유엔에 동시에 가입하도록, 다시 말해 중국이 북한도 설득하고 우리의 가입문제에 대해서도 거부권을 행사하지 않도록 중국 측을 유도하는 것이 중요한 과제였습니다. 북한은 91년 5월 말에 유엔 가입방침을 선언하였는데 그해 5월초 리펑(李鵬)총리가 북한을 방문하여 설득한 것이 주효했던 것으로 평가됩니다. 남북한의 유엔가입은 그해 9월 유엔총회에서 이루어졌습니다. 중국의 역할이 컸지요.

91년을 평가해보면 9월에 남북한 유엔 동시가입, 11월 중국의 APEC 가입과 첸치천 외교부장의 한국 방문이라는 두 가지가 큰 성과가 있었고, 12월에 남북한 기본합의서 교환이 있어 자연스럽게 92년에 수교로 연결되지 않는가 생각합니다.

그러나 베이징 대표부로서는 그렇게 될 것이라는 확신도 없었고 중국의 책임있는 당국자들을 만날수도 없었으니 수교의 가능여부에 대해 고민하지 않을 수 없었던 상황이지요.


그러면 우리 외교부가 고민했을 때는, 91년 9월에 이루어지는 남북한 유엔동시가입에 초기 활동의 초점이 맞춰졌습니까, 아니면 수교협상에 대한 그림을 그리면서 연결을 했습니까?


우리 외교부 본부로서는 당시 국제정세로 보아 남북한 유엔가입이 좀더 용이하다고 판단하여 이를 1차적 목표로 했던 것으로 생각합니다. 그리고 동 여세를 몰아 대중국 수교로까지 연결하려 했지 않을까 생각해요. 후일 첸치천 외교부장의 『외교십기』를 보면 중국측도 남북한이 유엔에 가입하고 100여 개 국가와 동시 수교하면서 각종 국제회의나 체육대회에 함께 참석하고 있어 한중 수교를 위한 조건이 기본적으로 성숙하다고 평가했다고 기술하고 있습니다. 그런 전망하에 중국은 명확하게 1단계는 남북한 유엔가입, 2단계는 한중수교로 목표를 정했던 것 같습니다. 우리또한 기본적으로 그러한 단계적인 전략하에 유엔가입과 수교를 동시에 추진하였다고 할 수 있습니다.


그럼 이제 당시 대표부에서 실질적으로 하였던 일들을 좀 소개 해주십시오.


대표부의 수교기반 조성 활동을 크게 세가지 정도로 말씀드릴 수 있겠습니다. 우선 정부기관 접촉을 할 수 없는 상황을 극복하기 위해서는 "외곽을 통해서 중심으로 진출한다"는 것이 중요한 전략이었지요. 외교부 산하의 『중국국제문제연구원』이나 국가안전부 산하의 『현대국제관계연구원』과 같은 관변 씽크탱크나 『중국국제우호연락회』와 같은 관변 외곽단체들 뿐만 아니라 신화사나 인민일보, 경제일보 등 중국의 언론사가 주 접촉대상이었습니다. 엄밀하게 말하면 중국은 민간이 없습니다. 외곽단체들과 만나면 반드시 상부 감독기관에 보고를 합니다. 다만 간접 접촉인 만큼 부지런히 접촉활동을 해야 했습니다. 아울러 미국이나 일본 등 우방국 외교단이나 구 동구권 외교관들을 활용하는 것입니다. 중국의 경제관련 단체나 지방성 정부와의 교류를 통해서 양국 간 본격적인 경제협력을 위해서는 조속한 수교가 필요하다는 분위기를 확산시키는 것도 중요한 활동이었습니다.

이와 같은 간접 접촉을 통해서 한중 간에 국제문제에 대한 인식을 공유하고, 조속한 한중수교가 동북아의 평화안정에 도움이 될 것이라는 것, 수교가 가져올 경제적인 기대이익, 그리고 중국이 조속히 국제사회의 고립으로부터 탈피하기 위해서 한국이 가지고 있는 서방과의 연결고리 역할을 활용하라는 것과 같은 논리를 중국 측에 전달하는 것이었습니다.

두 번째 전략은, 중국 측과의 접촉 기회를 최대한 확대하고 활용하는 것이었습니다. ESCAP 총회가 91년 4월 서울에서 개최되고 차기 총회가 92년 4월 베이징에서 개최 예정이어 절차적인 문제협의를 위하여 중국 외교부도 우리측을 접촉할 수 밖에 없었고, 11월 APEC 회의시 중국 가입문제와 첸치천 외교부장의 방한문제 협의를 위하여서 중국 측도 우리와 협의할 수 밖에 없는 상황이었기 때문입니다.

세 번째 전략은, 한국의 역동성과 한국인의 우수성, 즉 코리안 엑설런스(Korean Excellence)를 보여주자는 것이었습니다. 그동안 중국 측 인사들이 북한 외교관들만 교류했을 것으로 생각했기 때문에 한국이라는 나라가 얼마나 역동적이고 한국인이 얼마나 우수한 민족인지를 중국인들에게 알게 해주어야겠다는 생각을 했습니다. 그래서 1시간의 면담을 위해서는 10시간 면담 준비를 하는 것입니다. 상대가 필요할 것으로 생각되는 각종 정보나 자료, 통계들을 매번 업그레이드시켜 수시로 제공해주었습니다. 후일 중국 외교부 직원들은 늘 대표부에서 제공해 준 자료들이 매우 큰 도움이 되었다고 감사해했습니다.

베이징 주재 외교단은 어떻게 활용하신건가요?

중국은 물가가 싸고 외교대국이어서 주재하는 외교관이 많은 국가입니다. 중국은 사회주의 체제로서 자국 관리들의 외교단 접촉을 상당히 통제하고 있어 외교단 상호간 정보교환을 위해 자주 만나게 됩니다. 저는 보통 주 1회 중국 국내정세 담당관들의 오찬모임 또는 중국 대외관계 담당관들의 오찬모임에 참석했습니다. 각국의 외교관들이 자신이 아는 첩보를 가지고 와서 서로 확인하거나 좀더 정확한 이야기를 듣고 가는 모임들이지요. 초창기에 이들로부터 도움을 많이 받았지요.

대표부 차원에서는 역시 우방국 대사관 직원들과 상부상조하는 관계를 형성하였습니다. 이들을 통해 주요 관심사항에 관한 소식을 듣거나 또는 대표부가 지득한 첩보들을 이들을 통해 당 대외연락부나 외교부에게 확인하는 것입니다. 미국 대사관의 Michael Miserve 서기관, 후임인 Eunice Reddick 서기관, 일본대사관의 Yoshida 서기관, Kumamaru 서기관, 싱가포르 대사관의 Sho kenghua 서기관들로 부터는 도움을 참 많이 받았습니다. 아울러 근무중 잊을 수 없는 분이 있습니다. 대표부 개설 직후 노재원 대표를 수행해서 제임스 릴리(James Lilly) 주중미국 대사 관저에서 오찬을 한바 있습니다. 그때 릴리 대사는 곧 귀임을 앞두고 있었는데 한국대표부가 개설되었다고 하니 이임전에 오찬에 초청한 것이지요. 릴리대사는 원래 중국 태생으로 CIA에서 중국과 아시아 책임자로 있었고 그 후 주타이완대표, 주한대사를 역임한 분으로 중국어 및 중국에 관한 탁월한 식견을 갖고 계신 분이었습니다. 그는 저에게 향후 중국전문가로서 커나가는데 필요한 마음가짐과 베이징 외교현장에서 명심해야 할 사항들에 관해 중요한 충고를 해 주었습니다.

그럼 외신 특파원들도 많이 만나고 실제 활용하신 적도 있는건가요?

그렇습니다. 베이징에서는 외교관과 특파원들간에도 자주 교류를 하였습니다. 당시 베이징에 주재하던 모 서방통신 지국장이 1991년 5월 27일 아침 9시 5분에 갑자기 전화를 하여 본사 북한방송 수신처에서 알려온 바에 의하면 북한이 유엔에 가입신청하겠다는 성명서를 발표하고 있으니 참고하라고 알려주었습니다. 본부에 즉각 알려주었지요. 물론 몇 분 지나면 다 알게 될 뉴스이지만 당시 한국의 모든 기관들 중 우리 대표부가 북한측 발표 내용을 가장 먼저 알게 되었습니다. 노재원 대표는 우리 주베이징 대표부가 살아움직이고 있다는 것을 본부에 알려준 것으로 평가하고 저에게 동 특파원에게 사의를 잘 표하라고 당부도 하였습니다.

또 한번은 그해 9월 말에 또 다른 외신 특파원을 통해 10월 초에 김일성이 중국을 방문할 것 같다는 소식을 접하였습니다. 대표부로서는 매우 중요한 첩보이었지요. 당시 중국당국은 김일성의 방중사실을 김일성의 중국 방문이 모두 끝나고 귀국한 다음 공식으로 발표했습니다. 김일성은 그때 한중 간의 수교를 늦추어 달라고 요구하기 위해 중국을 방문했다고 합니다.


그러니까 그런 사건도 그렇고, 대표부의 활동을 위해서 열심히 뛰어야 했으니까 당시 베이징 대표부가 베이징에 나와 있는 다른 외교 공관들과 긴밀한 관계를 맺을 수 밖에 없었겠군요.


네, 그렇습니다. 이미 중국은 마지막 수교 대상국 중 싱가포르와는 90년 10월 수교를 하였고, 91년 하반기 무렵이 되니 곧 이스라엘과 수교한다는 소문이 돌기 시작했어요. 실제 이스라엘과는 92년 1월에 수교했습니다. 외교가나 특파원들은 그 다음 차례로 한중수교 뉴스를 기대하고 있었으니 우리와도 만나고 싶어했어요. 대표부에서도 외국 대사관원이나 특파원들을 많이 활용을 해야 하기 때문에 자주 만나게 된 것이지요.

중국인들 또한 우리와 만나고 싶어했습니다. 특히 지방성 정부들은 경쟁적으로 한국

기업들의 투자를 원했기 때문에 대사님에 대한 방문초청장을 많이 보내왔어요. 대사님 공식 명칭이 "대한무역진흥공사 주 베이징 대표" 이다 보니 초청장이 코트라에서 파견된 무역관장 앞으로 전달되어 가끔 무역관장이 대사님을 대신해 지방에 가서 대접을 받고 온 재미있는 일들도 일어나곤 했습니다.

듣고보면 당시 대사님 일정들이 굉장히 많았을 것이라고 생각이 되는데, 하루 일과가 어땠습니까.

거의 매일 아침 일찍 출근해서 새벽에 귀가하는 생활이었지요. 보통 7시 30분에 출근해서 가장 먼저 하는 일이 그날의 인민일보를 요약정리해서 본부에 보고하는 것입니다. 출근 후 『인민일보』의 주요 내용을 요약하여 대사님이 출근하시면 곧바로 결재를 받아 본부에 보낸 후 하루 일과가 시작되었습니다. 힘들기는 했지만 중국 정세를 빨리 이해하는 좋은 계기가 되었지요. 1년 후에 후배에게 넘겼습니다. 업무시간 중에는 대사나 공사의 주요 활동에 배석하고 제 자신의 독립적인 활동도 해야해서 엄청나게 바쁜 일정을 소화해야 했습니다. 만찬도 대사, 공사를 수행하거나 저의 카운터파트들을 만나는 일정들이 계속되어 만찬 후 또 다른 면담 일정을 만드는 것은 흔히 있는 일이었어요. 만찬이 끝나도 본부에 급하게 보고할 사안이 많아 곧바로 사무실로 돌아가 만찬시 대화내용을 본부에 보고 후 귀가하고 그렇지 않으면 집에 와서 새벽까지 정리해야 했습니다. 왜냐하면 다음날 사무실 출근하면 새로운 일들이 기다리고 있어 보고서를 정리할 시간이 없기 때문이지요. 외교의 성과는 발로 뛰는 시간과 노력에 거의 정비례 한다고 봅니다.

당시 상황을 상세하게 설명해주셔서 감사합니다. 대사님께서 외교관 생활을 하시다보면 모두에게 말씀하신 것처럼 초기에 관계를 맺었다가 쭉 함께 성장을 해온 것 같거든요. 그러면 결국은 상대 측 카운터파트를 잘 키워야 하는데, 노하우라든지 아니면 어떤 에피소드가 있으신지.

에피소드라 하면 많이 있지요. 저와 친하게 지내던 중국 외교관들이 그 후 중요한 위치에서 중요한 역할을 많이 하였습니다. 구체적인 이야기는 추후 적당한 기회에 말씀 드리겠습니다. 결국 상대측에게 최선을 다해 대하고 공을 들여야 합니다. 중국이 사회주의 체제임을 명심하고 상대의 입장이 어렵지 않도록 항상 배려해야 합니다. 상대의 문화에 대한 이해, 어법에 대한 이해, 조직 내에서의 위치 및 관심사항 파악 등 모든 것에 민감해야 합니다.


제가 듣기로는 중국 외교부에서 전설로 알려진 분이 첸치천 외교부장으로 92년 14차 전당대회에서 정치국원에도 선출되었는데, 그분하고 인연이 많다고 들었습니다.

정말 존경스러운 분입니다. 첸치천 부장을 처음 뵌 것은 91년 11월에 서울 개최『APEC』각료회의 때였습니다. 저는 본부의 지시로 일시 귀국해서 첸치천 외교부장을 수행하면서 연락관 역할을 하였습니다. 첸치천 부장을 태운 차량이 김포공항에서 신라호텔까지 교통경찰의 안내를 받아 약 20분 정도 가는 동안 저는 이 시간을 활용하여 서울의 역사나 문화, 금번 APEC 분위기 등 여러 가지 상황에 관하여 족집게 특강을 해드렸습니다. 물론 첸치천 부장도 이런저런 질문을 많이 하였습니다. 첸 부장은 3일간의 방한 일정을 마치고 김포공항에서 귀국할 때 방한 기간동안 각종 면담시 첫날 제가 족집게 브리핑해준 내용이 큰 도움이 되었다는 덕담에 이어 앞으로 베이징에 돌아오면 자신의 비서관인 선궈방(沈國放, 전 외교부 대변인, 주유엔 대사)과 잘 연락하라 라는 말을 남겼습니다. 너무 고마웠지요.

　　그 후 귀임해서 선궈방 비서관과 친하게 지냈습니다. 아마 첸치천 부장으로서는 아직 아주국 조선처와 공식 접촉을 허용하는 대신 비선이지만 직접 자신이 보고를 들을 수 있는 측면에서 자신의 비서관과 교류를 허용해준 듯 합니다. 수교 후에는 본국에서 오는 손님들을 수행해서 가장 많이 배석할 수 있는 기회가 있었기 때문에 첸치천 부장이 저를 기억하신 것이지요.

첸치천 부장내외는 노무현 대통령 취임식 때 축하사절로 오셔서 제가 아태국 심의관 시절 영예수행자격으로 2박 3일을 수행했고, 그 후 샌프란시스코 총영사 재직시절에 스탠포드대에서 열린 전직 정부 수반회의에 참석차 방문을 하였습니다. 제가 공관원들과 함께 가서 인사도 드리고 사진도 함께 찍고 환담하는 시간을 가졌습니다.

우리 무역대표부가 1년 4개월간 활동한 수교 기반 조성사업이 결국은 한중수교를 연착륙시키는데 기여를 했다고 생각됩니다. 수교 기반 조성 활동의 일환으로 충칭임시정부 시기의 한국임시정부 원로들과 중국 공산당 원로들간의 관계를 재 조명하는 사업도 수행하셨다는 이야기도 들었는데요.

네, 1940~1945년 충칭임시정부 시절에 우리 임시정부 수뇌들과 중국 공산당 원로들간의 긴밀했던 협력관계를 중국의 여론 주도층에게 확산시키는 작업은 수교 촉진을 위한 심리전 차원에서 중요한 의미를 가졌습니다. 이 내용은 지금도 우리 국민들이 잘 모르고 있는 내용입니다.

김구 선생 등 상하이(上海) 임시정부 요인들은 1932년 4월 윤봉길 의사 의거 이후 일본 헌병의 추적을 피하여 8년간 중국 내륙을 전전하다가 1940년 충칭에 정착하였습니다. 당시 충칭은 장제스 국민당정부의 수도였습니다. 동 시기에 우리 임정요인들과 충칭에 파견나와 있던 저우언라이(周恩來), 동삐우(董必武) 등 중국 혁명 원로들간에도 공동항일투쟁이라는 기치하에 긴밀한 교류가 있었다는 사실을 충칭방문 시 알게 되었습니다. 당시는 제 2차 국공합작시기였는데 저우언라이는 8로군 충칭판사처 책임자로 충칭에 파견나와 있었습니다. 이들은 1940년 한국광복군 발대식에도 참석을 했고 (방명록에 서명기록) 그 후 3·1운동 기념식이나 한중문화협회 창립식 등에도 참석하여 우리의 독립을 기원하였습니다. 그들은 우리 임정요인들이 해방을 맞이하여 귀국 시 환송연도 주최해주었습니다.

아울러 일본 패망후 마오쩌뚱이 장제스와 담판을 위하여 충칭을 방문했던 시기인 1945년 9월 3일 충칭시 꾸이웬(桂園)에서 임정요인들을 접견했다는 기록도 있습니다. 현재 시점에서 보면 김구 선생과 마오쩌뚱 간의 만남은 상당히 의미가 있다고 볼 수 있지요. 물론 장제스의 중국국민당은 민족 진영계열의 독립운동을 지원해왔고 중국 공산당은 옌안에 근거지를 둔 사회주의 계열의 독립운동을 지원해왔지만 중국공산당은 전쟁 종료 후 한반도의 집권세력이 누가 될지 모르는 상황에서 '장래 관리를 위해' 우리 임정과도 관계형성을 원했던 것으로 보입니다.

이러한 역사적 사실들은 한국전쟁과 냉전의 영향으로 대부분 잊혀져 가고 있었습니다. 91년 12월에 저는 충칭에 파견되어 충칭시 정부측과 우리 임시정부청사 보존을 위한 교섭을 했습니다. 다행히 충칭 방문 시 리쑤신(李素心: 광복군 제1지대 간부 李達의 따님)여사의 도움으로 당시 충칭일보 기사등 관련자료들을 수집할 수 있었고 지금 독립기념관에 보관되어 있습니다.


아주 중요한 사실들인데 동 사실들은 그 후 어떻게 활용하셨어요?


저는 충칭에서 귀임 후 즉시 이 사실을 본부에 보고하고 관련 학술회의를 위한 예산지원을 건의하였습니다. 본부에서도 동 건을 중시하여 곧바로 필요한 예산을 보내왔습니다. 당시까지 중국인들 뇌리에 한국은 장제스 정부와만 친했던 반공국가라는 인식이 강했기 때문에 충칭임정요인들과 중국공산당 혁명원로들 간에도 공동항일투쟁을 위해 그처럼 긴밀한 협력관계가 있었다는 것을 널리 알림으로서 중국내 중요 인사들의 우리에 대한 인식을 호의적으로 바꾸는데 목적이 있었습니다. 그리고 그 사실들을 중국학자들의 발표를 통해서 권위있게 입증하는 작업이 필요했던 것입니다.

저는 본부의 예산지원에 따라 92년 1월초에 중국의 중국공산당사 전문가들을 초청하여 동 내용과 취지를 알려주고 세미나 개최를 요청했습니다. 동 전문가들은 이러한 내용이 중국내에서는 민감하게 취급되고 있어 세미나 개최의 공식허가를 취득하기 어려울 것이라는 말과 함께 한국 대표부는 일체 관여하지 말고 중국공산당사를 전공하는 전문가들끼리만 자연스럽게 모여 공동 관심사항에 대한 세미나를 진행하는 형식으로 개최하겠다는 반응을 보였고 그 후 그렇게 진행되었습니다. 당초에는 공개회의로 베이징의 여론주도층을 다수 초청할 계획도 있었으나 중국 학자들만의 소규모 비공개회의로 축소 개최된 것입니다. 다행히 충칭한국임정 요인들과 중국 공산당 원로들 간의 교류가 활자화되어 논문으로 배포되는 성과를 거두었지요. 저는 동 내용 중 필요한 부분들을 복사본을 만들어 중국 외교부나 당, 학계 및 언론계에 배포하였습니다.


그러니까 일종의 초기 공공외교의 모형이 그때 나온 것으로 볼 수 있겠네요. 대사님 아마 재직기간에 제1차 북핵 위기가 발생하지 않았습니까. 그러면 결국은 이제 우리가 북한과의 정보를 확인하기 어려운 상황일 텐데 중국 내에서의 그런 정보를 수집해서 본부에 보고하는 그런 시스템들은 있었던가요?


네, 현재도 주중공관의 주요 활동목표 중의 하나는 중국에서 북한에 관한 정보를 수집하는 것입니다. 각국이 마찬가지입니다. 제 1차 북핵위기는 북한이 93년 3월에 갑자기 NPT 탈퇴를 선언하면서 발생한 것이지요. 당시는 수교 이후라서 한중 외교부간에는 협력관계가 매우 좋았습니다. 김하중 공사와 저, 그리고 중국외교부의 국제국장(또는 부국장)

과 담당처장 이렇게 넷이서 수시로 만나서 협의를 하였습니다.

그러나 북한 내부 돌아가는 정세를 파악할 방법이 없는 거예요. 중국 측도 한중 수교 직후라 북한과의 관계가 원만하지 못하여 북한 당국과 접촉이 어렵다고 자주 토로하곤 했어요. 본부에서는 계속 북한 내부 정세를 파악해서 보고하라는 지시 전보를 보내오는데 무척 힘들었던 상황입니다. 다행히 평소에 친하게 지내던 외신 특파원이 있었는데 동인이 매일매일 평양의 북한당국과 관계가 좋은 모 대사관에 전화해서 1일 동향식으로 제게 상황을 디브리핑 해주었습니다. 아마 당시 저희 대표부가 전 세계 어느 나라보다 북한내부 움직임에 관해 적시에 많은 보고를 했을 것으로 생각됩니다. 참 고마운 친구였습니다.

대표부 시절의 중점 활동과 에피소드를 잘 소개 해주셨는데 91년 1월 대표부 창설부터 92년 4월 수교를 향한 국면으로 전환될 때까지의 약 1년 4개월의 대표부 활동에 관해 종합평가를 해주실 수 있는가요?

네, 시기적으로 진전사항을 간단히 설명드리지요. 대표부 개설 1년의 대중국 외교를 평가 해보면 가장 큰 애로사항은 역시 대표부와 중국 외교부와의 접촉이 극히 제한적으로 다자차원에서만 이루어져 당초 기대했던 외교기관으로서의 기능을 순조롭게 발휘할 수 없었다는 점입니다.

중국 정부는 양국간의 대표부를 순전히 경제·무역진흥 활동에 한정하려 하였으며 이러한 현상은 1991년 4월 초 중국의 주서울 대표부 설립시까지 계속 되었지요.

4월 초부터 중국 경제부처 관원들과의 접촉이 서서히 개시되었으나 국장급 이하에 한정하였고 외교부 접촉은 중국의 APEC 가입문제 협의를 위한 국제국과의 접촉 이외에는 전혀 불가능하였습니다.

5월 말의 북한의 유엔가입 발표와 중국 측의 대규모 서울전시회 개최 및 그동안의 각종 비공식 접촉 등을 통해서 대략 7월부터는 한·중 관계에 호전 기미가 있었으나 8월 소련내 쿠데타 실패 영향으로 중국의 대내외 정책이 경색되고 사상무장이 강조되는 상황은 한·중 관계 발전을 주춤케하는 영향을 가져왔어요.

9월 중 남북한의 유엔가입과 10월 초 한·중 외무장관 간 첫 쌍무관계 회의 등 분위기가 호전되기 시작하였으나 대표부로서는 여전히 외교부 등 정무 분야 기관 접촉이 불가능하고 실질적인 Political dialogue는 불가능하였습니다.

그러나 11월 서울개최 제3차 APEC 총회를 계기로 양국 외교관 간의 접촉이 개시되어 아직 완전한 외교기능은 아니지만, 실무레벨에서의 의견교환이나 자료전달 등은 가능한 상태가 되었습니다. (그러나 국장급 이상 접촉은 불가하였습니다.)

따라서 주베이징 대표부 창설 첫 1년간의 업무는 직접적인 대중국 교섭업무보다는 각 관변 씽크탱크나 외곽단체 및 외교단 등을 통해 수교의 필요성 및 기대이익 등을 전달하고, 경협을 통해 친한 협력분위기를 조성하는데 일차 목표를 두었다고 할 수 있습니다.

# 5. 중국의 수교결정 배경과 모멘텀

시기를 구분하여 대표부 활동을 잘 설명해주셔서 감사합니다. 그럼 대표부 창설 1년을 경과하면서 수교에 관해 그 다음년도 목표를 어떻게 책정하셨나요?

네, 그 부분이 가장 고민스러웠던 부분이었습니다. 91년 말이 되면서 다음 연도인 92년도를 전망할 때 대표부의 기능을 격상시켜 정치대표부를 목표로 정할지, 곧바로 수교를 목표로 나아갈지 결정여부가 어려웠어요. 중국내 경제부처 인사들이나 지방성정부 간부들은 머지 않아 한중수교가 될 것이라는 비교적 낙관적 견해를 보였던 반면에 베이징의 관변 씽크탱크 인사들은 대부분 조심스러운 입장이었거든요.

　　동 관련 첸치천 외교부장의 『외교십기』에 보면 91년 11월 서울에서 한중 외무장관 조찬 회담 시 이상옥 장관은 중국 측에 대해 만약 수교에 시일이 소요된다면 민간무역대표부를 정부 간 대표기구로 격상하여 급증하고 있는 무역 관계에 대응하자고 제안하였어요. 이에 대해 첸치천 부장은 장기적 관점에서 보아 양국은 수교를 향해 가고 있으나 아직은 민간 대표부 형식으로 하되 외교관들을 포함한 양측 관리들 간의 접촉을 통해 필요한 업무를 해나가자고 반응한 것으로 기록되어 있어요.*

　　이와 같은 조찬회담 내용으로 보아 91년 11월 당시에는 우리 외교부 본부도 단시일내 수교가 될 것으로는 생각하지 않았던 것 같아요. 한편 첸치천 외교부장도 우리처럼 생각했거나, 오히려 그와 반대로 92년 중 수교를 실현시켜야 겠다는 전략 하에 중간단계를 거치는 것은 오히려 일을 번거롭게 한다는 측면에서 그러한 반응을 보였을 가능성도 있습니다.

---

\* 　첸치천, 외교십기, 147쪽

그렇다면 91년에서 92년으로 한해를 넘기면서 대표부에서도 수교 전단계로 일종의 '정치대표부'와 같은 중간단계를 거치는 방향으로 검토를 하신 것으로 이해하면 될까요?

네. 서두에 말씀드린대로 중국의 한반도 전문가들이 대부분 수교에 시일이 소요될 것이라고 전망함에 따라 대표부도 다소 그런 방향으로 검토를 하고 있다가 연말에 뜻밖에 희소식을 접하면서 입장이 확 바뀌었습니다.

91년 12월 하순 어느날 밤 갑자기 베이징주재 한 외교단의 서기관에게서 연락이 와서 만났더니 "어제 저녁에 중국 정부의 한 고위인사가 자국 대사와 만찬을 하게되어 본인이 통역을 했는데 자국 대사가 동 고위인사에게 "언제쯤 한국과 수교가 가능하냐"고 물었더니 동인이 의외로, "우리도 한국과의 수교를 고민하고 있다. 내 생각 같아서는 내년 연말까지는 수교를 했으면 좋겠으나 북한을 어떻게 설득시킬지가 고민이다"라고 대답했다는 것입니다.

중국 고위층 인사가 한중 수교의 희망 시기를 1992년 연말 이전이라고 말했다는 것은 중국 지도층의 신중한 어법으로 보아 거의 확정적이라 보아도 된다고 생각했습니다. 고위인사가 그 정도 이야기 했다는 것은 내부적으로 어느 정도 검토를 했다는 것으로 받아들일 수 있지요. 그러면서 동 서기관은 그것이 저에게 무척 중요한 뉴스일 것이라고 생각되어 밤늦게라도 저에게 연락했다는 것입니다. 대표부에서는 바로 다음 날 본부에 보고를 하였지요. 그 후 대표부에서도 수교 시기를 대략 92년 이내 정도로 예상하게 된 것이지요.

그런 일이 있었군요. 그럼 앞서 91년 11월 서울 한중 외무장관 회담시 중국 측 반응이나 중국 내 한국전문가들의 반응으로 미루어 볼 때 중국 측의 대한국 수교결정에 다소 시일이 소요될 것으로 보는 것이 합리적인 추론이었다고 보는데 그 후 중국이 수교로 적극 방향을 전환한 배경은 무엇이라고 생각하시나요?

저는 중국이 91년 말부터 92년 초 시점에 이르러 대한국 수교방침을 결정하게 된 배경을 다음과 같이 생각합니다.

첫째로, 남북한이 91년 9월에 유엔에 동시에 가입하였다는 사실입니다. 이와 함께 91년 12월 13일에 서울에서 열린 남북총리회담을 통해 남북한 간에 상호 체제인정과 평화공존을 지향하는『남북기본합의서』에도 서명을 하고, 『한반도의 비핵화에 관한 공동선언』도 서명하게 됩니다. 남북한 간에도 이미 화해협력 분위기가 이루어진 것이지요. 첸치천 외교부장도 그의 회고록에서 남북한이 유엔에 가입하였고 100여 개 국가가 남북한과 동시수교하고 있으며 남북한이 각종 국제회의와 체육대회에 함께 참가하고 있어 한중수교를 위한 기본 조건이 성숙한 것으로 평가하였다고 기술하고 있습니다.*

둘째로, 92년 하반기에 있는 한중 양국의 중요한 정치 일정을 고려하였을 것으로 생각합니다. 즉 한국에서는 12월에 제 14대 대통령 선거가 있어 노태통령의 임기는 실질적으로 11월이면 끝나는 셈이지요. 중국은 노대통령이 후보시절부터 대중국 수교에 적극적이었다는 것을 잘 알고 있으며 노대통령 퇴직 후 후임 대통령이 대중국 수교에 어떤 입장을 보일지 모르는 상황에서, 노대통령 임기 중 수교하는 것이 안전하다고 생각했을 것입니다. 동 사실은 수교후 중국 외교부 관리들을 통해서도 확인하였습니다. 중국 또한 92년 10월에 제 14차 중국공산당 전국대표대회가 있어 국가의 중요 리더쉽이 동 기간에 교체되기 때문에 주요 현안들을 9월 이전에 처리한다는 방침이 있었을 것으로 생각됩니다.

이러한 배경하에 중국이 91년 12월 말에서 92년 1월 초 사이에 내부적으로 92년 중 한국과 수교한다는 방침을 정하였고, 북한 측에 대해서는 그해 4월 양상쿤(楊尙昆) 국가주석의 김일성 생일 축하방문 시 직접 김일성에게 사전 통보하는 계획을 세웠다고 봅니다. 한국에 대해서도 4월 ESCAP 총회 시 첸치천 외교부장이 이상옥 장관에게 수교 회담을 제의한다는 시나리오를 만들어놓고 3월 초부터 그런 방향으로 움직인 것으로 평가됩니다.

한편 8월 한중수교 직후인 9월에 제가 주중미국대사관의 정무담당 서기관과 면담하면

---

* 첸치천, 외교십기, 154쪽

서 중국이 한국과 수교를 결정한 배경에 관해 미국측 평가를 들을 수 있는 기회가 있었는데, 동인은 (1) 중국이 그해 10월 제 14차 당대회에서 덩샤오핑의 개혁정책을 가속화하는 분위기를 조성하고 (2) 북한의 핵사찰 수용을 통한 미·북한간 수교 분위기를 조성하며 (3) 타이완의 적극 외교에 대응할 필요성 때문인 것으로 분석하였습니다.

그 당시 한중 양국 중에서 누가 수교에 대한 드라이브를 더 많이 걸었던 것 같습니까?

우리도 노태우 대통령 임기 중 중국과 수교를 한다는 목표를 가지고 있었기 때문에 대중국 외교에 줄곧 강력한 드라이브를 걸 수밖에 없었는데 마지막 순간에는 중국이 우리의 예상보다 더 강하게 수교에 대한 희망을 표시해왔다고 봅니다. 당시 서울에서의 한중 외무장관 조찬회담시 이상옥 장관이 첸치천 외교부장에게 만약 수교에 시일이 소요된다면 민간무역대표부를 정부간 대표기구로 격상하여 급증하고 있는 무역관계에 대응하자고 제안한 것으로 보아 우리 정부에서도 수교가 곧 실현될 것으로는 기대하지 않았던 것 같습니다.*

대사님의 말씀을 종합해보면 중국이 큰 틀에서는 한중간의 수교가 불가피하다는 분위기는 91년 연말 무렵부터는 충분히 논의가 됐던 것으로 볼 수 있고. 그런데 구체적인 수교의 모멘텀은 찾기가 굉장히 어렵겠네요...

중국이 마지막에 수교의 드라이브를 건 모멘텀은 당시 소련연방의 해체와 타이완의 공세적 외교에 대응하는 과정에서 찾을 수 있을 것입니다.

---

* 첸치천, 외교십기, 147쪽.

1991년 12월 21일 쏘연방이 공식으로 해체되었는바 사회주의 종주국인 쏘연방의 해체가 중국에 준 충격은 대단히 컸습니다. 이데올로기 전쟁에서 사회주의가 민주주의에 패배했다는 사실과 함께 전세계의 관심이 향후 중국의 행보에 집중되었습니다. 소련에 이어 중국이 '해체의 순서'를 밟지 않을까 하는 기대섞인 전망들이 많았던 시기였지요. 이 시기에 덩샤오핑을 중심으로 한 중국의 개혁파 리더들은 오히려 개혁개방정책의 적극화로 난국을 타개해야 한다고 생각했던 것 같고 그것이 92년 1월 덩샤오핑의 남순강화로 나타난 것이지요. 중국이 92년 1월 24일 이스라엘과 수교를 발표한 것도 이러한 적극적 대외정책의 일환으로 보입니다. 아울러 3월에 열린 전인대 7기 5차회의에서 그동안 보수파로 분류되어 오던 양바이빙(楊白冰) 중앙군사위원회 비서장겸 총정치부 주임이 중공서기처서기 자격으로 '덩샤오핑의 개혁개방 부름에 호응하자'라는 발표를 하고 해방일보 등에 이를 게재한 것도 당시 중국 지도층의 위기감을 반영한 선제적 적극적 대응으로 해석할 수 있습니다. 타이완은 90년 1월에 GATT가입을 신청하고 나서 91년 11월 APEC 가입과 함께 GATT 가입을 위해 공세적 외교를 전개하고 있었으며, 미국의 대타이완 F-16 전투기 판매문제에 적극 대응할 필요도 있고, 라트비아와 니제 등에서 중국의 외교적 좌절에 대한 만회 필요성이 있었을 것으로 생각합니다.

요약해서 말씀드리면, 남북한의 유엔가입과 상호체제인정 이라는 큰 정세변화가 중국이 대한국 수교를 결정하게 된 배경이고, 쏘연방 해체와 타이완의 공세적 외교가 이러한 중국의 결정을 좀더 가속화하는 모멘텀이 된 것으로 생각됩니다.


또 하나의 모멘텀은 첸치천 외교부장의 방한시 한국의 수교의지를 확인한 후에 그런 것이 조금 더 물살을 탔던 것으로 대체적으로 정리가 될 수 있는 거죠?

그렇습니다. 첸치천 부장의 방한은 분명 중요한 계기가 되었다고 봅니다.

# 6. 한중수교의 목표와 중국의 대북한 설득

노태우(盧泰愚) 정부가 출범 하면서 『북방정책』을 강력하게 추진하였는데 그때 외교부를 포함해 정부 안에서는 새 정부 대중국 정책 드라이브 목표가 어디에 있다고 판단했습니까?

노태우 대통령은 당선된 직후인 1987년 12월 24일 중국과의 국교수립 희망을 공식으로 천명함으로서 대중국 수교에 대한 강한 의지를 표명하였습니다.

대중국 수교 추진의 정책적 목표는 당연히 북한관계, 즉 한반도 평화안정이 가장 컸죠. 1989년과 90년 사이에 동구권의 몰락과 체제전환이 이뤄지면서 한국은 이 시기에 구동구권 국가들 대부분과 수교를 완료합니다. 89년에 제일 먼저 헝가리와 수교를 하고, 그 후에 폴란드, 동독, 체코, 유고와도 수교를 하고, 90년 9월에 소련과 수교를 하죠. 그리고 남은 나라는 중국, 베트남, 쿠바 밖에 없는 거예요. 그래서 당시 정부에서는 남은 국가 중 북한의 최대 우방인 중국과의 수교를 통해서 한반도의 평화안정을 기하고 평화통일 환경을 조성한다는 것이 가장 컸습니다. 물론 경제적인 측면에서 장래 중국이라는 거대 시장을 활용해야 한다는 점도 중요하게 작용했고요.

그러면 결국 관건은 북한이잖아요? 중국이 북한을 설득하는 문제가 굉장히 큰 현안이었을텐데. 중국이 북한에 대한 설득 노력을 언제부터 기울이기 시작한 것으로 볼 수 있나요?

중국은 북한에 대해서 한중관계에서 변화가 있을 때마다 북한이 과민한 반응을 보이지 않도록 그때그때 계속 북한 측 한테 통보를 하면서 양해를 구했다고 봅니다.

무역대표부 개설 또한 그러하지요. 첸치천의 『외교십기』에 의하면 88년 11월 김영남

북한 외교부장의 방북시 한국과의 무역사무소 개설건을 이야기했습니다. 그 후 89년 하반기와 90년 하반기에 김일성이 베이징과 선양을 각각 방문하였을때 장쩌민 주석이 김일성과 회담하면서 이 문제를 제기했으며 김일성은 중국 측 입장을 충분히 이해하고 동의를 표했다고 기록하고 있습니다. 첸치천 외교부장의 회고록에는 포함되어 있지 않으나 우리 대표부가 활동하고 있던 때인 91년 10월에도 김일성이 중국을 방문하였습니다. 당시 덩샤오핑과 장쩌민 주석이 김일성과 회담하였는데 한중관계 전망에 대해서도 김일성에게 미리 언질을 주었을 것으로 생각합니다.

직접 수교 방침에 관해서는, 첸치천의 『외교십기』에 의하면, 92년 4월에 양상쿤(楊尙昆) 국가주석이 김일성의 80세 생일을 축하하기 위해 북한을 방문해서 김일성에게 "중국은 한국과의 수교를 고려하고 있다. 그러나 장차 북한의 한반도 통일 사업은 계속 지지할 것이다 "고 통보했습니다. 이에 대해 김일성은 "현재 조선반도가 미묘한 시기에 처해있으며, 중국이 한중관계와 북미관계를 (균형있게) 조정할 것과 중국 측의 입장을 재고해줄 것"을 요청했습니다.


그러면 구체적으로 양상쿤(楊尙昆) 국가주석이 북한을 방문해서 김일성을 만났을 때, 대체적으로 그때 아마 한중수교가 불가피한 현상이 됐다는 것을 공식적으로 통보하는 그런 형태가 되었을 가능성이 크네요?

그렇습니다. 구체적인 시기는 못박지 않고, 앞서 중국의 고위관리가 당시 베이징의 한 외국대사에게 1992년중 한국과 수교하고 싶다고 했던 이야기를 종합해보면 북한에게 연말 이전에 한국과 수교하겠다는 정도로 힌트를 주었을 것입니다. 동 관련하여 당시 양상쿤(楊尙昆) 주석을 수행했던 장팅옌 당시 중국 외교부 아주국 부국장(후일 초대 주한중국대사)은 그의 회고록 『출사한국』에서 북한이 중국에게 한국과의 수교를 1년만 연기해 줄 것을 요청했지만 이미 당 중앙위에서 내린 결정사항이었기 때문에 아무런 약속을 하지 못했다고 기술하고 있습니다.

보다 직접적으로 북한측에 한중 수교방침을 통보한 것은 92년 7월 15일에 첸치천 외교부장이 북한을 방문했을 때입니다. 첸치천의 『외교십기』에 의하면 그는 북한측에 예의를 갖추어 한중수교에 관한 중국의 방침을 전달하고 오라는 장쩌민 주석의 지시를 받고 하루 당일치기로 북한을 방문한 사실이 기록되어 있습니다. 그는 7월 15일 평양공항에 마중나온 김영남 외교부장과 함께 헬기로 갈아타고 김일성의 별장에 가서 아침 11시에 김일성을 면담합니다. 그리고 한중수교 방침에 대한 장쩌민 주석의 구두친서를 전달하고 이에 대한 김일성의 이해와 지지를 구한다고 말합니다. 이에 대해 김일성은 중국의 외교정책을 이해하며, 앞으로도 계속 중국과의 우호관계 증진을 위해 노력할 것임과, 북한이 일체의 곤란을 극복하고 계속하여 자주적으로 사회주의 노선을 견지해 나갈 것임을 밝혔다고 기술하고 있습니다.

첸치천의 회고록에는 당시 김일성과의 면담 분위기가 얼마나 썰렁했는지를 간접적으로 묘사하고 있는데 "당시 김일성과의 면담은 역대 중국대표단과의 면담중 가장 시간이 짧았다는 것과 과거의 전례와는 달리 오찬 초대도 없어 그냥 김영남 외교부장과 간단히 점심을 먹고 귀국했다"고 기술하고 있습니다.

수교 발표시점이 당초보다 늦어진 것도 첸치천 부장의 북한방문과 관련이 있습니다. 당초 한중간에는 7월 중순에 수교 회담 본회담과 가서명을 하고 7월 말에 양국 외교부 장관 간에 수교 문서에 정식서명과 동시에 발표를 하도록 예정되어 있었습니다. 그런데 6월말 경에 갑자기 중국 외교부에서 수교 발표를 한달 미루자고 통보를 해온 거예요. 그런데 며칠 후에 그 의문이 풀렸어요. 첸치천 외교부장이 곧 북한을 방문한다는 사실을 알게 된것입니다. 그때 첸치천 외교부장이 북한측에 수교문제를 통보하기 위해서 가는 것이라는 감을 잡았죠. 우리에게 사전 얘기를 해주었으면 긴장을 안 했을텐데 우리한테도 비밀로 하고 얘기를 안 해줬어요. 그리고 그냥 한 달 미루자고 하는 거예요. 마침 8월

12일부터 상하이(上海)에서 유엔 군축관계 큰 회의가 있었습니다. 각국의 외상들이 참석하는 큰 회의인데 첸치천 외교부장이 그 회의를 주재해야 해서 결국은 8월 24일로 정한 것입니다.

대화중에 많이 말씀해주셨습니다만 당시 한·중 양측이 수교의 목표를 어디에 두었습니까?

한중 양국의 수교 목표를 한반도 평화안정, 공동경제번영, 평화통일 환경조성 등 3가지로 요약할 수 있습니다. 동 관련 수교공동성명 4항은 " 한중 양국정부는 양국간의 수교가 한반도 정세의 완화와 안정, 그리고 아시아의 평화와 안정에 기여할 것으로 확신한다" 라고 표시하고 있습니다.

　　실제 한국은 '중국과 수교를 통해서 한반도의 평화안정을 꾀한다'는 것이고 중국은 '남북한 동시수교를 통해서 한반도의 평화안정을 기한다'로 설명논리가 다르겠지요. 공동경제번영은 당시 우리는 중국을 상품수출 및 투자 대상으로, 중국은 우리로부터 기술과 투자유치라는 의도가 컸다고 봅니다. 평화통일 환경조성 차원에서는 우리는 '중국을 통해 북한의 도발을 억제하고 장기적으로 평화통일 분위기를 조성한다'는 목표였고 중국은 '한국과의 수교를 통해서 타이완을 고립시킨다'는 것이었지요. 그럼으로써 타이완과의 평화통일환경을 조성한다' 이것이 그 당시 양측이 가졌던 목표였다고 볼 수 있습니다.

# 7. 한-타이완관계

대사님께서는 주로 무역대표부에서 수교 기반 조성작업을 하고, 또 교섭 지원업무를 해나가신 것으로 보이는데요. 수교 시점을 정할 때, 구체적으로 8월 24일로 수교시점을 정한 것은 아까 말씀하신 내용 말고 타이완 대사관의 재산처리 문제와 같은 다른 요소들은 작동하지 않았나요?

수교 시점을 8월 24일로 정한 것은 앞서 말씀드린 그대로입니다. 동 방침이 결정된 이후 타이완에 대한 사전 통보 등 조치는 이상옥 장관의 회고록『전환기의 한국외교』에 자세히 언급되어 있습니다.

그런데, 이제 저희가 대사님의 구술을 듣는 취지의 하나는 지금 시점에서 과거를 되돌아보는 측면이 있습니다. 수교협상이 내용적으로는 1992년 5월과 6월 두 달 만에 끝나고 세 번째 예비회담에서 초안이 만들어질 정도로 굉장히 신속하게 진행이 됐는데요. 지금 시점에서 봤을때 우리가 중국과의 수교를 너무 조급하게 서둘러 타이완으로부터는 배반자라고 규탄을 받았으며, 6·25 참전에 관한 중국 측의 사과도 받지 못한 것 아닌가, 우리가 지나치게 서둘러서 협상의 주도권을 잃었거나 6·25 관련해서도 '우리가 중국의 의도를 사전에 너무 의식하고 자기 검열에 빠져있었던 것이 아니냐' 하는 그런 평가들이 있거든요.

그 당시 상황에서는 그렇게 하는 것이 최선의 방안이었다라는 것이 저의 평가입니다. 또 외교라는 것이 내정의 연속임을 피할 수 없는데, '노태우 대통령의 임기가 다음해 2월에 끝나지만 실질적으로는 92년 12월 대통령 선거일을 감안하면 수교 발표와 노태우 대통령의 방중이 92년 11월 이전에 끝나야 한다는 것이 우리 측 생각이었고, 중국 또한 노태우 대통령이 대중국 수교에 매우 적극적이었기 때문에 노대통령 임기중 수교교섭을 타결해야 한다는 생각을 갖고 있었다고 봅니다.

사실 당시 한·중 수교는 전세계의 빅 뉴스가 될 정도로 엄청난 사건이었기 때문에 시기나 보안문제 등에 조그마한 실수도 있어서는 안된다는 것이 양측 모두가 가지고 있었던 인식이었고 그러한 인식하에 일사분란하게 협상이 진행되었다고 평가됩니다.

타이완과의 단교에는 통보시기 문제와 명동 대사관의 재산처리 문제, 그리고 그 후 타이완에 설치될 대표부의 명칭문제가 있습니다.

통보시기 문제는 이상옥 장관님이 회고록에서 자세히 언급하셨습니다. 그리고 이미 80년대 말부터 우리가 공개적으로 대중국 수교방침을 천명하였기 때문에 타이완 내부적으로는 한중 수교가 조만간 현실화될 것이라고 예상했을 것입니다.


타이완과 단교 후 타이완 측과 다시 관계를 설정하는데는 어려움이 많았다고 들었습니다.

네, 타이완 측의 감정의 앙금이 지속되어 단교 직후에는 양측 간 민간대표부 교환 협상 자체가 불가능하였습니다. 그 후 1993년 양국 외교부간 협의를 거쳐 경제무역 관계 증진을 위한 대표부 설치에 합의한 것입니다. 그러나 서울과 타이베이에 설치된 대표부는 준외교기관으로서의 기능을 수행하고 있고 근무인원에 대해서도 상호 외교관 대우를 해주고 있습니다.

그 후 우리와 타이완의 노력으로 현재 양국관계는 주 200회 이상의 항공기 운항, 연간 200만 명 이상의 인적교류로 타이완 관광객은 방한 관광객 수에 있어서 3~4위 순위를 차지하고 있으며, 교역액도 연간 300억불 이상으로 우리의 5~6위 교역대상국이 될 정도로 돈독한 관계를 유지하고 있습니다.

# 8. 한중수교와 노태우 대통령 방중

그런 우여곡절을 거치고 8월 24일에 정식 수교에 서명하게 되는데, 베이징에서 서명식을 할때 대사님은 어떤 역할을 하셨나요?

저는 1등 서기관으로서 대사관 정무 업무를 담당하고 있었습니다. 저는 당시 이상옥 장관의 방중을 맞이하여 중국 측과의 각종 연락업무 및 역사에 남을 서명식이 잘 진행되고 언론에 보도가 잘될 수 있도록 기자단을 지원하는 역할을 주로 했지요.

수교 후 중요한 후속조치들중 노태우 대통령의 중국 방문이 가장 중요한 행사였다고 생각되는데 노대통령의 방중준비는 어떻게 하셨습니까?

그게 저로서는 사실은 수교교섭 지원보다는 더 어려웠습니다. 왜냐하면 수교 협상은 본부에서 준비하고 현지에서는 대표단에 대한 지원만 하면 되었지만 노태우 대통령의 방중건은 보안 유지상 대표부가 조용히 알아서 준비를 해야 하는 상황이었기 때문입니다. 역사상 첫 한국 국가원수의 중국 방문이기 때문에 절대로 소홀함이 있어서는 안된다는 점과 아직 수교가 발표되기 전이라 그때까지는 엄격한 비밀을 유지한채 준비해야 한다는 것이 가장 힘들었습니다. 양국 간 수교 회담 시 노대통령이 9월 27~30일 방중한다는데는 합의하였지만 수교 발표시까지는 비밀을 유지해야 했습니다.

　보통 대통령의 해외 순방은 공식발표보다 훨씬 일찍 준비합니다만 노대통령 방중건은 대외적으로 알려지면 곧 수교한다는 내용이 알려지기 때문에 준비과정상 극도의 보안이 필요하였습니다. 방문 시 가장 기본이 되는 것이 방문기본일정(안)인데 누구에게도 물어볼 수 없었지요. 대표부 내에서도 수교 교섭이 비밀로 되어있어 여타직원들의 협조를 구할 수도 없었습니다. 김하중 참사관과 둘이서 고민을 하다가 좋은 수가 떠올랐어요. 1972년 닉슨(Richard Nixon) 대통령이 중국 방문 했을 때와 일본 다나카(田中) 수상이 72년에 수교 발표를 위해 중국방문 시의 일정을 참고하면 되겠다는 생각이 들었어요. 그래서 베이징대 도서관이 비치한 인민일보 신문에서 72년 닉슨 대통령과 다나카 수상의 중국 방문기사를 전부 찾아 기본일정(안)을 만든후 8월 24일 수교 발표 직후 본부에 건의를 해서 시간을 단축할 수 있었습니다.


그러면 그때 구체적으로 방중일정을 작성할 때에는 일본의 다나카 수상이나 닉슨 대통령의 방중 일정을 공부해가며 준비하셨는데 일정들이 현실화될 때 특별한 문제들이 없었습니까?

다행히 특별한 문제가 발생하지 않았습니다. 우리는 북한때문에 경호에 제일 신경을 썼는데요. 실제 대통령의 방문시에는 중국 측이 행사장 주변이나 이동구간을 철저히 통제하여 별다른 문제가 없었습니다.


역사적인 정상회담이었는데 회담결과 발표시 초점을 두었던 것은 어떤 부분이었나요?

정상회담 후 결과 발표는 공동성명대신 다소 격이 낮은 공동언론발표문 형식으로 하였습니다. 왜냐하면 동북아 평화나 타이완 문제 등 민감한 문제들은 이미 수교 공동성명에 다 포함되었기 때문에 공동언론발표문의 내용도 상호 선린관계 증진과 경제협력 협정체결, 남북대화와 비핵화지지, 국제기구에서의 상호협력 등 일반적인 내용 위주이었지요. 또한 북한을 자극시키지 않으려는 중국 측의 배려도 있었다고 봐야지요. 오히려 대표부에서는 의전분야에 신경을 많이 썼습니다. 우리 언론도 의전분야에서 중국이 한국 대통령을 얼마나 정중하게 대우하는가가 주요 관심사항의 하나였지요..

그렇게 한번 여쭤보는 것은 지금 우리의 한중관계를 되돌아보면 한반도 통일의 문제나 한중 간의 역사적 성격과 미래 발전방향에 대해서 그때 아마 굉장히 미래지향적으로 생각을 많이 하지 않았을까. 그 역사적인 의미를 되새겨 본다면 한반도의 평화와 안정에 기여할 것으로 생각이 되는데요.

그 부분은 수교의 목표라던가 비전에 관련된 부분인데 앞서 말씀 드린대로 수교의 목표는 분명했습니다. 그리고 그러한 목표 하에 수교 후 양국관계가 거침없이 발전해온 것도 사실이고요. 양국 간의 협력이 마치 봇물터진 것처럼 증가되어 주변국들을 놀라게 했다고나 할까요. 특히 경제관계와 인적교류 측면에서는 대단한 발전을 이루었습니다. 다만 외교안보 분야에서는 당초 기대했던 것보다는 협력이 원활하지 못한 측면도 있습니다.

# 9. 한중간 초기 이미지 및 수교 25주년 평가

대사님께서 수교에 이르는 전과정을 에피소드를 섞어 잘 말씀해주셨는데, 수교를 전후한 초창기에 양국간에 상호 어떤 이미지를 가지고 있었는지요. 상당히 좋은 이미지를 가지고 있었을것으로 생각되는데요.

한중 관계를 평가할 때 1988~1997년간을 "전설의 황금기"라고 평가하기도 합니다. 과거 2천 년 동안의 한중 관계사에서 우리가 그처럼 중국보다 잘살고 대중국 외교를 리드해 나가던 시절이 아마 처음일 것이라는 의미에서 중국전문가들이 지어낸 말입니다.

　한국에 대한 중국인의 이미지가 가장 좋았던 때는 1988년으로 생각됩니다. 올림픽 게임 시 하루에 8시간 정도의 올림픽 뉴스가 중국 전역으로 생방송이 되었다고 하는데, 한국의 발전상과 깨끗하고 질서정연한 모습, 특히 자원봉사자들의 모습을 보고 많은 중국인들이 충격을 받았다는 것입니다. 수많은 조선족들이 자기가 조선족이라는데 대해 처음으로 자부심을 느끼고 눈물을 흘렸다는 이야기를 들은 적이 있습니다. 기본적으로 같은 유교권 국가이면서 짧은 기간에 경제기적을 이룬 나라라는 좋은 평가가 있었지요. 당시 중국 정부는 박정희 대통령 시절 한국형 개발모델에 대해서도 큰 관심을 가지고 연구를 많이 하였습니다.

그런데 그 후 중국인의 대한국 이미지가 점점 나빠진 것이지요? 초기에 한국기업들이 공세적으로 중국에 진출하면서 많은 노사문제와 사회문제를 야기했다고 들었습니다. 그때 아마 중국인들의 자존심이 많이 상하고, 어글리코리안이라는 말들이 유행을 했던 것 같은데요.

그렇습니다. 대표부 설치 시부터 우리 기업들이 중국에 진출을 시작하는데 초창기에는 주로 노동집약형 가공업 형태가 많았습니다. 그런데 대부분이 중소기업들인데 한국인 사장이나 간부들이 중국어나 중국문화를 이해하지 못하고 그다지 경영마인드도 없었습니다. 당시 한국식 방식대로 노사 관리를 하는 것입니다. 근로자가 조금만 일을 잘못하면 소리지르고 벌을 주고 또는 밤에 룸살롱에서 돈 자랑하거나 점잖지 못한 행위들.. 이런 것들이 한국의 이미지에 악영향을 끼쳤어요. 물론 모범적인 기업들도 있었습니다. 그러나 유독 우리 기업들에게서 노사분쟁이 많이 일어났어요. 그런 모습들이 92년~95년까지 집중적으로 많이 일어났습니다. 당시 93년도에 『BBC』 방송에서 "중국에 투자한 외국 기업 중 최초로 한국기업에서 노사분쟁이 발생하다"라는 내용의 뉴스가 나온 것을 기억합니다. 뿐만 아니라 우리 관광객들의 중국 문화에 대한 몰이해적인 행위들도 많이 문제가 되었습니다. 그러다가 97년 한국이 외환위기를 맞이하면서, 한국의 경제성장이 과대평가되었구나라는 생각에 중국인들의 한국에 대한 평가가 상당히 낮아진 것이지요.


그럼 한국인의 대중국 이미지는 어떠하였습니까?


기본적으로 우리는 중국에 대해 좋은 이미지를 가져왔다고 생각합니다. 우선 중국의 물가도 싸고 수출과 투자에 있어서는 전세계에서 중국만한 곳이 없었으니까요. 개인생활 측면에서도 한국인들은 중국인들의 생활수준과 비교할 수 없을 정도로 잘 살았습니다. 우리의 중국에 대한 호감은 중국이 2004년 동북공정을 시작하면서 악화되기 시작하다가 그 다음은 2015년 사드배치에 대한 중국의 경제보복조치로 급격히 나빠지게 되었지요.


그럼 초창기 우리의 대중국 외교를 종합적으로 평가를 해주시죠.

88 올림픽부터 90년대 중반 정도까지 한국외교는 황금기였습니다. 특히 중국과의 수교를 통해 전방위 외교가 가능해졌고, 경제적으로도 90년대 고속성장이 가능했을 뿐 아니라, 대북한관계에서도 최고의 자신감을 가질 수 있었습니다. 당시는 올림픽 이후 중국인의 대한국 호감도가 최고도로 올라가 있었고, 한중간의 국력의 차이도 별로 없었습니다. 양국간에 다소의 문제가 발생하더라도 근본적인 국익의 충돌이라기보다는 체제나 문화의 상이로 인해 문제해결 방식의 차이에서 오는 것이 많아 동 차이점을 상호 이해하면 쉽게 해결이 되곤 하였습니다. 대부분 협상을 통해 원만히 해결되었다고 할 수 있지요. 거기에는 초창기 우리 외교관들의 우수한 중국어 능력과 중국 문화에 대한 높은 이해능력도 일정한 역할을 했다고 생각합니다. 제 개인적으로는 초창기 대중국 외교 현장에서 있었다는 성취감과 보람이 있습니다.

그러나 지금 회고해보면 반성하거나 아쉬운 점들도 여러가지 있어요. 우선 우리가 중국의 급격한 부상에 대비하지 못한 것입니다. 중국은 불과 9년 후인 2001년에 WTO에 가입하면서 최고의 투자유치국, 생산대국, 소비대국이 되었습니다. 우리는 중국이 그처럼 급격히 부상할 것을 예측하거나 대비하지 못했습니다. 빠른 속도의 대중국 수출 증가에 취해 90년대 우리 스스로 내부 구조조정의 기회를 살리지 못했고, 추후 중국 경제의 부상이 우리 경제에 미칠 영향에 대해서도 별다른 연구나 대응을 못했다고 봅니다. 지금은 반도체를 제외한 거의 전 분야에서 중국에게 밀리고 있는 실정이지요. 또한 강대국으로 부상한 이후 중국이 취할 외교정책이나 대한반도 정책에 대해 우리가 너무 순진하지 않았나 생각합니다. 중·북한 관계에 대해서도 우리가 좀 안이했다고 생각해요.

한편 사회주의 중국체제나 중국문화에 대한 이해부족으로 일부 우리 정치인이나 언론, 관광객들의 몰이해적인 태도나 가벼운 행동을 통해 중국이 한국인을 낮게 평가하거나 쉽게 다룰 수 있다는 인식을 준것도 솔직히 반성해야 합니다. 조선족 문제를 잘 못 다룬 것은 큰 실책이지요.

그럼 기간을 좀 늘려 금년 한중 수교 25주년을 맞이하여 양국관계에 대한 평가를 좀 해주세요. 그동안 보면 한중관계가 정말 비약적으로 발전한 반면 최근에 사드사태와 같은 일련의 과정을 통해서 한중관계의 성격을 좀 되돌아보고 있는데요. 한중수교와 교훈에 대해서 여쭤보겠습니다.

수교당시 설정했던 한반도 평화안정, 공동경제번영, 평화통일 환경조성이라는 3개의 목표에 비추어 보면 공동경제번영 측면에서는 우선 수교의 이익을 충분히 누렸다고 봅니다. 그러나 한반도 평화안정과 평화통일 환경조성이라는 목표는, 냉정하게 판단해보면, 수교당시 보다 상황이 더 악화되었어요. 물론 주 원인은 북한 때문이지요. 그러나 한편으로 우리가 중국의 역할을 과대평가하거나 지나친 기대를 하지는 않았는지, 중국의 대남 북한 정책을 정확히 파악하고 전략적으로 접근했는지 등에 대한 반성이 있어야 한다고 생각합니다. 여기서 우리는 향후에도 중국의 역할에 대한 과도한 평가나 지나친 기대를 하면 안된다는 중요한 교훈을 얻을 수 있습니다.

　구체적인 분야를 평가해 보면 교역이나 인적교류, 유학생 교류 등 양적인 부분은 엄청나게 빠른 속도로 증가를 했습니다. 각종 국제기구 등 다자차원에서의 협력도 상당히 잘 이루어지고 있습니다.

　그러나 중국의 부상과 함께 중국이 '강대국 외교'를 지향하면서 한중 간에도 과거의 호혜평등의 원칙에 입각한 외교가 지속될 수 있을까하는 우려가 있습니다.

　또한 수교를 통해 기대했던 양측 간 전략적 협력은 어려움이 많이 있습니다. 전략적 협력이 부진했던 이유는 또한 미·중 전략 경쟁이 가열되면서 중국의 북한에 대한 전략적 인식이 북한을 껴안고 가야한다는 것으로 확실히 바뀌었기 때문이지요. 2010년의 천안함 사건이나 연평도 포격사건에서 나타난 중국의 태도에서 잘 알수 있습니다.

　또한 중국이 한·미동맹에 민감해 하는 것도 한·중 간 전략적 협력이 어려운 이유라고 할 수 있습니다.

한편 경제분야에서는 우리의 중국시장에 대한 의존도가 너무 높은 것도 우리의 대중국 외교를 어렵게 하는 요인이 되었습니다. 우리가 초기단계의 대중국 수출 모델에만 안주하면서 중국 경제구조의 급격한 변화에 대응하지 못한 결과 지금 중국은 빅데이터나 AI, 3D, 드론 등 신산업분야에서 이미 우리를 리드하기 시작하였습니다. 향후 과제는 이러한 중국의 변화에 맞추어 새로운 한·중 산업협력의 모델을 개발하고 이를 구축하는 것이라고 봅니다.

저도 우리가 전략적으로 대중국 접근을 하지 못했다고 생각합니다. 지금 현안인 사드문제는 중국의 큰 전략적 조정 과정에서 발생한 사건으로 문제가 해결되더라도 유사한 사건이 재발될 수도 있다고 보는데요, 오랜 외교 경험을 통해 사드문제는 어떻게 처리 방향을 잡아야 할 것 같습니까?

중국은 북핵위협에 대응하여 배치한 사드가 자신의 안보이익을 해친다고 규정하고 경제보복 조치를 취했습니다. 마치 한·중 관계의 악화 원인이 우리에게 있는 것처럼 프레임을 씌워 버렸어요. 우리는 중국과의 관계회복을 위해 외교장관이 또 '3불 정책'을 언급하는 등 (중국 측은 약속했다고 주장) 계속 양보로 일관했어요. 중국이 우리에게 사드배치를 하면 안된다고 주장하는 것은 명백한 내정간섭입니다. 우리는 처음부터 중국의 내정간섭의 태도가 한중관계 악화의 원인이라는 것을 분명히 했어야 합니다. 그러나 그렇게 하지 못했어요. 수교공동성명서 제 2항에도 "양국정부가 주권영토보전의 상호존중, 상호불가침, 상호 내정불간섭, 평등과 호혜, 그리고 평화공존의 원칙에 입각하여 항구적인 선린우호협력 관계를 발전시켜 나갈것에 합의한다"라고 명기하고 있어요. 당국자들의 대외관계 철학이나 결기가 부족했던 것이라고 볼 수밖에 없습니다. 또한 사드배치를 둘러싸고 국내적으로 안보문제가 정치화되어 있고 진영간 분열되어 있어 중국이 그 틈을 파고든 것이거든요. 중국은 우리를 상대로 사회주의 특유의 여론전, 심리전, 통일전선전술 등 각종 전술을 체계적으로 사용한 것 같아요.


그러니까 대사님 해법은 '외교안보정책이 정권의 교체여부와 상관없이 일관성이 있어야 하겠다. 그런 것이 결국 대중국 정책의 경쟁력이 되겠다. 그래서 중국이 한국과의 관계를 가볍게 보지 않도록 해야하겠다' 이런 말씀으로 듣고요. 마지막으로 향후 25주년 한중관계의 큰 전략적 방향이나 대중국 정책의 총론을 어떻게 짜야 된다고 보십니까?

당연히 중국은 우리의 중요한 이웃이자 협력의 파트너이기 때문에 중국과의 우호협력 관계를 극대화하고, 북한 비핵화와 동북아 평화안정의 파트너로 함께 해야 합니다. 공동경제번영을 위한 중국의 역할 또한 여전히 중요합니다.

　　그러나 수교 25년이 지난 지금 앞으로 실제 어떻게 협력을 추구해나가야 할 것인지에 대해서는 그동안의 성공과 실패에 대한 냉정한 분석과 판단 위에 다음의 몇가지를 고려하여야 한다고 생각합니다.

　　우선 북한 비핵화를 위해 중국과의 협력이 필요하지만 우리와 중국간에 국익이 다르듯이 북한비핵화에 대한 우선순위와 방법에 차이가 있다는 것이 명확해졌고 중국의 역할에도 한계가 분명해졌다는 점입니다. 즉 중국은 북한문제에 있어 우리에게 어떤 파트너인가를 냉정하게 평가해야 합니다.

　　둘째로 중국의 국력이 계속해서 강해지고 권위주의 독재체제를 계속 강화하면서 힘을 바탕으로 한 '강대국 외교'를 계속 추진할 것으로 예상됨에 따라 우리도 대중국 외교력을 지속적으로 키워 나가야 한다는 것입니다.

　　셋째로, 과거 2천 년 동안의 한중 관계와 비교해볼 때 현재의 우리의 대중 외교환경은 상당히 양호하다는 사실을 깨닫고 이것을 대중국 외교에 활용하는 것입니다. 즉 지금의 한중관계는 과거와는 달리 다자차원의 관계의 하나라는 것입니다. 우리에게는 미국,

일본을 비롯한 많은 우방국들이 있습니다. 이러한 나라들을 어떻게 우리의 대중국 외교에 활용할 것인지는 우리의 역량에 달려 있는 것이지요. 또한 절대국력을 비교해도 오늘날 한·중 간의 국력의 차이는 역사적으로 보아 가장 차이가 적다는 것입니다.

이러한 인식을 바탕으로 하면서 과거 25년의 대중외교에 대한 철저한 평가 위에 다음과 같이 우리의 미래전략을 마련함이 좋다고 생각합니다.

첫째로 국제정치의 기본 룰에 충실하라는 것입니다. 원칙있는 외교와 일관성 유지, 이념보다는 실사구시 외교, 국론통일, 상대의 선의에 기대지 않는 외교 등 우리가 흔히 잊어버리고 있는 국제정치의 기본 룰을 늘 명심하면서 정책을 수행해야 한다는 것이지요.

둘째로 역사의 교훈대로 자강과 세력균형을 기하라는 것입니다. 대중국 외교의 목표와 비전에 대해 국내 콘센서스를 형성하고, 대외적으로는 우방과의 관계를 돈독히 하는 것이야말로 우리의 대중국 외교역량을 극대화 할 수 있는 방안입니다. 그런 측면에서 일본을 대중외교에 활용하지 못하고 있는 점은 애석한 일이지요. 한미일 관계가 튼튼했더라면 사드배치로 인한 중국의 경제보복조치도 오래 지속되지 않았을 것입니다.

셋째로 중국이 지향하는 강대국상이 무엇인지, 또한 중국의 전략전술이나 비즈니스 관행이 무엇인지에 대해 좀더 정확한 이해가 필요합니다. 흔히 우리는 한국인이 중국어나 중국문화에 대한 이해능력이 가장 높다고 자평하지만 실제 현장에서는 중국에 대한 이해의 정도가 그리 높지 않다고 생각합니다. 이미 강대국으로 부상한 중국의 전략전술은 20년 전과는 매우 다릅니다. 또 사회주의 체제하의 중국인의 의식과 실제 비즈니스 관행, 그들의 어법등은 우리가 생각했던 중국인이나 중국문화와는 매우 차이가 있습니다. 우리 기업인들이 중국에서 어려움을 겪는 것은 대부분 이 차이를 모르고 시작했기 때문이지요.

대사님 말씀을 요약해보면 '국제정치의 기본룰에 충실하고, 역사의 교훈대로 자강과 세력균형이 필요하며, 강대국으로 부상한 중국의 전략전술에 대해 좀 더 이해를 심화해야 한다'는 말씀으로 듣겠습니다.

이 소장님이 정리를 아주 잘해주셨습니다. 저는 항상 문제 해답의 70%가 우리한테 있다고 봅니다. 상대방에게 책임을 돌리면 해답이 없습니다.

장시간동안 이렇게 오랜 외교관 생활 경험을 들려주셨는데, 그게 결국 우리의 번영을 위해서는 외교에 의존하는 비중이 매우 크기 때문에, 그런 의미에서 오늘 인터뷰는 아마 우리 외교 역사에서 귀중한 자산으로 오래도록 남을 것으로 생각이 됩니다. 고맙습니다.

고맙습니다.

# 10. 충칭 임시정부 청사 보존 교섭

앞서 대사님의 주베이징 대표부 활동 중에 충칭 임시정부 시기의 한국 임시정부 원로들과 중국 공산당 원로들 간의 관계를 재조명하는 것과 같은 시범 사업도 실시했다는 이야기도 들었습니다. 그런데 실제 보존사업 자체도 지금 돌이켜 보면 크고 의미있는 사업이었다고 생각되는데 동 보존 사업내용을 상세히 설명해주세요.

우리 한국인들 중에 충칭에 임시정부가 있었다는 사실을 아는 사람이 많지 않습니다. 김구 선생 등 상하이(上海) 임정요인들은 1932년 상하이(上海)에서 윤봉길(尹奉吉) 의거 발생 이후 일본 헌병들의 추적을 피하여 상하이(上海)를 떠나 항저우(杭州), 전장, 창사, 광저우, 류저우, 치장 등으로 피신다니다가 1940년 9월에 충칭에 와서 정착을 합니다. 당시 충칭은 장제스 국민당 정부의 수도였습니다. 장제스 정부는 윤봉길 의거 이후 우리 임정의 역할에 대한 인식을 새롭게 하여 본격적으로 지원해주었습니다. 당시 충칭도 일본군의 폭격이 심하여 임시정부는 충칭시내에서도 여러 군데를 이사 다녔는데 1945년 1월부터 1945년 11월 귀국시까지 마지막 사용하던 임정청사가 현재 복원되어 있는 〈渝中區 七星崗 蓮化池 38號〉에 위치한 임시정부 청사입니다. 장제스 정부가 상징적인 금액만 받고 임정에 빌려준 것입니다. 당시 복원공사 이전의 대지는 1,440제곱미터 정도 되었으며 상당히 큰 면적으로 김구 주석과 임정요인 및 가족들 포함 102명이 이곳에서 귀국할 때까지 거주한 곳이지요. 또 정식으로 태극기를 게양하고 있었다고 합니다. 1991년 말 제가 방문 시에는 33채의 집에 중국인 민간인들이 살고 있었습니다.

그럼 어떻게 해서 대표부 시절에 그 사업이 시작된 것인가요? 대표부에서는 그 사실을 모르고 있었던가요?

사실 대표부에서는 저를 포함해서 아무도 충칭에 임정청사가 있다는 것을 알지 못했습니다. 그러던 중 91년 12월 14자 동아일보 사회면 톱으로 "충칭임정청사 철거위기"라는 기사가 게재되었습니다. 기사 내용인즉 동아일보사와 한국 광복군 동지회가 공동 추진한 한국광복군 유적지 조사단(단장 조동걸 국민대 교수)이 현지조사 결과 충칭시 정부가 심각한 주택난을 해결하기 위하여 임정청사 일대를 재개발하기로 하고 임정청사내에 거주하는 중국인들에게 이주통고서를 발부해놓고 있다는 내용이었어요.

   동 언론 보도후 다음날 청와대 비서실장이 노재원(盧載源) 대표에게 전화를 하여 대통령께서 특별히 관심을 표시한 사안이라고 하면서 충칭임정청사를 무조건 확보하라는 지시가 있었습니다. 아울러 본부로부터도 상하이(上海) 임정청사 보존작업 시 임정청사라고 주장하는 건물이 여러곳 있었다고 하면서 동아일보 신문 기사상의 건물이 실제 임정청사 건물인지 증거자료를 수집확인하라는 지시도 접수하였습니다. 사실 처음에는 확인작업이 어려웠습니다. 저는 독립기념관의 조일문 이사장, 안춘생 관장 및 국사편찬위 박영석 위원장께 전화를 드려 동 건물이 임정청사임을 확인하였습니다. 임정청사 확인작업이 끝난 후 곧바로 출장준비를 하였습니다.


중국 외교부나 누구로부터 협조는 얻을 수 없었나요?

다행히 그해 11월 서울개최 APEC총회에서 중국은 정식 주권국가로 가입을 하고 타이완은 주권국가가 아닌 지역 경제체로 가입을 하게 되어 중국 외교부가 상당히 고무되어 있던 시기였습니다. 아주국 조선처에 협조요청을 해서 황쟈쿠이 조선처장을 면담하였습니다. 그런데 황처장은 충칭시 정부에 한국대표부를 소개하는 등 협조요청은 하겠으나 최종 결정권은 충칭시 정부에 있으며 일정도 직접 주선해야 한다는 반응을 보였습니다. 난감했지요. 다행히 충칭에 우리 독립운동가의 후손 한분이 계시며 그분이 시정부와 좋은 관계를 갖고 있다는 것을 알게 되었습니다. 리쑤신(李素心) 여사라는 분인데 한국 광복군 제1 지대 간부였던 이달(李達, 1907~1942)의 따님으로 충칭시 인민대표와 충칭시 난안구 제 1인민병원 원장도 역임하여 충칭시 정부에 지인이 많은 분이었습니다. 사실 이분이야 말로 충칭임정 뿐만 아니라 광복군 총사령부 등 충칭에 있는 독립운동 사적지 보존의 일등공신이지요.


그럼 후세를 위한 기록을 위해서라도 충칭시 정부와의 교섭 내용을 자세히 좀 설명해주십시오.

사안도 중요하고 청와대 지시도 있고하여 그해를 넘기면 안되겠다 싶어 리쑤신 여사에게 12월 27일 도착할테니 반드시 시정부 인사들과의 면담일정을 잡아달라고 간곡하게 요청하고 베이징을 떠났습니다. 그리고 12월 26일 충칭을 관할하고 있는 주청뚜 미국총영사관을 방문하여 충칭시 정부 인사들의 업무스타일 등 방문에 필요한 참고사항들을 디브리핑 받았지요.

　12월 27일 충칭시 기차역에 도착하니 리쑤신 여사가 시정부 외사판공실 쥐에칭장(屈慶章) 직원과 함께 마중 나와 있었습니다. 쥐에칭장은 시정부 외사판공실 아주처의 과장급에 해당하는 직원이었는데 동인은 제가 시정부를 방문해도 내부가 협소하니 그 다음날 호텔 커피숍으로 와서 이야기를 나누겠다고 하였습니다. 아마 미수교국 외교관을 사무실로 오라고 하기에는 부담이 되었던 것으로 생각했지요. 저는 숙소인 양자강 호텔에 작은 방을 빌려 회담장으로 꾸미고 12월 28~30일간 시정부 관원들과 3차에 걸친 회담을 했습니다.

　회담에는 충칭시정부 외사판공실의 천위화(陳毓華) 아주처장 등 3인이 참석하였고 리쑤신 여사도 동석하였습니다.

저는 회담시 충칭임정청사 보존이 한·중 양국에게 주는 의의에 관해 다음과 같이 설명했지요.

먼저 한국 측에게 주는 이익으로는, (1) 충칭임시정부는 청사에 태극기를 게양하고, 공개적으로 활동하였으며, 또한 정식으로 군대를 보유하였던 시절로서 대한민국 역사의 연속성 유지라는 의미에서 중요한 의미가 있다. (2) 충칭에는 항일 역사유적지들이 많아 후대의 역사교육의 근거지가 될것이라는 측면에서도 의의가 크다. 또한 충칭시 측에 주는 이익으로는, (1) 충칭에서 중국공산당과 한국임시정부 원로들이 항일연대투쟁을 전개했음을 고려하면 한국 임시정부 유적을 보존하는 것 자체가 중국공산당의 항일투쟁의 역사를 보존하는 것이다. (2) 충칭은 중화학 공업도시이기 때문에 충칭시의 역사유적을 발전시켜 도시의 균형발전을 기하는 것이 바람직하다. (3) 중국의 지방성들이 경쟁적으로 한국 관광객과 투자유치 활동을 전개하고 있는데 임정청사가 보존이 되면 한국기업이나 관광객들에게 충칭을 방문하게 되는 중요한 동기가 될 것이다. 한국 대표부로서도 충칭시의 발전을 위하여 한국기업 투자나 관광객이 방문하도록 최대한 격려하겠다.

이러한 입장 설명에 이어 저는 (1) 충칭한국임시정부 청사유적지는 우리에게 너무 중요한 사적지임으로 절대 철거해서는 안된다 (2) 충칭시 정부의 의향에 따라 한국 측이 임정청사 유적지를 매입하거나 임대하거나 리노베이션 등 모든 방법이 가능하다 (3) 충칭시 정부가 일단 철거를 보류하고 수교 후에 본격 보존작업을 할 것을 제의한다 라는 입장을 표명하였습니다.

이에 대해 충칭시 정부 측은 다음과 같은 입장을 밝혔습니다. (1) 충칭시가 과거 반파시스트 운동의 거점도시였고 역사상 제 2의 수도였다는 측면에서 의미가 커서 외국 관련 구유적지는 가급적 모두 보존하려 한다 (2) 그러나 한국임정청사 지역은 지대가 낮고 비만 오면 물이 차 부득이 그 일대를 재개발하여 상업과 주택 및 학교지역으로 재개발하기로 이미 도시계획이 확정되었다 (3) 동건은 시정부가 마음대로 결정할 수 있는 문제가 아니며, 보존이 결정되더라도 현재 살고 있는 입주민들의 이사비 지원이나 보존에 필요한 경비조달등 현실적인 문제들을 가지고 있다.

사실 충칭시 측의 재건축 설계도를 보니 우리 임정청사 일대를 완전히 철거하고 그곳에 학교, 주거지역, 주상복합지역 건설 계획을 갖고 있었고 임정청사가 그 공사의 한가운데에 위치하고 있었어요. 그래서 임정청사를 보존하려면 도심 재개발계획 전체를 수정해야 되는 작업이었죠. 그래서 첫 번째 회담시에는 충칭시 정부 측은 임정유적지 보존은 힘들다는 답변만 반복하였습니다. 사실 그때 그처럼 중요한 이슈는 서기관인 제가 혼자서 교섭하러 와서는 안되는 사안이었다는 생각이 번뜩 들었습니다. 혼자서 가장 중요한 첫 교섭을 하러 간 것이 무모하지 않았나 생각되더군요. 밤새 고민도 하고 기도도 많이 했습니다. 그다음 날 회담도 마찬가지 반응이었어요. 저는 첫날 말했던 내용을 반복해서 설득도 하고 '협박'도 하면서 회의를 끝냈습니다.

3일 후 충칭을 떠나는데 리쑤신 여사말로는 당초 충칭시 정부는 이 문제의 중요성이나 심각성을 잘 몰랐는데 금번 회의를 통해 상당히 이해를 하게 된 것 같다고 하면서 중국은 행정업무가 느리니 당장은 철거할 것 같지 않고 자신도 현지에서 요로요로에 계속 노력하겠으니 일단 그렇게 알고 베이징으로 돌아가라고 저를 안심시켜 주었습니다.


그럼 그렇게 교섭이 끝나고 그 후 경과는 어떻게 된 것인가요?


그 후 92년 2월초 충칭시 정부 측이 중국 외교부에 동건에 관한 의견을 문의한바 외교부에서는 아무런 의견도 표시하지 않았다는 것을 알게 되었습니다. 92년 2월 17일 중국 외교부 장팅옌(張庭延) 아태국 부국장(전 주한대사)이 본부 아태국 심의관으로 귀임하는 윤해중 참사관 이임을 축하하고 후임 김하중 참사관(전 주중대사, 통일부 장관)을 환영하는 만찬에서 그동안 충칭시 정부와의 교섭내용을 설명하고 중국 외교부가 측면 협조해줄 것을

요청하였습니다. 당시 중국 외교부에서는 황쟈쿠이(黃家葵) 처장 및 리빈(李濱) 부처장(전 주
한대사)이 참석하고 우리측에서는 저와 김세웅 서기관이 함께 참석하였지요. 당시 저는
중국외교부가 적어도 임정청사 보존에 반대는 하지 않을것이며 충칭시 정부 측의 판단을
존중할 것이라는 느낌을 받았습니다.

2월말 탐문한 바로는 충칭시 외사판공실 측이 임정청사 입주민들과 대화를 한바 입
주민들 모두 이사를 절대 반대하며 다만 한국의 민간기관에서 입주민들에게 대체 주택을
제공해줄 경우에는 이사를 갈 수도 있다는 입장을 보였다고 합니다. 이것으로 보아 이미
충칭시 정부 측에서는 경비문제가 해결되면 우리 임정청사를 보존해주겠다는 방침으로
돌아선 것으로 보였습니다. 당시 임정청사 일대 재개발 계획은 위하이 공사(渝海公司)라는
부동산 회사가 용역을 맡아 개발하는데 임정청사 입주민들은 본인들이 원하는 주택으로
전입이 되지 않는다면 이사를 반대하고 있어 동 입주민들에 대해서는 한국 측이 알아서
해달라는 입장이어 현실적인 어려운 문제가 되었습니다. 후에 알게 된 사실이지만 리쑤
신 여사가 입주민들 한집 한집을 찾아다니며 설득작업을 벌렸다고 합니다. 한편으로 리
쑤신 여사는 92년 2월초에 한국의 김신 대사와 조동걸 국민대 교수에게 동 건의 진행경
과를 전달하고 민간방식으로 해결하기 위하여 빨리 사람을 파견할 것을 촉구하였으며,
2월 23일 조동걸 교수가 동아일보 기사를 휴대하여 충칭을 재방문하고 충칭시 측에 임정
청사의 역사적인 가치를 다시 한번 설명했다는 것을 알게 되었습니다.

제가 충칭 출장 후 두달이 경과한 92년 3월 9일 천위화 충칭시정부 외사판공실 아주
처장으로부터 전화를 받았는데 동인은 "충칭시 정부가 한국 임정청사를 일단 보존하는
방향으로 노력하기로 하였다. 구체사항은 추후 협의하기로 하자" 는 방침을 통보해 주었
습니다. 충칭시 정부가 도시계획을 전면 재수정하여 우리 임정청사를 보존하기로 결정
해줌으로서 대표부의 1단계 목표는 완수하였습니다.

역사적으로 중요한 임정청사 보존이 결정되었다는데 대해서 참으로 다행으로 생각합니다. 그런데 처음에 그처럼 완강한 입장을 보이던 충칭시 정부가 동 유적지를 보존 결정하기로 방침을 변경한데는 어떤 배경이 있을까요?

그 후 보존작업 협의차 충칭시를 방문했던 우리측 방문단들에 의하면 충칭시 정부 측은 도심 재개발 계획을 세울 때만 해도 한국 임정청사의 중요성을 잘 몰랐으나 그 후 한국정부가 공식으로 이 문제를 제기하면서 임정청사의 중요성과 역사적 가치를 알게 되었고 측면에서 리쑤신 여사와 조동걸 교수의 지속적인 역할이 주효하였다고 생각합니다.

그럼 실제 보존을 위한 구체 협의는 어떻게 진행되었습니까?

임정청사 보존을 위한 경비출연 등 구체적인 사항 협의를 위하여 대사관에서 문화업무를 담당하고 있던 김일두 서기관 및 우리 문화부팀들이 충칭시를 여러번 방문하였습니다. 이어 신위(辛玉) 충칭시정부 부비서장과 쥐에칭장(屈慶章) 등 충칭시 대표단이 방한하여 92년 12월 25일 우리 외교부 및 문화부 팀과 구체사항에 관해 협의를 하였습니다. 그리고 기본 합의문에 대해서는 최창규 독립기념관장과 신위 부비서장이 서명을 하였습니다. 그 후 수차 우리 측 대표단의 방문 협의 후 95년 8월 24일 수교 3주년에 맞추어 충칭 임시정부 청사가 정식으로 복원개관 되었습니다. 충칭시 정부는 동 유적지를 "충칭시 문물 보호단위 65-38호"로 지정하여 현재 관리해주고 있습니다.

그럼 임정 청사 내 거주민의 이사경비나 복원경비등은 어떻게 해결되었나요?

경비문제 해결을 위하여 시정부가 큰 역할을 하였습니다. 시정부가 위하이 공사에게 충칭시 교외의 토지 일부와 현금을 보상해주었다고 합니다. 그러나 보상금으로는 충분하지 않았다 합니다. 위하이 공사나 입주민들이 많이 양보한 것이지요. 복원경비는 우리 대기업들의 출연금으로 충당하였습니다.

대사님의 역할이 크셨군요. 그때의 노력이 오늘의 충칭임시정부의 유적을 문화유산으로 보존할 수 있는 값진 계기가 된 것 같습니다. 상하이(上海) 임정과 비교하여 충칭임정의 의미를 좀 말씀해주시면 감사하겠습니다.

우선 상하이(上海) 임정에서 시작한 대한민국이라는 나라의 국호, 헌법, 건국강령 등이 충칭임정시절에 확정되어 그 후 해방을 맞이하여 우리나라 헌법의 근간이 되었다는 점을 들 수 있습니다. 두 번째로는 임정 산하에 한국 광복군이라는 군대를 정식으로 가지고 있었다는 점입니다. 아울러 충칭임시정부는 좌우익 인사들의 합작정부였으며 한국광복군에도 약산 김원봉 같은 좌파계열 인사도 참여하였다는 것입니다. 특히 동 시기는 중국내에서 우리의 독립운동이 실질적으로 가장 활발하게 이루어진 시기로서, 1943년 카이로회담에서 일본 패망 후 한국에게 독립을 부여한다는 조항을 삽입한 것이나, 미국, 영국 등 연합국과 연대해 반일 전쟁을 수행했다는 점은 충칭 임시정부의 큰 역할이었지요.

자세한 설명에 감사합니다.*

---

* 후술: 문재인 대통령은 한국 대통령으로서는 처음으로 2017년 12월 베이징 방문후 충칭임시정부청사를 방문하였다.

# 11. 조선족 문제를 바라보는 시각

과거 대표부 시절로 되돌아가보면 당시부터 조선족 문제가 정체성(아이덴티티) 문제 때문에 많은 논란이 있었고 외교문제가 된적도 있다고 알고 있습니다. 어떤 학자들은 그것을 하이브리드 아이덴티티, 혼종적인 아이덴터티, 듀얼 아이덴티티로 나누어 이야기를 하는데, 당시에 조선족들은 대체적으로 중국과 한국을 어떤식으로 인지하였나요?

저도 부임 후 조선족들과 몇 번 대화하면서 그들을 이해하게 되었습니다. 당시 대표부에 근무하는 조선족 행정원들이나 조선족 리더들이 "살기좋은 조국에 대해 자긍심을 느낀다"고 했을 때 처음에는 그들이 대한민국을 지칭하는 것으로 생각을 했어요. 그런데 한참 후에야 그들이 말하는 조국이 중국을 말하는 것이라는 것을 깨달았지요. 그만큼 중국정부가 조선족들이 중국인의 일원으로서 자긍심을 가질 수 있도록 소수민족 정책을 잘 한 것이라고 볼 수 있습니다. 그 후 조선족들도 한국과 교류해 나가면서 한국인들의 환심을 얻기 위하여 조국이 대한민국이다라고 말도 하곤 했지만 그들 마음속에 중국이 조국이다라는 인식이 강합니다. 저는 조선족을 생각할 때마다 오늘날 조선족들이 안고 있는 문제의 상당 부분 한국이 원인을 제공했다는 사실에 안타까움을 금할 수 없습니다.

대사님 말씀의 의미를 대강 이해할 수 있겠습니다만 이것은 중요한 문제이기 때문에 조선족 문제가 어디서부터 꼬인 것인지 구체적으로 말씀해주세요.

저는 초창기 우리 국민들, 특히 국회의원과 언론인, 사회단체 등 주도층 인사들이 동북 3성을 방문하여 조선족들에게 한국에 대한 애향심을 조장한 것과, 조선족을 집중 선교대상으로 한 점, 한국인들의 조선족 상대 각종 사기 등의 문제가 그 후 중국 정부와 조선족들의 우리에 대한 인식을 악화시키고 결국 중국내 조선족들의 입지를 약화시킨 것으로 생각합니다.


혹시 몇가지 예를 들어 주실 수 있나요?

대표적인 예가 91년에 서울에서 개최된 세계 한민족 체육대회의 조선족 초청문제입니다. 주최 측은 동 체육대회에 조선족이 참석해야 세계 대회로서의 빛이 난다고 생각해서 무리해서라도 이들을 초청하고자 했습니다. 대표부에서는 2가지 이유를 들어 초청에 반대했지요. 특정 조선족들만 초청함으로서 조선족 사회의 단합이 깨질것이고, 조선족은 중국인인데 중국정부 허가없이 초청하게 되면 장래 중국정부의 대조선족 정책에 악영향이 있을 것이라는 점입니다. 대표부의 강력한 반대에도 불구하고 91년 대회시 주최측은 조선족들을 100여명 초청해 갔습니다.

주최측이 조선족을 상대로 초청대상자를 선별하고 있던 때인 91년 5월 초에 조선족 출신으로 최고위직을 역임했던 조남기 장군(전 총후근부장)이 노재원 대표와 오찬을 하였습니다. 조장군은 오찬시 한국민들에게 조선족은 중국 국민임을 명심토록 계도해달라는 것과 조선족을 상대로 선교를 하지 말아달라는 부탁을 하였습니다. 그리고 이 두가지는 중앙정부에서 굉장히 큰 관심사항이라는 것도 이야기해 주었습니다. 그 시기에 조선족 출신의 또다른 고위급 인사들을 만난적이 있는데 동인들도 한국이 진정 조선족을 사랑한다면 조선족 사회를 흔들지 말아달라고 부탁을 하더군요..

2년 후인 1993년에도 동일한 상황이 벌어졌습니다. 대표부에서 동 체육행사에 절대 조선족을 초청하면 안 된다고 강하게 반대했는데 주최 측은 이미 한국에 와서 거주하고 있는 조선족들 100여 명을 끌어 모아서 조선족 대표로 둔갑시켜 체육대회에 내세웠습니다. 당시 중국 정부는 조선족에 대한 여권발급을 석달간 중지할 정도로 강력한 조치를 취했다는 것을 후에 알게 되었습니다. 그 후 95년에 동 행사가 또 열리는데 문화체육관광부 주관으로 조선족 초청문제를 협의한다고 하여 당시 제가 동북아 2과장 자격으로 참석하여 그동안의 과정을 설명하고 조선족을 더 이상 초청해서는 안된다고 강하게 주장하였습니다.

외교부의 주무과장인 제가 강하게 반대하니 회의는 결론없이 끝났는데 며칠후 총리실 주관으로 그 회의가 또 열렸어요. 총리실에서도 동일한 이야기가 오고갔지요. 저는 계속 반대만 할 수 없어 대안을 제시했습니다. 조선족 대표 초청 대신 동방가무단과 같은 조선족 문화인들을 초청하자, 그리고 초청채널은 중국 정부를 경유하여 정식 초청하면 문제가 없을 것이라는 점 등 2가지를 제시했습니다. 결국 그러한 방식으로 초청을 했고, 중국 정부의 주선으로 조선족 문화사절단이 대회에 참석하게 되었습니다.


대사님께서 대안제시를 잘 해 주셨다고 생각합니다. 그런데 중국 정부가 조선족 문제에 대해 왜 그렇게 민감한지 좀 부연설명을 해주시면 좋을 듯 합니다.

중국은 한족을 포함하여 56개 소수민족의 국가이기 때문에 소수민족 문제에 매우 민감합니다. 그뿐 아니라 사회주의체제 유지라는 차원에서 서방의 문화 침투나 종교 침투도 경계하고 있습니다. 즉 중국이 민감하게 생각하고 있는 소수민족문제, 서방의 문화침투문제, 종교침투 문제 등 3가지 문제를 모두 가지고 있는 것이 조선족 문제이기 때문이지요. 안타까운 점은 중국내 조선족의 지위가 한중 수교이후 상당히 쇠락했다는 점입니다. 과거에는 장관급 대우를 받던 조남기 장군, 이덕수 민족사무위원회 주임, 이영태 공군 총사령관등 거물급 인사들이 많았으나 지금은 고위직에 조선족이 매우 드문 실정입니다. 관료들도 불이익을 우려해 자신이 조선족임을 드러내지 않습니다. 현재 중국의 대부분의 기관이나 기업체에 가더라도 조선족이 통역으로 나오는 경우는 거의 없습니다. 그 기관에서 조선족을 통역에서 아예 배제를 시키는 것이지요.

그럼 대사님은 조선족에 대해 우리가 어떻게 접근하는 것이 가장 좋은 방안이었다고 생각하십니까?

우리는 조선족들이 혈통은 우리와 같지만 오랫동안 중국의 소수민족으로 살아오면서 이미 사고방식은 중국인이고 법적으로도 중국인이라는 사실을 인식하여야 합니다. 당시 제가 조선족 리더들과 면담을 통해서 한국 측이 조선족을 위하여 할 수 있는 가장 좋은 방안에 대한 결론은 첫째가 조선족 밀집지역에 투자를 하고 조선족 학교를 지원해주는 것, 둘째 동 지원은 중국 정부를 통해서 하는 것 등 2가지였습니다. 그것이 조선족들의 중국내 입지를 어렵게 하지 않고 조선족들이 공동체를 떠날 필요 없이 소득과 교육수준을 높이면서 중국내에서 사회적 위치를 가장 높일수 있는 방법이었습니다. 현재도 마찬가지라고 생각합니다. 겉으로 떠들지 말고 조용히 잘해주어야 합니다.

대사님께서 오랫동안 쌓아온 중국 외교 경험을 통해 과거를 잘 살펴 오늘의 외교를 혁신할 수 있는 자산으로 삼고. 후배 외교관들이 이러한 경험들, 역사를 잘 살피는 것이 중요할 것 같습니다. 그런 의미에서 우리 외교가 대사님의 구술을 통해 진일보해 나가기를 기대하면서 오랫동안 구술에 임해주셔서 감사합니다.

감사합니다.

# 찾아보기